Ingrid M. Naegele – Dieter Haarmann (Hrsg.)

Schulanfang heute

Ein Ratgeber für Elternhaus,
Kindergarten und Schule

Taschenbuch

Besuchen Sie uns im Internet:
http://www.beltz.de

Beltz Taschenbuch 803
Vollständig überarbeitete Neuausgabe
Neue Rechtschreibung

2. Auflage

© 1999 Beltz Verlag, Weinheim und Basel
Umschlaggestaltung: Federico Luci, Köln
Umschlagphotographie: © Bavaria Bildagentur, München
Innengestaltung und Textverarbeitung:
Klaus Linke, Mörlenbach/Obermumbach
Druck und Bindung: Druckhaus Beltz, Hemsbach
Printed in Germany

ISBN 3 407 22803 1

Inhalt

Kapitel 3: Der erste Schultag rückt näher

Kapitel 4: Schule ist mehr als ABC und Einmaleins

Kapitel 5: Anfangsunterricht ist heute etwas anders 153

Kapitel 6: Und wenn es am Anfang
Schwierigkeiten gibt? 217

Anhang

Vorwort

Liebe Eltern, Großeltern, Kolleginnen und Kollegen!

Was haben Michael Schumacher, ein Schulanfänger und ein Unternehmensgründer gemeinsam? Sie brauchen günstige Startbedingungen, um gut voranzukommen und Erfolg zu haben. Ausdauer, Freude an der Tätigkeit, aber auch Rat und Hilfe von anderen müssen dazu kommen. Wenn das schon wichtig ist für Erwachsene beim Beginn eines Vorhabens, wie sehr dann für ein Kind, das ungleich mehr auf Schutz, Unterstützung und Ermutigung – und frühe Erfolgserlebnisse angewiesen ist.

Kinder sind unser wichtigstes Gut und wir wollen, dass sie glücklich und erfolgreich werden – deshalb greifen Sie ja auch zu diesem Ratgeber. Vielen Eltern (leider auch Bildungspolitikern und Schulbeamten) ist nicht bewusst, wie entscheidend ein geglückter oder verpatzter Schulstart für alles spätere Lernen und damit auch für die berufliche Zukunft eines Kindes ist. Hier steht mehr auf dem Spiel als der erste, zweite oder vierzehnte Platz bei einem Autorennen oder das Scheitern einer Unternehmensgründung. In beiden Fällen kann es beim nächsten Mal gut gehen. Am Schulanfang aber werden die gesamte Schulzeit und das ganze Leben eines Kindes. Was hier schief läuft, ist später kaum mehr oder nur mit sehr großen Mühen und Kosten zu korrigieren.

Ihnen, liebe Leserinnen und Leser, zu helfen, sich aus vielfältiger Sicht über die Probleme wie die Chancen des Schulanfangs zu informieren und an einer zukunftssicheren Weichenstellung für Ihr Kind mitzuwirken, ist die Absicht dieses Elternratgebers. Er wurde verfasst von erfahrenen Fachleuten aus verschiedenen Teilen Deutschlands und Österreichs. Dieses Buch kann im gleichen Verlag auf vier sehr erfolgreiche Auflagen zurückblicken, die seit 1986 auf die sich ständig verändernde politische und schulische Situation reagiert haben. Die vorliegende, völlig neu bearbeitete Fassung geht ein auf die zahlreichen Neuerungen und Veränderungen, die der Schulanfang in den letzten

Jahren erfahren hat und die in verstärktem Maße das Verständnis und die Mitwirkung der Eltern bzw. der Erziehungsberechtigten verlangen. Aber auch für Lehrerinnen und Lehrer, Schulleiterinnen und Schulleiter kann die Lektüre von Nutzen sein, weil sie den oft schwierigen Dialog mit Eltern wie auch einer oft mangelhaft informierten Öffentlichkeit erleichtern können. Wie viele Missverständnisse oder Fehlinformationen lassen sich zum Beispiel in der Schublade »Kuschelpädagogik« unterbringen. Hier könnte auch ein wenig aufgeräumt werden.

Was ist heute »neu« am Schulanfang?

Der Schulanfang war für Kinder schon immer etwas Neues, mit Freude oder auch Bangen erwartet oder auch nur als etwas Unvermeidliches zu ertragen. Aber auch für die Eltern bringt der heutige Schulanfang gegenüber dem, den sie vor 20, 30 Jahren selbst erlebt haben, einiges Neue, Ungewohnte und vielleicht auch Beunruhigende. An der einen Schule ist davon noch wenig zu merken, an einer anderen gar nichts, an vielen aber schon eine ganze Menge.

Was hat sich verändert?

1. Kinder sollen vor ihre Einschulung nicht mehr auf ihre »Schulreife« getestet werden. Bei »Kennenlern-« oder »Schnuppertagen« bekommt man ein besseres Bild von den Schulanfängern.

2. Man ist davon abgekommen Kinder aufgrund eines angeblich nicht bestandenen Schulreifetests zurückzustellen, dies sollte nur in wenigen eindeutigen Fällen geschehen.

3. Es wird immer weniger Wert auf alters- und leistungsgleiche (»homogene«) Anfangsklassen gelegt. Teilweise werden sogar erste und zweite Schuljahre zusammen unterrichtet.

4. Erstklässler sollen auch nicht mehr »sitzen« bleiben; in manchen Bundesländern können sie aber zweijährige »Schuleingangsstufen« in ein, zwei oder drei Jahren durchlaufen.

5. Möglich wird das alles, weil immer weniger nach »Kompaniemethode« im Gleichschritt unterrichtet wird, sondern »differenziert« je nach Lernfähigkeit und -tempo des einzelnen Kindes.

6. Deshalb gibt es in den meisten Bundesländern nach dem ersten Schuljahr auch keine Noten, sondern ausführliche Zeugnisberichte über die Stärken und Schwächen des Kindes.

7. So sollen die Kinder selbstständiger, »aktiver« lernen und nicht mehr nach der »Nürnberger-Trichter-Methode« alles hineingestopft bekommen. Davon haben sie später im Leben nichts.

8. Beim Lesen- und Schreibenlernen geht es nicht um »Ganzwort«- oder »synthetische« Verfahren, vielmehr sollen beide in ihrem Zusammenwirken vom Kind selbstständig erarbeitet werden.

9. Und Rechnen bzw. Mathematik lernen die Kinder nicht mehr allein anhand der sogenannten »Mengenlehre«, sondern gleich mit Zahlen und möglichst viel Anschauungs- und Arbeitsmaterial.

10. Wichtig für berufstätige und allein erziehende Eltern: Es gibt immer mehr »Grundschulen mit festen Öffnungszeiten«. Beginn und Ende des Schultages können sich dort nicht täglich ändern.

Warum das alles so angestrebt wird und warum bzw. wie die Eltern dabei helfen können, diese Neuerungen sinnvoll und erfolgreich voranzubringen, erfahren Sie in unserem Elternratgeber. Denn er soll die Eltern von Schulanfängern nicht nur schlauer machen, sondern auch mutiger, aktiver, interessierter, ideenreicher. Die heutigen Zeiten verlangen das – von den Lehrerinnen und Lehrern ebenso wie von den Kindern und ihren Eltern. Gute Schulen kommen nicht »von oben«, vom lieben Gott oder von Vater Staat, sondern sie wachsen »von unten«, von der einzelnen Schule, dem Lehrerkollegium und der Elternschaft her – und dann auch durch die Kinder, die am meisten davon haben (und oft auch davon verstehen).

Schule muss sein – muss Schule sein?

»*Aufgeweckt wart ihr bis gestern –*
eingeweckt werdet ihr ab heute.«
(Aus Erich Kästners Rede zum Schulanfang)

»*Lieber keine Schule als keine Ferien.*«
(Zweifelhafte Weisheit eines alten Dorfschulmeisters)

Früher ging es auch ohne Schule:
»Onki hat mir das Lesen beigebracht«

Bald wird Ihr Kind ein Schulkind sein. Viele Kinder freuen sich auf den ersten Schultag, andere weniger; manche fragen auch, ob das sein muss, dass nun »der Ernst des Lebens« beginnt, wie manche wenig sensible Erwachsene oder ältere Geschwister warnen.

Und wenn nun Ihr Kind fragt: »Warum soll ich denn überhaupt in die Schule?« – Was antworten Sie dann: weil alle Kinder in die Schule gehen – oder: damit etwas Ordentliches aus dir wird – oder: weil es so von der Regierung angeordnet ist? Nun, alle diese Antworten sind richtig – nicht so sehr eine allein für sich, aber alle zusammen geben schon einen Sinn.

❧ Zum Ersten: Es gab natürlich Zeiten, da nicht alle Kinder in die Schule gingen. Ganz früher lernten die Kinder, was sie fürs Leben brauchten, zu Hause von ihren Eltern oder Verwandten. Noch bis zum ersten Weltkrieg 1914–1918 gab es Elternhäuser, die Kindern die besten Lehrmeister boten. Alice Herdan-Zuckmayer, die Frau des Dichters Carl Zuckmayer (Der Hauptmann von Köpenick, Des Teufels General), schildert in ihren Lebenserinnerungen[1]:

> Onki war es gewesen, der auf große, weiße Papiere schöne Buchstaben zwischen viele Zeilen gemalt hatte und die Buchstaben teils mit Kreisen, teils mit Herzen umrahmte. In jedem Kreis und in jedem Herz steckte ein Wort. Die Umkreisten waren die langweiligen, die Umherzten waren die liebevollen Worte.
>
> Die Worte hingen wie Bilder an den Zeilen. Onki war sehr stolz auf mich, wenn ich ohne zu stocken aus seiner Schreibschrift herauslesen konnte:

---

[1] Aus: »Das Kästchen – Die Geheimnisse einer Kindheit«. Frankfurt 1962

Die Eisenbahn fährt auf den Semmering.

Der Hund hat viele Hunde.

Das Kind freut sich auf Weihnachten.

Eisenbahn, Semmering, Hund, Kind, Weihnachten waren von Herzen umkränzt, es war nicht schwer, sich diese Worte zu merken und sie lesen zu können.

Ich konnte auch zählen ... Onki hatte mir vorgezählt, und ich hatte ihm nachgezählt. Schon von klein auf wusste ich bei unseren Spielen die Abzählreime zu gebrauchen, nicht nur von der alten Frau: 1, 2, 3, 4, 5, 6, 7, eine alte Frau kocht Rüben, eine alte Frau kocht Speck, schneidet sich den Finger weg. Es ging noch viel höher hinauf beim 1, 2, Polizei, 3, 4 Offizier, 5, 6 alte Hex, 7, 8 gute Nacht, 9, 10, lasst uns gehn, 11, 12 kommen die Wölf ...«

Welches Kind hat heute noch im Familienkreis eine pädagogisch so talentierte Fachkraft, die es derart liebe- und verständnisvoll, so motivierend und ermutigend in Schriftsprache und Zahlenraum einzuführen verstünde? Und so viel Zeit dafür hat?

✤ Zum Zweiten: Es gab früher nur wenige, meist begüterte Elternhäuser, die ihre Kinder ohne Mithilfe der Schule aufs Leben vorbereiten konnten. Bis 1918 galt ja nur eine allgemeine Bildungspflicht, die auch zu Hause erfüllt werden konnte; erst mit Gründung der ersten deutschen Republik trat eine allgemeine Schulpflicht in Kraft, und zwar aus gutem demokratischen Grund: Es sollten nun »alle Kinder des Volkes« gleichermaßen in den Genuss einer allgemeinen »grundlegenden Bildung« kommen, die alle Fähigkeiten und Anlagen zur Entfaltung bringt; Kinder aller Schichten, Religionen und Weltanschauungen sollten sich kennen und gegenseitig achten lernen. Sie sollten nicht sogleich in sozial begünstigte »höhere« und ärmere Schüler von »niederer Bildung« sortiert werden. Jetzt sagen wir: Alle Kinder sollen gleiche Bildungschancen erhalten – so steht es im Grundgesetz und in den Verfassungen der Bundesländer. Aber auch heute haben es Kinder aus kulturell interessierten Elternhäusern in der Schule leichter, sofern nicht übertriebener Ehrgeiz und sinnloser Drill die natürliche Lernfreude der Kinder im Keim ersticken.

◆ Zum Dritten: Auf diese natürliche Lebens- und Lernfreude, das Interesse und die Neugier der Kinder baut die Schule auf. Aber sie hat sich gegen vielerlei Einflüsse aus der Erwachsenenwelt zu behaupten, die der seelischen, geistigen und körperlichen Gesundheit der Kinder wenig zuträglich sind. Mit ihnen müssen wir uns beschäftigen, um besser zu verstehen, warum gerade in der heutigen Entwicklung der Gesellschaft allein die Schule ihrem Kind die Lebens- und Berufschancen eröffnen kann, auf die es einen gesetzlichen Anspruch hat.

Das Leben der Kinder ist anders geworden

Kinder wachsen heutzutage unter völlig anderen Bedingungen und Einflüssen auf als ihre Eltern vor zwanzig, dreißig Jahren oder gar ihre Großeltern vor einem halben Jahrhundert. Erwachsene verstehen oft diesen viel beredeten »Wandel der Kindheit« nicht bzw. werden mit ihm nicht fertig. Hier müssen Elternhaus und Schule erzieherisch zusammenarbeiten – die Schule ist keinesfalls als »Reparaturbetrieb der Gesellschaft« zu verstehen, wie oft unter dem etwas unehrlichen Motto »Mut zur Erziehung« oder »neue Wertbindungen« gefordert wird. Erziehung und Wertorientierung müssen sich heute allzu oft gegen den Zeitgeist richten, gegen den Strom gesellschaftlicher Tendenzen ankämpfen. Schule wird hier nicht zum Konkurrenten, sondern zum unentbehrlichen Helfer der Eltern. Wir orientieren uns an dem Hessischen Rahmenplan Grundschule von 1995, der in seiner Einführung (S. 7) die Erziehungsziele, die sich aus den veränderten Lebensverhältnissen der Kinder ergeben, in etwas anderer Formulierung so zusammenfasst:

◆ Viele Kinder sind Einzelkinder, wachsen in Kleinfamilien, oft nur mit einem Elternteil auf; sie brauchen die Erfahrung des Zusammenlebens und gemeinsamen Arbeitens.

◆ Sie müssen dabei frühzeitig die Gleichberechtigung von Männern und Frauen, Jungen und Mädchen respektieren lernen und sich entsprechendes »Rollenverhalten« aneignen.

◆ Durch die Berufstätigkeit der Eltern fehlt vielen Kindern von Geburt an »Nestwärme« und ungestörte Spielzeit.

❖ Menschen vieler Nationen leben unter uns, und Europa wächst allmählich zusammen; Verständnis und Toleranz gegenüber fremden Sitten und Gebräuchen sind zu wecken und zu festigen.

❖ Im Interesse der gesellschaftlichen Integration Behinderter haben behinderte und nicht behinderte Kinder von Anfang an zu lernen, sich zu achten, miteinander zu leben und zu arbeiten.

❖ Existenzangst und Konkurrenzdruck der Erwachsenen fördern die Neigung, eigene Interessen rigoros durchzusetzen; umso wichtiger wird die Erziehung zu Rücksicht und Mitmenschlichkeit.

❖ Angesichts wachsender Gewaltanwendung im Alltag und Gewaltdarstellungen in den Medien müssen Kinder lernen, Probleme und Konflikte ohne Gewalt friedlich zu bewältigen.

❖ Massive Medienwerbung weckt bei Kindern oft riesige, bei Kindern arbeitsloser oder verarmter Eltern/teile unerfüllbare Konsumwünsche und Lebensansprüche; dagegen sind kritisches Urteilsvermögen und auch Verzichtbereitschaft zu entwickeln.

❖ Gegen die bedrohliche Zerstörung und Ausbeutung der natürlichen Umwelt ist Kindern frühzeitig ein verantwortlicher Umgang mit der Natur und ihren Lebewesen nahe zu bringen.

❖ Der zunehmende Verlust an unmittelbarer, nicht über Medien gewonnener Erfahrung erfordert verstärkte Gelegenheiten für die direkte, aktive und handelnde Begegnung mit der Umwelt.

❖ Auch in der kindlichen Lebenswelt schreitet die Technisierung fort; der Sinn für vernünftigen und verantwortlichen Umgang mit technischen Gegenständen ist zu wecken und zu fördern.

❖ Die Freizeit der Kinder wird zunehmend verplant; die Schule muss ihnen Freiräume gewähren, zu sich selbst zu kommen, Selbstständigkeit und Eigenverantwortung auszubilden.

❖ Die immer komplizierter und wechselvoller werdenden späteren Lebens- und Berufsaufgaben verlangen die Entwicklung von Kreativität, Flexibilität und lebenslanger Lernbereitschaft.

All diese Fragen und Probleme können natürlich weder sofort noch vollständig im Unterricht»behandelt« werden, vor allem nicht im Anfangsunterricht. Aber sie geben eine allgemeine Zielrichtung an, auf die sich Eltern und Schule erzieherisch gemeinsam hinzubewegen haben. Wenn Kritiker sagen, all dies sei viel zu hoch gegriffen, die Schule solle sich darauf beschränken, den Kindern Lesen, Schreiben und Rechnen beizubringen, so ist dem entgegenzuhalten: Lesen, Schreiben und Rechnen dürfen natürlich nicht zu kurz kommen, diese »Kulturtechniken« bleiben aber tot und nutzlos, wenn sie nicht von Anfang an auf die angedeuteten Zielpunkte ausgerichtet sind. Trotzdem müssen Kinder, vor allem Schulanfänger, in der Schule ein Gefühl der Geborgenheit behalten, einen gewissen Schutz vor den Härten des Lebens erfahren (diese kommen früh genug), auch wenn solches von verständnislosen Erwachsenen mit gedankenlosen Vokabeln wie »Kuschelpädagogik« oder »Spiel- und Spaßschule« bedacht wird. Kinder sind Gefühlswesen, die jetzt so viel diskutierte »emotionale Intelligenz« kann sich nur in einer Atmospäre des Wohlbefindens, des Angenommenseins und nicht unter dem Druck überzogener Anforderungen, des ständigen Antreibens oder gar Strafens entfalten.

Schule ist wichtiger denn je …

Wir sehen: Die Lebensbedingungen, unter denen Kinder heute aufwachsen, erschweren einerseits ein sorgloses Kindsein und eine harmonische Persönlichkeitsbildung, andererseits machen sie die Schule unentbehrlicher als je zuvor. Nur in der Schule

- können Kinder sich vom Elternhaus lösen und selbstständige Menschen werden,
- lernen sie andere, in ihrer Art unterschiedliche Kinder kennen,
- lernen sie, mit ihnen auszukommen, Freundschaften zu schließen, Streit zu schlichten,
- lernen sie ihre Umwelt unmittelbar kennen und ihren Horizont zu erweitern,
- gewinnen sie Sprach- und Sachkenntnisse auf dem neuesten Stand,
- werden ihnen genug Materialien, Erfahrungsmöglichkeiten, Bücher etc. geboten, um sich lebensnotwendiges Wissen und Können zunehmend selbstständig aneignen zu können,
- wachsen sie in das demokratisch geordnete Gemeinwesen hinein.

Gewiss erfüllen die Schulen diese Aufgaben recht unterschiedlich – die einen mehr, andere weniger gut. Wo Mängel festzustellen sind, wo die Schule kinderfeindlich, langweilig, lebensfern arbeitet, Lehrer/innen fehlen oder wenig leisten, können Eltern auf vielfältige Weise eingreifen und Einfluss nehmen.

> Eltern haben heutzutage nicht nur das Recht, sondern geradezu die Pflicht, an der Verbesserung der Schule aktiv mitzuwirken!

Davon später mehr.

Welche Schule für mein Kind?

Normalerweise wird ein schulpflichtig gewordenes Kind in die nächstgelegene Schule aufgenommen, genauer gesagt: in die Schule, in deren »Einzugsgebiet« Sie und Ihr Kind wohnen. Es sind aber auch Ausnahmen möglich. Sie können Ihr Kind auf Antrag auch einschulen lassen:
- ✪ in die Schule eines anderen Stadt- oder Ortsteils, wenn Sie dafür triftige Gründe angeben können (z. B. Sie arbeiten dort und können Ihr Kind zur Schule bringen und danach beaufsichtigen);
- ✪ in eine öffentliche Schule mit besonderem »pädagogischen Profil«, z. B. eine Peter-Petersen-Schule (auch »Jenaplan-Schule« genannt), oder in eine Grundschule mit festen Öffnungszeiten (auch ganze Halbtagsschule oder betreuende Grundschule genannt) oder in eine Grundschule mit einer »Neuen Schuleingangsstufe«, die auch jüngere Schulanfänger fördert; diese Schulen sind allerdings grundsätzlich an ihr »Einzugsgebiet« gebunden, den Versuch eines Aufnahmeantrags sollten interessierte Eltern dennoch wagen;
- ✪ in eine private Schule; die bekanntesten sind die Waldorf-Schule und die Montessori-Schule, die es natürlich nicht überall gibt. Örtlich sind auch andere private Schulen zu finden, vor allem kirchliche oder auch weltliche mit besonderen Bildungsangeboten.

Auch wenn Privatschulen eine jeweils »besondere pädagogische Prägung« aufweisen, unterliegen sie wie die öffentlichen »Regelschulen« der staatlichen Schulaufsicht und müssen letztlich die gleichen Leistungsanforderungen erfüllen. Kein Kind soll ja für den weiterführenden Bildungsgang und seinen Schulabschluss irgendwie benachteiligt werden.

Ebenso arbeiten in vielen öffentlichen Schulen Lehrerinnen und Lehrer mit so genannten reformpädagogischen Methoden, die den meisten Eltern unbekannt sind, z. B. mit denen von Maria Montessori, Peter Petersen, Célestin Freinet oder Jürgen Reichen, mit »Projektunterricht«, »Gruppen- und Partnerarbeit«, »Offenem Unterricht«, »Freier Arbeit« (mehr darüber in dem folgenden »Kleinen Schul-ABC«).

> Auskunft gibt die Schule, bei der Ihr Kind angemeldet wird, oder das zuständige Schulamt, an das auch Anträge auf Zuweisung an eine andere bzw. private Schule zu richten sind.

Kleines Schul-ABC: »Alternative« Schulformen und Unterrichtsmethoden

Was sind das nun für »besondere pädagogische Prägungen« oder »reformpädagogische Methoden«, von denen die Rede war und die Ihnen möglicherweise in Gesprächen mit der Schulleitung, mit Lehrerinnen oder Lehrern als »alternative Angebote« begegnen? Lassen Sie sich von ungewohntem Fachchinesisch nicht einschüchtern. Hier ein kleines Lexikon der angesprochenen pädagogischen Begriffe, damit Sie sachkundig mitreden und entscheiden können (Weiteres lesen Sie in Kapitel 6: »Anfangsunterricht ist heute etwas anders« und in Kapitel 7 »Kleines ABC pädagogischer Begriffe«):

Eingangsstufe, neue: In mehreren Bundesländern werden unter diesem Namen neue Formen der Einschulung und des Schulanfangs einzeln oder in Kombination erprobt, wie: halbjährliche Einschulungstermine, differenzierter Unterricht mit individueller Zuwendung, unterschiedlichen Leistungsanforderungen, Lernformen und -geschwindigkeiten für die Kinder, dazu eine unterschiedliche Verweildauer zwischen einem Jahr, zwei oder gar drei Jahren in den zu einer Einheit zusammengefassten beiden ersten Schuljahren. Zurückstellungen wie Sitzenbleiben sollen so vermieden und auch jüngere Schulanfänger gefördert werden. Das durchschnittliche Einschulungsalter mit jetzt 6,9

Jahren wird von vielen als zu spät angesehen, doch eine generell frühere Einschulung ohne fördernde Maßnahmen wie die oben beschriebenen schadet den Kindern erfahrungsgemäß mehr, als dass sie nutzt.

Freie Arbeit: Kinder können selbst wählen, was sie lernen, mit wem sie zusammenarbeiten wollen (↗ Partner- und Gruppenarbeit) und welches Lernmaterial sie benutzen (↗ Montessori). Diese Freiheit ist allerdings eingegrenzt durch die Zeit- und Lehrplanung der Lehrkraft (↗ Wochenplan) und die von ihr angebotenen Lernmaterialien in eigens dafür eingerichteten »Ecken« des Klassenzimmers (↗ Freinet) und setzt das Einüben zielgerichteter Arbeitsmethoden voraus. Durch Freie Arbeit werden nach allen Erfahrungen die Lernfreude, die Selbstständigkeit und vor allem der Lernerfolg der Kinder nachhaltig gefördert. Dies erfordert aber eine gründliche Vorbereitung durch die Lehrerin/den Lehrer; Eltern können hier mithelfen, z. B. beim Beschaffen und Ordnen von Lernmaterialien, Büchern, Lernspielen und der Betreuung der Kinder bei ihrer Arbeit.

Freinet-Pädagogik: Célestin Freinet war ein französischer Schulreformer, der auch in Deutschland viele Anhänger gefunden hat. Seine seit 1920 arbeitende »Ecole moderne« verbindet praktische und geistige Arbeit z. B. an der Druckerei, mit deren Bleilettern Kinder besonders gut und gerne Lesen und Schreiben lernen, mit ↗ freier Arbeit in Arbeitsecken (»Ateliers«), mit dem Verfassen von Texten, Klassenchronik, Klassen-, Schul- und Elternzeitungen, Schülerbriefen usw., eingebunden in mitverantwortete ↗ Wochenplanarbeit, Selbstbeurteilung der Schulleistungen und weitgehende Schülerselbstverwaltung.

Grundschule mit festen Öffnungszeiten, auch genannt: ganze oder volle Halbtagsschule, verlässliche oder betreuende Grundschule. Sie wird in fast allen Bundesländern erprobt, in Hamburg, Hessen, Niedersachsen und Rheinland-Pfalz wird sie schon »flächendeckend« eingeführt. Bei allen Unterschieden in Inhalt und Organisationsform dieser Schulen ist der Grundgedanke, dass berufstätige und/oder allein erziehende Eltern ihre Kinder für feste Zeiten, meistens von 7.30 oder 8.00 bis 13.00 oder 14.00 Uhr, in pädagogischer Betreuung wissen. Das bedeutet, dass die Kinder auch bei kürzerem oder ausfallendem Unterricht in den angegebenen festen Zeitspannen pädagogisch sinnvolle und lernfördernde Spiel- und Arbeitsangebote unter Aufsicht und Anleitung von Fachleuten finden. Dies können Lehrer/innen, aber auch Sozialpädagoginnen und -pädagogen, Erzieher/innen oder ABM-Kräfte sein.

Handlungsorientierter und materialgestützter Unterricht: Es ist eine alte Erfahrung, die schon die so genannte Arbeitsschul-Pädagogik zu Anfang des 20. Jahrhunderts genutzt hat: Kinder lernen zunächst a) durch praktische Erfahrungen, das körperliche Handeln, das Tun mit den Händen, dann b) über die sinnliche Anschauung, und zwar entweder der Sachen selbst oder ihrer Abbildungen, Modelle o. ä. und erst zum Schluss c) durch Abstraktion auf die Ebene der Begriffe und Zeichen, der Buchstaben oder Ziffern. Unsere Sprache weiß es längst: »Begreifen« mit dem Kopf geht aus dem »Greifen« mit der Hand hervor. Der amerikanische Lernpsychologe Jerome Bruner empfiehlt in unserer Zeit Unterricht nach einem »Spiralcurriculum«, das vom aktiven Handeln (Spielen, Experimentieren, Erkunden) über sinnliche Anschauung (Bilder, Grafiken, Medien) aufsteigt zu begrifflich (sprachlich, mathematisch, wissenschaftlich) fassbaren Einsichten. Leider überspringt der Unterricht oft die erste oder auch die zweite Stufe, »um keine Zeit zu vertrödeln« oder weil »kein Geld für Material da ist«. Und dann beklagt man die schlechten Schulleistungen in den »Kulturtechniken« Lesen, Schreiben und Rechnen. Die Eltern sollten darauf bestehen, dass vor allem im Mathematikunterricht genügend passendes Material für das handelnde Lernen, d. h. das grundlegende Lernen »mit der Hand« zur Verfügung steht.

Jahrgangsübergreifende Lerngruppen: Früher wurden an kleineren Dorfschulen zwei, vier oder gar acht Jahrgänge in einer Klasse zusammengefasst. Die Vorteile dieses Systems hatte schon der Reformpädagoge Peter Petersen erkannt und in den »Stammgruppen« seiner »Jenaplan-Schule« umgesetzt: Kinder aus jeweils drei Jahrgängen lernen zusammen, regen sich gegenseitig an und helfen einander. Jüngere lernen von Älteren, Schwächere von Leistungsstärkeren, unterschiedliche Interessen und Talente profitieren voneinander, der Versetzungsdruck und die Belastung des Wechsels in eine andere Klassengemeinschaft beim Sitzenbleiben entfallen. Heute hat man wieder erkannt, dass die »heterogene«, d. h. aus Kindern verschiedener Entwicklungs- und Leistungsstufen zusammengesetzte Lerngruppe große

Vorteile bringt gegenüber der bislang angestrebten »homogenen«, alters- und leistungsgleichen Gruppe. Das Prinzip der »entwicklungsheterogenen« Gruppen wird einerseits angewandt, um vor allem in den neuen Bundesländern von der Schließung bedrohte kleinere Grundschulen zu erhalten, und andererseits, um in den ↗»Neuen Eingangsstufen« die unterschiedlichen Alters- und Entwicklungsstände der Schulanfänger positiv zu nutzen. Auf die zweifelhafte Feststellung so genannter Schulreife kann damit ebenso verzichtet werden wie auf Zurückstellungen oder Einweisungen in Schulkindergärten oder Vorklassen, und die zweijährige Eingangsstufe kann in einem Jahr, in zwei Jahren je nach Lernerfolg und Leistungsfähigkeit durchlaufen werden.

Lesenlernen durch Schreiben oder »Reichen-Methode«: Das von dem Schweizer Pädagogen Jürgen Reichen in jüngster Zeit entwickelte Verfahren selbstständigen Erlernens der Schriftsprache (Lesen- und Schreibenlernen) wurde mehrfach im Fernsehen dargestellt und findet vor allem bei jüngeren Lehrer/innen Anklang. Der Grundgedanke ist, dass alle bisherigen, auf Lernen im Gleichschritt ausgerichteten Leselernmethoden nicht den erwünschten Erfolg hatten; vor allem, weil die Schulanfänger in ihren Lernvoraussetzungen und -fähigkeiten immer stärker auseinander driften. Daher soll jedes Kind seinen eigenen Weg finden: durch freie Schreibversuche von Kritzelbriefen bis zu ersten Wörtern, wobei mit Hilfe einer »Anlauttabelle« die Kinder selbst die Buchstaben entdecken samt den Möglichkeiten, aus ihnen Wörter zusammenzustellen und zu entziffern. Wie bei der ↗ Freien Arbeit bleibt auch hier systematische Hilfestellung durch die Lehrer/innen unentbehrlich. Es sollten auch nur erfahrene Lehrer/innen dieses Verfahren anwenden. Die bisher einzige groß angelegte wissenschaftliche Überprüfung dieser neuen Methode des freien Schriftspracherwerbs in einem Hamburger Modellversuch hat gezeigt, dass die Rechtschreibleistungen der Kinder besser werden, wenn das Lesen- und Schreibenlernen anfangs durch eine Fibel unterstützt wurde. Machen Sie ggf. die Lehrerin Ihres Kindes darauf aufmerksam.[2]

---

[2] Im Abschlussbericht des Hamburger Modellversuchs »Elementare Schriftkultur als Prävention von Analphabetismus und Lese-/Rechtschreibschwierigkeiten« wird u.a. festgestellt: »Es haben sich vor allem die Klassen in Rechtschreiben verbessert, die anfangs mit einer Fibel stark rechtschreiborientiert waren und dann (…) freies Schreiben in ihren Unterricht integriert haben« (Amt für Schule 1996, S. 55).

Montessori-Schulen, Montessori-Pädagogik: Die italienische Ärztin Maria Montessori wollte Kinder zu selbständiger Arbeit (↗ Freie Arbeit) befähigen mit Hilfe sorgfältig ausgewählter und (in Regalen) systematisch angeordneter Lernmaterialien, die zur freien Wahl stehen, deren Bearbeitung aber systematisch eingeübt werden muss. Diese Materialien dienen der Sinnesschulung (Sehen, Hören, Riechen, Fühlen usw.) ebenso wie der Gewinnung sachlicher Einsichten und Erkenntnisse. So bewährt sich das Montessori-Material bis heute hervorragend im Rechen- bzw. Mathematikunterricht. Montessori-Schulen bestehen seit 1907, sie waren ursprünglich für behinderte Kinder gedacht, ihre Methoden haben sich aber ebenso in der Kindergartenpädagogik und auch in öffentlichen Schulen bewährt, und hier vor allem bei der Integration behinderter Kinder. Montessoris Motto »Hilf mir, es selbst zu tun« ist zum Grundsatz aller modernen Pädagogik gleich welcher Richtung geworden. Montessori-Schulen bestehen als Privatschulen in mehreren deutschen Städten; bekannt ist die integrative Montessori-Schule für behinderte Kinder in München.

Offener Unterricht: Sammelbezeichnung für Formen von Unterricht, der nicht in allen Einzelheiten von der Lehrkraft festgelegt, durchgeführt und kontrolliert wird, sondern bei dessen Planung, Gestaltung, Realisierung und auch Kontrolle die Schülerinnen mehr oder weniger eigenverantwortlich mitwirken. Dazu zählen ↗ Freie Arbeit, Freies Unterrichtsgespräch, Gruppenarbeit, ↗ Projektunterricht, Wochenplan, materialgestütztes Lernen (↗ Freinet, ↗ Montessori, ↗ Petersen). Nach allen Erfahrungen führt offener Unterricht nicht zu Willkür und Chaos, sondern steigert Lernfreude und Schulleistung, sofern die Lehrkraft sinnvolle und förderliche Rahmenbedingungen geschaffen hat. Vor allem werden Fähigkeiten zu selbstständiger Entscheidung und verantwortungsvollem Handeln entwickelt und gestärkt – Fähigkeiten, die nicht nur für das Funktionieren einer Demokratie wichtig sind, sondern auch zunehmend von der Arbeitswelt verlangt werden.

Peter-Petersen-Schule, auch »Jenaplan-Schule« genannt, weil der Pädagoge Peter Petersen sie Anfang des Jahrhunderts an der Universität Jena wissenschaftlich erprobt hat. Seine Pädagogik ist dadurch gekennzeichnet, dass das soziale Lernen, die Erziehung zur und durch die Gemeinschaft, den Unterricht bestimmt. Sein Inhalt wird nach

Leistung und Neigung in Gruppen und Kursen differenziert und so weit wie möglich in Partner-, Gruppen- und Einzelarbeit selbstständig erarbeitet (↗ Freie Arbeit, ↗ Wochenplan). Schüler/innen jeweils dreier Jahrgänge (z. B. 1. bis 3. Schuljahr) sind in »Stammgruppen« zusammengefasst, in denen ältere und jüngere, mehr oder weniger leistungsfähige Kinder miteinander und voneinander lernen. Eine besondere Rolle spielt das »Schulleben« mit Festen, Feiern, Schulwanderungen, Spiel und freiem Gespräch. Wohnlich ausgestaltete Klassenräume mit reichen Materialangeboten gehören ebenso dazu.

Projektunterricht: Eine verbreitete Form »Offenen Unterrichts«, die von dem amerikanischen Pädagogen John Dewey zu Anfang des Jahrhunderts entwickelt wurde. Es ging ihm darum theoretisches und praktisches Lernen möglichst lebensnah zu verbinden, die Schüler/innen dabei zu selbstständigem Arbeiten und demokratischem Zusammenleben zu befähigen und auf lernpsychologisch fundierte Weise die Lernleistungen zu steigern. Dies gelingt durch so genannte »Projekte«, zu Deutsch: »Vorhaben«, die Lehrer/innen und Schüler/innen gemeinsam beschließen, gemeinsam planen, arbeitsteilig durchführen und wieder gemeinsam überprüfen sowie auch vortragen. Die Vorhaben können mehr praktisch ausgerichtet sein: z. B. der Bau einer Wetterstation, eines Vogelhäuschens, die Anlage eines Spielplatzes, oder eher kulturell: die Gestaltung einer Ausstellung, einer Aufführung, eines Festes; oder stärker wissensorientiert: die Ermittlung der Verkehrsdichte vor der Schule, die Untersuchung der Verschmutzung eines Gewässers oder – am Schulanfang – die Erkundung des Schulhauses bzw. -geländes und die Vermessung des Klassenzimmers. Solche und ähnliche Vorhaben können zu Projekttagen und -wochen ausgeweitet werden und bieten Eltern vielfältige Möglichkeiten aktiver Mitwirkung.

Waldorf-Schule: Sie wurde vor achtzig Jahren von dem Anthroposophen Rudolf Steiner für die Kinder der Waldorf-Astoria-Zigarettenfabrik gegründet. Sie war Deutschlands erste Gesamtschule und die erste von einem Wirtschaftsunternehmen gesponserte dazu. Ihre Kennzeichen sind u. a.: Fremdsprachenunterricht vom 1. Schuljahr an, ein stark künstlerisch und praktisch ausgerichteter Lehrplan, keine Ziffern-, sondern Berichtszeugnisse, kein Sitzenbleiben, so genannter Epochenunterricht, bei dem einzelne Fächer über mehrere Wochen nicht gleichzeitig, sondern nacheinander im Stundenplan auftauchen; ein/e Klassenlehrer/in als Ansprechpartner und Betreuer vom ersten Schuljahr bis zum Ende der Mittelstufe. Die letzten Schuljahre bis zum Abitur entsprechen der Oberstufe der Regel-Gymnasien. Der Unterrichtsstil ist autoritär, aber liebevoll und auf das Wohlergehen des Kindes bedacht; die Klassen sind vielerorts mit über 40 Kindern sehr groß. Ein Problem ist auch die weltanschauliche Ausrichtung, die Lehre der Anthroposophie, der man sich aber nicht ausliefern muss. Waldorf-Schulen sind Privatschulen, kosten also Schulgeld, das sich nach dem Einkommen der Eltern richtet.

Wochenplan: Diese Unterrichtsform geht auf die amerikanische Pädagogin und Montessori-Anhängern Helen Parkhurst zurück. Auch sie wollte den Schülerinnen und Schülern zu selbstständigerem und dadurch wirkungsvollerem Lernen verhelfen. Wichtig war ihr, ↗ freie Arbeit durch produktive Zusammenarbeit der Schüler/innen zu stützen. Sie entwickelte das Prinzip des Tages-, Wochen- und Jahresplans, in dem die Lehrkraft zusammen mit den Schülerinnen und Schülern das Lernpensum für die jeweilige Zeitspanne bestimmt, nicht aber die einzelnen Lernschritte festlegt. Diese müssen die Schüler/innen in Einzel-, Partner- oder Gruppenarbeit selbst disponieren. Sie lernen also, ihre Zeit und ihre Arbeit sinnvoll einzuteilen, um ein vorgegebenes oder mitbestimmtes Ziel termingerecht zu erreichen. Helen Parkhurst schloss hierzu mit den Schülern »Verträge« ab, deren Einhaltung Ehrensache ist. Heute ist auch in Deutschland vor allem an Grundschulen Wochenplanarbeit weit verbreitet. Sie gibt Eltern die Möglichkeit mitzuwirken und mitzuhelfen durch Beschaffung von Material, Informationen und Beratung und Ausbau der verschiedenen Lern-»Ecken« im Klassenraum. Eltern können auch darauf achten und hinwirken, dass die Kinder gründlich in die Wochenplanarbeit eingeführt und einzelne nicht überfordert werden.

Grundsätzlich verdienen alle diese Ansätze zu einem kindgerechten Lernen, das Selbstständigkeit, Verantwortungsbewusstsein und Leistungsfreude fördert, die nachhaltige Unterstützung der Eltern. Schließlich sind fast alle diese Schul- und Unterrichtsformen rund hundert Jahre alt und damit vielfältig erprobt. Doch auch hier ist schlechter Unterricht möglich: wegen Zeit-, Lehrer- oder Materialmangel, mangelnder Fähigkeit oder Einsatzfreude der Lehrer/innen.

Hier ist es Aufgabe der Eltern, ein wachsames Auge zu haben und an Verbesserungen mitzuarbeiten.

Die Schulgesetze der meisten Bundesländer ermöglichen es den Eltern, nicht nur am Unterricht teilzunehmen, sondern auch das pädagogische »Profil« der Schule mitzugestalten im Rahmen der »Schulgemeinde« oder der »Schulkonferenz«.

Da wird auch einmal Kritik notwendig werden, aber informieren Sie sich vorher gründlich, um keine Missverständnisse, unnötige Polemiken oder Streitereien aufkommen zu lassen. Lesen Sie in Kapitel 4 die Beiträge über das Thema »Eltern gestalten mit in der Grundschule« samt einer »Checkliste: Wie Eltern aktiv werden können«, Kapitel 5 informiert Sie unter dem Titel »Nichts geht ohne Eltern« über Ihre Mitbestimmungs- und Mitwirkungsmöglichkeiten in der Schule und in Kapitel 6 finden Sie »Tipps für Gespräche mit Lehrerinnen und Lehrern«.

Dieter Haarmann

📖 Arbeitsgemeinschaft Freier Schulen (Hrsg.): Handbuch Freie Schulen. Rowohlt, Reinbek 1993

📖 Arbeitsgruppe Bildungsbericht am Max-Planck-Institut für Bildungsforschung: Das Bildungswesen in der Bundesrepublik Deutschland. Rowohlt, Reinbek 1994

📖 Aurin, K. (Hrsg.): Gute Schulen – worauf beruht ihre Wirksamkeit? Klinkhardt, Bad Heilbrunn 1990

📖 Baillet, D.: Freinet – praktisch. Beispiele und Berichte aus Grundschule und Sekundarstufe. Beltz, Weinheim und Basel 1995

📖 Burk, K./Mangelsdorf, M./Schoeler, U. u. a.: Die neue Schuleingangsstufe. Beltz, Weinheim und Basel 1998

📖 Hellmich, A./Teigeler, P. (Hrsg.): Montessori-, Freinet-, Waldorfpädagogik. Beltz, Weinheim und Basel 2. Aufl. 1994

📖 Knoerzer, W./Grass, K.: Einführung Grundschule. Geschiche – Auftrag – Innovationen. Beltz, Weinheim und Basel 1999

Die Zeit vor der Einschulung nutzen

Die Oma: »Wart' nur, bald kommst du in die Schule,
da beginnt der Ernst des Lebens!«
Edith, die Älteste von vier Geschwistern: »Ich finde das Leben
jetzt schon hart genug!«

Umfrage eines Reporters: »Na, freut ihr euch auf die Schule?«
– Tanja antwortet: »Schulanfang – da kriege ich alles in Rosa:
rosane Hose, rosane Bluse und rosane Strümpfe.« –
Michael: »Wir spielen auf dem Schulhof und trinken Kakao.«

Wie können Sie Ihr Kind auf die Schule vorbereiten?

 Praktische Tipps:

Die beste Vorbereitung auf die Schule ist sicherlich der Besuch einer vorschulischen Einrichtung. Hier wird die Erziehung in der Familie ergänzt, im Spiel wird die Entfaltung der geistigen, emotionalen und praktischen Fähigkeiten der Kinder unterstützt und das soziale Miteinander gefördert.

✎ Immer mehr Kindergärten stellen bereits frühzeitig Kontakt zur aufnehmenden Grundschule her in Form von gegenseitigen Hospitationen, Spielnachmittagen oder Erkundungsgängen in die Schule als Vorbereitung auf den Schulweg, zum Üben von richtigem Verhalten im Verkehr und zum Kennenlernen der Schule.

✎ Besucht Ihr Kind keinen Kindergarten, so ist es besonders wichtig, dass es vor Eintritt in die Schule gelernt hat, ohne Eltern eine bestimmte Zeitspanne auszukommen, an andere Erwachsene gewöhnt wird, mit Gleichaltrigen zusammenspielen kann und vor allem selbstständig wird. Ihr Kind sollte sich allein anziehen können, Schuhe binden und auch selbstständig aufs Klo gehen können.

✎ Statt Ihr Kind mit Trainingsmappen oder Lese- und Schreibvorkursen zu trimmen, um somit vermeintlich die Startchancen Ihres Kindes zu verbessern, sollten Sie lieber diese Zeit mit gemeinsamem Spielen, Singen, Erzählen, Malen, Basteln, Vorlesen, Zoobesuch, Wandern oder ähnlichen Aktivitäten verbinden. Erhalten Sie Ihrem Kind die Neugierde und Freude auf die Schule!

✎ Lassen Sie es Kritzelbriefe schreiben und erste Wörter, auch wenn sie von Fehlern strotzen (sie geben sich). Aber greifen Sie nicht den schulischen Lehrgängen vor und verfallen Sie bitte nicht auf den Unsinn, der in der »Sesamstraße« und bei so genannten Spiel- und »Lern«computern mit dem Buchstabieren (z. B. Hund: Ha-u-en-de) angeboten wird. Wenn Ihr Kind einen Buchstaben wissen will, so sagen Sie ihm den Lautwert (h-u-n-d), damit das Lesen klappen kann. Um es nochmals zu betonen, viel wichtiger ist das gemeinsame Sprechen über die Erlebnisse, über das am Fernsehen oder im Kino Gesehene, das Spielen von Fingerspielen, rhythmische Bewegung, Ballspiele, Vorlesen und Geschichtenerzählen – alles Voraussetzungen für späteres erfolgreiches Lernen.

✎ Haben Sie den Verdacht, dass Probleme mit der Grob- und Feinmotorik (Bewegungssicherheit mit Gliedmaßen und Fingern), der Sprachbildung, der Sinnes-Wahrnehmung (Sehen, Hören) Ihres Kindes bestehen – dies wird meist bei den Vorsorgeuntersuchungen beim Kinderarzt/-ärztin festgestellt –, so sollten Sie die Zeit vor dem Schuleintritt zu zusätzlicher Förderung nutzen.

✎ Ihr Kind sollte Namen, Anschrift, Telefonnummer und Geburtstag ohne längere Überlegung sagen können, wenn nicht, üben Sie es auf behutsame Weise.

✎ Klären Sie Begriffe wie oben, unten, rechts, links, zwischen und lassen Sie diese Begriffe im täglichen Leben von Ihrem Kind anwenden: auf der Straße, im Zimmer, im Bilderbuch usw.

✎ Lassen Sie Ihr Kind erzählen, erzählen und nochmals erzählen. Unterbrechen Sie es nicht, auch wenn Sie es langweilig oder etwas falsch finden: Das Kind übt seine Ausdrucksfähigkeit!

✎ Lassen Sie Ihr Kind malen, ausschneiden, z. B. Quadrate, Kreise, Rechtecke, und auch den Bleistift selbst anspitzen. Das sind alles wichtige Vorübungen für die Schule.

✎ Achten Sie bei dem Einkauf darauf, dass Jacken, Anoraks, (Turn-)Schuhe, Trinkflaschen leicht zu öffnen sind und nicht ständig die Hilfe der sowieso schon überlasteten Lehrerin erfordern.

(Die letzten fünf Tipps verdanken wir Gudrun Dahl in *Eltern for family,* 7/98, S. 80f.)

 Erziehungs-Tipps:

✎ Wecken Sie die Neugier und Vorfreude Ihres Kindes auf die Schule und vermeiden Sie und vor allem ältere Geschwister negative Kommentare zur Schule!

✎ Zeigen Sie, dass Sie stolz auf Ihr Kind sind! Das Selbstvertrauen Ihres Kindes stärken Sie am ehesten, indem Sie seine Erfolge anerkennen und es loben. Hängen Sie seine Bilder und Produkte sichtbar auf.

✎ Lob muss von Herzen kommen und echt gemeint sein! Kinder haben ein feines Gespür dafür, ob Sie unzufrieden sind oder lügen. Auch bei Schwierigkeiten kann man die Anstrengung loben. »Das war ein guter Versuch!« oder »Dieser Teil der Aufgabe ist richtig!«

✎ Versuchen Sie nicht, Ihr Kind mit Bestechungen zu ködern! Die Belohnung für schulischen Erfolg sollte verstärktes Selbstvertrauen und Freude am Lernen sein – nicht Dinge wie Inlineskates, ein Haustier oder ein Computer!

✎ Vermeiden Sie Vergleiche mit anderen! Stellen Sie die Lernerfolge von Geschwistern oder Klassenkameraden als Vorbild hin, wird Ihr Kind glauben, dass Sie es nicht lieben, und es wird noch unzufriedener mit sich werden. Demotivierte, ängstliche Kinder registrieren vor allem negative Signale. Ein als Lob gedachter Satz »Das war gar nicht schlecht!« kommt bei solchen Kindern nur als »schlecht« an.

✎ Respektieren Sie, wenn Ihr Kind mit sich unzufrieden ist! Kämpft es mit den Hausaufgaben, so vermeiden Sie Sprüche wie »Komm, das ist ganz leicht!« Zeigen Sie stattdessen Verständnis und loben Sie die Ausdauer. Helfen Sie nur so viel, dass Ihr Kind allein weitermachen kann. Damit fördern Sie seine Aufmerksamkeitsspanne und Konzentrationsfähigkeit.

✎ Unterstützen Sie die Selbstständigkeit Ihres Kindes! Erledigen Sie die Aufgaben Ihres Kindes, so muss es glauben, dass Sie sie ihm nicht zutrauen. Sie wollen doch sein Selbstvertrauen stärken und nicht unterminieren!

(Unter Einbeziehung von Tipps aus *How to Help Your Child Succeed in School Score!* Newsweek, New York 1998.)

Ingrid M. Naegele

Spielend lernen – Lernen im Spiel

»Kinder spielen in allererster Linie deshalb, weil es ihnen Spaß macht. Das liegt so klar auf der Hand, dass man es kaum zu erwähnen braucht. Die Freude daran, dass man etwas kann, gehört zu den reinsten und wichtigsten Freuden überhaupt …

Viele Kinder, die nur wenig Möglichkeiten zum Spielen haben und mit denen nur selten gespielt wird, leiden unter schweren intellektuellen Entwicklungshemmungen oder Rückschlägen, denn im Spiel und durch das Spiel übt das Kind seine Denkprozesse. Ohne diese Übung kann sein Denken oberflächlich und unterentwickelt bleiben …

Das Spiel ist deshalb von so ausschlaggebender Wichtigkeit, weil es die intellektuelle Entwicklung des Kindes anspornt und es sich dabei – ohne es selber zu merken – Dinge angewöhnt, die für sein Wachstum unentbehrlich sind, zum Beispiel die für das Lernen so wichtige Ausdauer. Man erwirbt sie sich am leichtesten bei Tätigkeiten, die Spaß machen, zum Beispiel bei einem Spiel, das man sich selbst ausgesucht hat. Wenn man sich nicht in dieser Weise an Ausdauer gewöhnt hat, erwirbt man sie bei schwierigeren Aufgaben wie den Schularbeiten nur schwer. Am besten lernt man sie in der frühen Kindheit, in der sich die Gewohnheiten herausbilden und wo das Kind ziemlich schmerzlos lernen kann, dass nur selten etwas so leicht und schnell gelingt, wie wir uns das wünschen. Durch das Spiel lernt das Kind zuerst, dass es nicht sofort entmutigt aufzugeben braucht, wenn ein Baustein nicht beim ersten Mal ruhig auf dem anderen bleibt. Fasziniert von der Aufgabe, einen Turm zu bauen, lernt es allmählich, dass Ausdauer zum Erfolg führen kann, selbst wenn ihm beim ersten Mal etwas nicht gelingt. Es lernt, nicht sofort aufzugeben und sich nach dem fünften oder zehnten Mal nicht enttäuscht etwas anderem zuzuwenden, sondern es immer wieder zu versuchen. Das Kind wird das jedoch nicht lernen, wenn die Eltern nur der Erfolg interessiert und wenn sie es nur dafür loben und nicht auch für sein beharrliches Bemühen.«

Bruno Bettelheim: Ein Leben für Kinder. Erziehung in unserer Zeit.
dtv, München 1991. 3. Auflage, S. 196–97

Der bekannte Kinderpsychologe Bruno Bettelheim hat in seinem Spätwerk *Ein Leben für Kinder* an vielen Beispielen die fundamentale Bedeutung des Spiels für die kindliche Entwicklung aufgezeigt. All die Kompetenzen, die Eltern sich für die Zukunft ihrer Kinder wünschen, werden in unterschiedlichen Spielen vorbereitet und erprobt: kreatives Denken, Konzentrations- und Kommunikationsfähigkeit, Ausdauer, soziale Kompetenz, Konfliktfähigkeit, Experimentierfreudigkeit, Durchsetzungskraft – allesamt Begriffe aus neuen Stellenanzeigen für Topjobs.

Spielen –

↗ baut soziale Fähigkeiten auf;
↗ fördert kognitive, d. h. geistige Entwicklungen,
   die schulisches Lernen erst ermöglichen;
↗ schafft Motivation und Selbstvertrauen;
↗ fördert körperliche und motorische Fähigkeiten;
↗ wirkt kreativitäts- und damit leistungssteigernd.

Im vorschulischen Alter, zu Hause und im Kindergarten, wird das Spiel als die kindesgemäße Form des Lernens weitgehend akzeptiert und gefördert. Erzieher(innen), Lehrer(innen) und Wissenschaftler(innen) stellen in den letzten Jahren jedoch immer häufiger fest, dass Kindern wesentliche Spielerfahrungen fehlen, die für eine gesunde Entwicklung notwendig gewesen wären. Als Ursachen werden u. a. folgende Gründe genannt:

◆ nicht ausreichende ungestörte Zeit für kreative Spielerfahrungen;
◆ das Fehlen von Geschwistern oder Familienangehörigen, die Zeit für das Kind haben;
◆ enge Wohnungen, lärmempfindliche Nachbarn;
◆ falsches, zu perfektionistisches Spielzeug;
◆ zu viel Fernseh-, Video- und Computerkonsum, wobei die Inhalte der Sendungen nicht verstanden und meist nicht mit Erwachsenen aufgearbeitet werden;
◆ eine nicht anregende und spielgerechte Umgebung: Die Straßen sind zu gefährlich, die Spielplätze zu perfektioniert, der Rasen im Park für Kinder verboten u. a.

Vielen Eltern ist der Zusammenhang von Spiel und Auswirkungen auf schulisches Lernen nicht bekannt. Ein paar Beispiele:

↗ Bälle werfen, fangen und kicken sind Voraussetzungen für Mengenbildung, Zahlbegriff und Koordination und physikalische Grunderfahrungen;

↗ Kneten und Formen, Fingerspiele, Falten und Reißen von Papier sind wichtig für Sprachbildung, das Schreiben und Rechnen;

↗ Kritzeln, Malen, Erzählen, Vorgelesen bekommen, Kinderreime fördern die Ausdrucksfähigkeit, das Lesen- und Schreiben lernen;

↗ das Spielen mit Lego, Playmobil, Kaufladen und Puppenhaus unterstützt Gruppenfähigkeit, Konzentration, Abstraktion, Phantasie und Ausdrucksfähigkeit.

Fehlen Spielerfahrungen, werden sie aus Angst bzw. fehlendem elterlichen Lob vermieden oder bereiten sie einem Kind Schwierigkeiten, so ist die Wahrscheinlichkeit groß, dass es später Probleme beim Lernen bekommt, vor allem dann, wenn die individuell unterschiedlichen Lernvoraussetzungen der Kinder unberücksichtigt bleiben, was leider trotz aller anders lautenden Rahmenpläne immer noch vorkommt. Sind die Eltern nur am Lernstoff, dem möglichst raschen Vorangehen in der Fibel oder im Rechenbuch interessiert, so hat ein Kind meist schlechte Karten für eine erfolgreiche Schulkarriere.

Was können Eltern tun?

Eltern können ihr Kind fördern, wenn sie sich Zeit nehmen und mit positiver innerer Einstellung mit ihrem Kind spielen. Dabei sollte das gemeinsame freudige Erleben im Mittelpunkt stehen, nicht die Leistung, das Gewinnen oder Verlieren – und schon gar kein Zwang. Dann ist es kein Spiel mehr.

Gerade in der Zeit des Schulanfangs mit seinen vielen Veränderungen braucht das Kind zu Hause Zeit, Raum und Material zum Spielen:

- ↗ als Ausgleich gegen das Stillsitzen im Unterricht;
- ↗ als Ventil zur Entspannung;
- ↗ als motivierende und kreative Form des Entdeckens von Zusammenhängen in Natur, Technik und dem eigenen Tun;
- ↗ als Übung des Zusammenlebens und -lernens mit anderen.

Spielen im Unterricht

Während in Montessori- oder Waldorfschulen Spielen, Musizieren und Bewegung eine lange Tradition als Bestandteil des Unterrichts vorweisen, sind sie in den Rahmenplänen der Regelschulen erst in den letzten Jahren wieder aufgenommen worden (siehe S. 43ff). Leider führen Spiele trotzdem vielerorts ein Randdasein als »Belohnungsbonbons« für braves Verhalten oder schnelles Erledigen von Aufgaben in Form von »Rechenkönig« oder anderen Ausscheidungsspielen mit bitterem Beigeschmack für langsamere Lerner. Spiele sollen im Unterricht einen festen Platz haben als Lerninhalte und als Unterrichtsform. Das Fehlen von spielerischen Elementen im Unterricht hat unterschiedliche Gründe: fehlendes Wissen über die Rolle, die das kindliche Spiel für alles spätere Lernen bedeutet, verkrustete Unterrichtsorganisation, fehlender Platz im Klassenraum oder das (falsche) Gefühl, dafür keine Zeit erübrigen zu können. Dabei ist Spielen die geeignete Lernform, um aus 18 bis 25 Individuen unterschiedlichster familiärer, sozialer, nationaler und kultureller Herkunft eine Klassengemeinschaft zu bilden, die die Regeln des Miteinanders und gegenseitige Rücksichtnahme akzeptieren können. Modellversuche in Anfangsklassen haben dies eindrucksvoll belegt, besonders auch für die Ausbildung und Förderung des mündlichen Sprachgebrauchs von deutschen und ausländischen Schulanfänger(inne)n. Gegenüber systematischen Belehrungen in isolierten Sprachlehrgängen oder Trainingsprogrammen waren Spiele und Lieder, die in Spielhandlungen umgesetzt werden konnten, für den Spracherwerb und das Lernklima wesentlich erfolgreicher.

Spielen mit einer Gruppe oder der ganzen Klasse ist nicht so einfach. Lehrerinnen, Lehrer und Eltern können sich gegenseitig helfen, indem sie Spielideen austauschen, gemeinsam am Elternabend neue Spiele ausprobieren, alte Spiele wieder beleben oder gemeinsam mit den Kindern im Unterricht, in den Pausen oder auf Ausflügen spielen.

Welche Spiele eignen sich?

Grundvoraussetzung ist, wie Bettelheim ausführt, dass ein Spiel dem Kind Spaß und Freude bereitet. Nicht jedes Spiel ist geeignet zur Förderung einer gesunden Entwicklung. Manches von der Werbung angepriesene Lernspiel fördert zwar den Umsatz, nicht aber das Kind – vor allem im Video- und Computerbereich. Statt teurem, reglementierendem, perfektionistischem Spielzeug brauchen Kinder zur Entfaltung ihrer Möglichkeiten vielmehr Puzzles, Bausteine, Lege-, Steck-, Kartenspiele, leicht veränderbare Brettspiele oder Konstruktionsmaterial wie Verpackungsabfälle, Knöpfe, Stoff, Farben, Klötze, Papier, Stifte u. a. Mit Gleichaltrigen gespielte Kreis- und Bewegungsspiele, Rollenspiele, Phantasiereisen, Spiellieder, Rate- und Denkspiele kosten nichts, brauchen keine Vorbereitung und wenig Zeit, haben aber vielfältige Förderfunktionen wie: Konzentration, Wahrnehmung, Motorik, Bewegungskoordination, Sprache, Abstraktion, Kreativität u. a. Deshalb eignen sie sich besonders für den Unterricht neben selbst hergestelltem Spiel- »Lern«material.

Aus der Fülle an Spielen möchte ich an einem kleinen Beispiel den Zusammenhang von Spiel und Lernen aufzeigen: Kinder lieben Spiele, in denen Tiere eine wichtige Rolle spielen. Neben Bären und Hasen sind es in letzter Zeit verstärkt die Pinguine, um die Spiele, Lieder, Texte und Reime kreisen. Pinguin-Geschicklichkeitsspiele gibt es z. B. als *Plitsch, platsch, Pinguin* von Ravensburger. Neben dem vorgesehenen Balancieren der 24 kleinen Pinguine auf dem glitschigen, beweglichen Eisberg – was hohe Anforderungen an Planung, Geschicklichkeit, Grob- und Feinmotorik, Durchhaltevermögen, Übung und Kooperationsfähigkeit stellt – lassen sich die Bestandteile zum Zählen, Bilden von Mengen und Geschichtenerzählen verwenden. Mit Phantasie können neue, eigene Spielideen entwickelt werden. Oder das *Pinguinlied* von Fredrik Vahle, das es als Bilderbuch (Igel Records), auf Kassette/CD (Pläne Patmos) oder in einem seiner Liederbücher gibt.

Zunächst einmal ist es ein Lied mit einer eingängigen Melodie und lustiger Handlung, das sich gut als Kreis-, Klatsch- oder Spiellied einsetzen läßt. Folgende Aspekte werden hier gefördert: Mimik, Artikulation, Wortschatz, Minimalpaarbildung, Begriffsbildung, Satzbau, mathematische Grundkenntnis (Zählen, Mengen bilden), Geschicklichkeit, Bewegungskoordination. Turnen wie Tiere macht Spaß und

Pinguin-Lied

Text: F. Vahle
Musik: F. Vahle

Ein klei-ner Pin-guin steht ein-sam auf dem Eis.

Pitsch, patsch Pin-guin, jetzt läuft er schon im Kreis.

Pitsch, patsch, Pin-guin, jetzt läuft er schon im Kreis.

Gitarre

1. Ein kleiner Pinguin
steht einsam auf dem Eis.
Pitsch, patsch Pinguin,
jetzt läuft er schon im Kreis.

2. Und der Nordwind weht
übers weite Meer.
Pitsch, patsch Pinguin,
da friert er aber sehr.

aus: »Das Fredrik-Vahle-Liederbuch«, Ravensburg 1990

fördert gute Haltung, u. a. als Pinguin. In dem Bewegungsbuch für Kinder: *Affentrab und Hasensprung* (Gerstenberg, Hildesheim 1997) werden Übungen zur Balance, Entspannung und Rückenschulung angeboten. Sachbücher, wie z. B. *Der Pinguin – ein drolliger Vogel* von Béatrice Fontanel (Tessloff, Nürnberg 1990) eignen sich mehr zum Vorlesen und Betrachten, während sich die Reime um Pingo-Paul, den Pinguin im *ABC – das bunte Buchstabenspiel* von Barbara Cratzius und Eugen Stross (Pattloch, Augsburg 1997) schon mal auswendig lernen lassen und zu Spielereien mit Sprache anregen:

»Pingo-Paul der Pinguin
Mag mit seinem Pinsel prahlen,
will im Paradies der Tiere
Panther und das Pferd bemahlen

Er preist seine Farben an:
Pink meint er, fehlt noch dem Pfau.
Pudel-Puck kriegt bunte Perlen
auch auch Pim, die Perlhuhnfrau«.

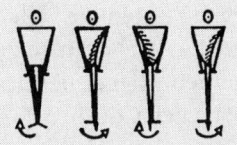

4. **Wackeln wie ein Pinguin**
Stell dich aufrecht hin, die Fersen nebeneinander und die Zehen nach außen gedreht (erste Ballettposition). Lass die Arme gerade am Körper herunterhängen und streck die Hände horizontal zur Seite. Heb den linken Fuß und die rechte Ferse an und dreh dich mit dem ganzen Körper auf dem rechten Fußballen nach rechts. Nun setzt du beide Füße wieder auf den Boden. Heb den rechten Fuß und die linke Ferse und dreh dich mit dem ganzen Körper auf dem linken Fußballen nach links. Achte darauf, dass deine Beine immer gestreckt sind und die Fersen einander berühren. Wenn du es richtig machen willst, müssen deine Gesäßmuskeln immer angespannt sein.

»*Am Südpol, denkt man, ist es heiß*« beginnt Elke Heidenreichs fantasievolle Reimerei um Pinguine und Opernstars, köstlich illustriert von Quint Buchholz (Hanser, München 1998), deren tieferer Witz jedoch erst Erwachsenen aufgehen dürfte.

Allgemeine Hinweise zum Spielen

Beim Kauf von Spielen ist zu überlegen, ob Aufmachung, Haltbarkeit, die Verständlichkeit der Spielregeln, der Inhalt und natürlich auch der Preis die Anschaffung rechtfertigen. Spiele, die im Handel oder in der Werbung angeboten werden, können ja erstmal ausgeliehen werden – bei Bekannten oder in der örtlichen Bücherei. An manchen Orten gibt es inzwischen auch die Möglichkeit, in Spielwarenläden auf Probe zu spielen. Viele Kindergärten, Schulen und Freizeiteinrichtungen bieten ein großes Angebot an Spielen und Beratung.

Spielideen ohne viel Material und Zeitaufwand

🏠 Hella Langosch: Alte Kinderspiele neu entdecken. rororo Sachbuch 8763, Reinbek 1990

🏠 Sylvia Näger: Eltern dürfen mitspielen. 101 Anregungen für drinnen und draußen. Herder Spektrum, Freiburg 1998

Bücher mit Sprachspielen und Reimen

Reime, Finger- und Hüpfspiele sind unverzichtbar für einen erfolgreichen Start in die Welt der Schrift und der Zahlen, weil Kinder aktiv handelnd die Voraussetzungen für das Lesen, Schreiben und Rechnen erwerben. Hier einige besonders gelungene Beispiele:

🏠 Lucy Cousins: Tante Clara und andere Reimereien. Inhauser-Carlsen, Hamburg 1998

🏠 Barbara Cratzius und Eugen Stross (Ill.): ABC – das bunte Buchstabenbuch. Pattloch, Augsburg 1997

🏠 Janosch: Das große Buch der Kinderreime. Diogenes, Zürich 1984

🏠 Reinhard Michl: Morgens früh um sechs. Carl Hanser Verlag, München 1997

🏠 H. Pleticha (Hrsg.): Schöne alte Kindergedichte. Stürtz, Würzburg 1997

🏠 Raimund Pousset: Fingerspiele und andere Kinkerlitzchen; Spiel-Lust mit kleinen Kindern. Rowohlt Sachbuch, Reinbek

🏠 Achim Roscher (Hrsg.) und Gertrud Zucker (Ill.): Ilse Bilse. 12 Dutzend alte Kinderverse. KinderBuch Verlag, Berlin, 12. Aufl. 1993

📕 Jutta Bauer und Ulrich Maske; Das Abendschiff. Abend-, Schlaf- und Wiegenlieder aus aller Welt für große und kleine Träumer. Beltz & Gelberg, Weinheim
Zu den wunderschön illustrierten Abendliedern von Ulrich Maske gibt es zwei Kassetten/CDs, die das Mitsingen erleichtern für alle, die mit den Noten Probleme haben.

📕 Anita Holsonback-Windmolders und Leo Timmers: Affentrab und Hasensprung. Ein Bewegungsbuch für Kinder. Gerstenberg, Hildesheim 1997
Witziges Bilderbuch, gleichzeitig Anleitung zu 27 Übungen, die den Bewegungsabläufen von Tieren nachempfunden sind, das ganze pfiffig und treffend von Leo Timmer illustriert. Eine ideale Kombination zur Förderung der ganzheitlichen Bewegung für Kinder und Eltern.

📕 Liane Schoefer-Happ, Dieter Allgaier und Cindy Wallin: Gute Haltung tierisch stark. Spielerische Rückenschule mit Qigong und Taiji. Kösel, München 1998
Gymnastische Übungen spielerisch zu verpacken ist ein neuer Trend, um Kindern zu besserer Körperhaltung und Beweglichkeit zu verhelfen.

📕 Fredrik Vahle und Ute Krause: Das Fredrik-Vahle-Liederbuch. Ravensburger Taschenbücher, Ravensburg 1990
Über 60 der bekanntesten Lieder, zum Teil mit Noten und herrlich von Ute Krause illustriert, sind in diesem Taschenbuch gesammelt. Ihre einfachen Melodien, kindgemäße Wortwahl und Reime haben sich bei Kindern auch in einem Modellversuch als besonders sprachfördernd erwiesen. Beim Verlag Igel Records in Dortmund gibt es die Lieder auf Kassette/CD, ebenso wie weitere Liederbücher/ CDs.

📕 Fredrik Vahle: Hupp Tsching Pau. Das Bewegungsliederbuch. Beltz, Weinheim 1996
Lese- und Bewegungsspaß sollen die Reime, Übungen, Lieder und Bewegungsanregungen Kindern zu Hause, im Kindergarten oder der Schule bieten. Die Texte des bekannten Liedermachers und Kinderbuchautors Fredrik Vahle zeichnen sich durch Kreativität, Witz und

leichtes Auswendiglernen aus und sind in besonderer Weise zur spielerischen Vorbereitung auf das Lesen und Schreiben geeignet.

Spiele International

- Klaus Hoffmann: So singt und spielt man anderswo. Aktive Musik Verlag, Dortmund 1992
- Silvia Hüsler: Al fin Serafin. Kinderverse aus vielen Ländern. Pro Juventute, Zürich 1994, 2. Aufl.
- Ingrid Naegele und Dieter Haarmann (Hrsg.): »Darf ich mitspielen?« Kinder verständigen sich in vielen Sprachen. Beltz Praxis, Weinheim 1993, 4. Aufl.

Spiele für kranke oder behinderte Kinder

- Barbara Cratzius und Gertrud Schrör: Gute Besserung! rororo Sachbuch 8768, Reinbek 1990
- Ruth Schucan-Kaiser (Red.): 1010 Spiel- und Übungsformen für Behinderte (und Nichtbehinderte). K. Hofmann Verlag Schorndorf 1997, 4. Aufl.

Informationen über käufliche Spiele

Jährlich wird vom F. März-Verlag in Bonn das Taschenbuch Spiel herausgegeben, das sich bemüht, umfassend über lieferbare Spiele, Spieleversender, Veranstaltungen, Spieleautoren, Spielotheken, Spielmuseen und anderes zu informieren.

Spielbox, das Magazin zum Spielen (W. Nostheide Verlag, Memmelsdorf): Neue und bewährte Spiele werden vorgestellt, kritisiert und Varianten aufgezeigt. Mit Infos und Anschriften von Spieleverlagen und Spieleversand.

Ingrid M. Naegele

Spielen und Lernen in neuen Lehrplänen

Gegenüber den »wissenschaftsorientierten« Grundschul-Lehrplänen der siebziger Jahre wie auch dem »Lehrplanwerk« der ehemaligen DDR betonen die neueren Rahmenpläne wieder stärker die Bedeutung des Spiels als kindgemäße Lernform, freilich mit sehr unterschiedlichem Gewicht und aus ebenso unterschiedlicher Sichtweise. Die wichtigsten Passagen der einzelnen Länder-Lehrpläne werden im Folgenden mit Seitenangabe zitiert, damit Eltern ggf. spielträge Lehrer/innen darauf hinweisen können. Auch der Verweis auf den Lehrplan eines anderen Bundeslandes mag nichts schaden – was dort gut ist, kann hier ja nicht schlecht sein!

Baden-Württemberg:

Der »Bildungsplan für die Grundschule« von 1994 führt auf Seite 12 im Hinblick auf die Entwicklung des Kindes grundsätzlich und für alle Fächer gültig aus:
»Spielen ist eine Form des Lernens in der Grundschule. Es fördert in ausgewogener Weise die emotionalen, psychomotorischen, intellektuellen und sozialen Kräfte und Fähigkeiten der Kinder. Das Spiel schafft Gemeinschaft, verlangt Einfühlungsvermögen und hilft Konflikte lösen. Spielen ermutigt auch gehemmte und scheue Kinder ...
Anlässe zum Spielen geben die Themen des Unterrichts und das Leben in der Schule, der Fest- und Jahreskreis, das lokale und regionale Brauchtum sowie die Lebenswirklichkeit der Kinder.«

Bayern

setzt in seinem derzeit gültigen Lehrplan noch mehr auf belehrenden, »instruierenden« Unterricht, in dem das Spiel nur wenig Platz findet, doch sollen die in Vorbereitung befindlichen neuen Lehrpläne wesentlich »offener« und kindbezogener sein. Sie müssen abgewartet werden.

Berlin

Der »Vorläufige Rahmenplan Deutsch« der neuen deutschen Hauptstadt betont auf Seite 4 den »spielerischen und kreativen Umgang mit der Sprache« und auf Seite 11 die Bedeutung des »Darstellenden Spiels«.

Brandenburg

will im Vorwort zu allen Fachplänen »Lernen als ganzheitlichen Prozess verstanden« wissen (S. 3), in dem das Spiel natürlich eine bedeutende Funktion hat. Für solche und andere »Schüleraktivitäten« werden dem Lehrer »große Freiräume« zugestanden (S. 4).

Hamburg

hat noch keinen neuen Lehrplan für die Grundschule herausgebracht, doch weisen die Richtlinien für die flächendeckend eingeführte »Verlässliche Halbtagsgrundschule« auf Seite 14 auf die Notwendigkeit von »Spieleregalen« in den Klassenräumen hin. Spielen im Anfangsunterricht wird in der Reformtradition Hamburgs offenbar als selbstverständlich vorausgesetzt.

Hessen

geht in seinem »Rahmenplan Grundschule« von 1995 am ausführlichsten auf die Bedeutung des Spiels im gesamten Unterricht der Klassen 1 bis 4 ein: Ein eigenes Kapitel erläutert die »Erfahrungen mit Spiel und Bewegung« (S. 20ff.), für den Lernbereich Deutsch werden vor allem beim Schriftspracherwerb »Sprachspiele« hervorgehoben (S. 92), und dem »Darstellenden Spiel« ist wiederum ein eigenes Kapitel gewidmet (S. 278ff.).

Mecklenburg-Vorpommern:

Die »Vorläufigen Rahmenrichtlinien Grundschule« von 1991 betonen kindgemäße Prinzipien des Unterrichts, wie »erfahrungsbezogenes, handelndes, entdeckendes Lernen«, zu dem sinngemäß auch spielendes Lernen zu rechnen wäre. Bemerkenswerterweise räumt der Lehrplan für solche von den Kindern selbst bestimmten Aktivitäten ca. 30% der Unterrichtszeit ein (S. 13).

Niedersachsen:

Hier gewinnt vor allem im »Rahmenplan Sachunterricht« das dem Spielen verwandte »entdeckende Lernen in unmittelbarer Sachbegegnung« mit »Erproben, Experimentieren« etc. zentrale Bedeutung (S. 15).

Nordrhein-Westfalen:

Die neuen »Richtlinien« für die Arbeit in der Grundschule gehen davon aus, dass Kinder durch die Übermacht der Medien zunehmend die Fähigkeit zu »Eigentätigkeit und zwischenmenschlichem Umgang« verlieren; diese gelte es verstärkt zu fördern (S. 9), und zwar vor allem am Schulanfang durch den Kindern »vertraute Formen des Spielens« (S. 11).

Rheinland-Pfalz:

Die »Leitlinien für die Arbeit in der Grundschule« empfehlen auf Seite 7 die Einrichtung einer »Spielecke« in den Klassenzimmern, heben auf Seite 9 die Bedeutung des »spielenden Lernens« hervor und beschreiben, wie Kinder »spielerisch zu Kenntnissen, Fähigkeiten und Fertigkeiten gelangen«. Entsprechend sollen vor allem im Deutschunterricht »Sprachspiele« eingesetzt werden, etwa beim Erstleseunterricht (S. 15).

Saarland:

Die »Richtlinien für die Arbeit in der Grundschule« fordern grundsätzlich und in einem übergreifenden Zusammenhang gesehen ein stärkeres Zusammenwirken von Kindergarten- und Grundschulpädagogik und damit »eine größere Kontinuität beim Übergang vom mehr spielerischen zum mehr aufgabenbezogenen Lernen« (S. 5). Entsprechend wird im »Lehrplan Deutsch« empfohlen, dass die Kinder »die Schriftsprache spielerisch entdecken« (S. 12).

Sachsen:

Der sächsische Grundschullehrplan orientiert sich stark am bayerischen und bevorzugt entsprechend einen mehr belehrenden, systematischen Unterricht und ist entsprechend stoffbetont. Interessant ist im »Lehrplan Musik« der auch für andere Lernbereiche anregende Vorschlag, die Kinder »Bewegungen aus der Umwelt spielerisch nachahmen« zu lassen (S. 14).

Sachsen-Anhalt:

Der Lehrplan von 1993 ist differenzierter als der sächsische und eröffnet noch deutlicher die Möglichkeiten schüleraktivierenden Unterrichts, in dessen reformpädagogischer Tradition Spielen und Lernen in engem Zusammenhang stehen. Für Eltern aus Sachsen und Sachsen-Anhalt lohnt sich ein Blick in den sehr kinderfreundlichen Grundschul-Lehrplan des Nachbarlandes Thüringen.

Schleswig-Holstein:

Der »Lehrplan Grundschule« von 1997 ist von allen Grundschullehrplänen der jüngste, wenn auch nicht in allen Punkten der »progressivste«. Immerhin fordert er auf Seite 11 für die »Eingangsphase«, also den Anfangsunterricht, grundsätzlich und für alle Fächer »Lernen im Spiel und spielendes Lernen«.

Thüringen:

Ähnlich stellen hier die »Vorbereitungen« für alle Fachpläne der Grundschule das »spielerische Lernen« als Ausgangspunkt des Unterrichts heraus: »Durch spielendes Lernen eignet es sich Kenntnisse, Fähigkeiten und Fertigkeiten an« (S. 4). Dieser Grundsatz bestimmt hier sowohl das Erziehungsverhalten der Lehrer/innen als auch die Unterrichtsgestaltung der einzelnen Fächer.

Dieter Haarmann

LESE-TIPP

📖 Haarmann, D./Horn, H.-A.: Innovative Tendenzen in den Lehrplänen der Grundschulen. In: Brügelmann, H./Fölling-Albers, M./Richter, S. (Hrsg.): Jahrbuch Grundschule '98. Friedrich, Seelze 1998, S. 139–150

Kinder müssen sich bewegen und austoben können

Bewegungsmangel ist ein Problem, das nicht nur Erwachsene, sondern immer öfter auch Kinder und Jugendliche betrifft. Hier sind die Folgen besonders gravierend: Kinder, die zu Hause oder in der Schule zu wenig Bewegungsanregungen erhalten, haben nicht nur ein höheres Risiko, Gesundheitsschäden oder Unfälle zu erleiden, auch ihre kognitive, emotionale und soziale Entwicklung ist beeinträchtigt. Auf der anderen Seite gibt es relativ leicht umsetzbare Angebote von unterschiedlichen Organisationen zur Bewegungsförderung in Kindergarten, Schule und Freizeit.

Bedeutung von Bewegung

Die motorischen und sensorischen Fähigkeiten von Kindern gelten häufig als Bereiche, die sich – im Gegensatz etwa zu geistigen Fähigkeiten – »von selbst« entwickeln und somit nicht gezielt gefördert werden müssen.

Dabei wird übersehen, dass sich die Rahmenbedingungen, in denen Kinder aufwachsen, in den letzten Jahrzehnten deutlich veränderten. So fehlen heute vor allem gefahrlos nutzbare Bewegungsräume im näheren Wohnumfeld, die spontan bespielt werden können: Die Straße ist auf Grund des explosionsartig angewachsenen Verkehrs als Spielraum zu gefährlich, Höfe werden anderweitig genutzt, Brachflächen werden bebaut und Spielplätze (die von den Gemeinden als Kompensation wegfallender Bewegungsflächen angelegt wurden) sind häufig nur nach der Überquerung stark befahrener Straßen erreichbar. Die Situation wird zudem dadurch verschärft, dass vielfach nur noch wenige Gleichaltrige (mögliche Spielgefährten) im näheren Wohnumfeld leben. Das Angebot an bewegungsarmen Spielen sowie Medien nimmt im Gegenzug permanent zu und wird von den Kindern auch genutzt: So sind tägliche Fernseh- und Videozeiten von mehreren Stunden bereits bei Vorschulkindern keine Seltenheit. Es verwundert daher nicht, dass sich in den letzten 20 Jahren die Zeiten, in denen sich Kinder täglich bewegen, etwa halbiert haben.

Die beschriebene Veränderung der Lebensgewohnheiten hat gravierende Folgen: So wurden in Einschulungsuntersuchungen und wissenschaftlichen Untersuchungen bei einer großen Anzahl der Kinder Haltungsprobleme, Übergewicht und Schwächen im Bereich der koordinativen Fähigkeiten bzw. der Ausdauer festgestellt. Diese stellen nicht nur Risikofaktoren bei der Entstehung verbreiteter Krankheiten (z. B. Herz-Kreislauf-Erkrankungen sowie Wirbelsäulenbeschwerden) dar, sie fördert auch das Risiko, einen Unfall zu erleiden: So sind z. B. viele Stürze auf mangelndes Gleichgewicht, viele Zusammenstöße auf geringe Reaktionsfähigkeit und die Unfähigkeit, die eigene Bewegung mit anderen abzustimmen, zurückzuführen. Bei Stürzen fangen sich Kinder auf Grund zu geringer Kraft, Reaktionsfähigkeit und Körperkoordination nicht mit den Händen ab, sondern prallen mit dem Kopf auf. Insbesondere im Straßenverkehr spielen eine schwache Auge-Körper-Koordination und eine schlechte Ortung und Unterscheidung von Geräuschen bei der Entstehung von Unfällen eine entscheidende Rolle.

Die zahlreichen Wechselwirkungen zwischen den verschiedenen Entwicklungsbereichen begründen ebenfalls die Notwendigkeit einer möglichst frühen Bewegungsförderung. So ist Handlung (= Bewegung) Grundlage der Erkenntnis in vielen Bereichen (z. B. Verständnis von Geschwindigkeiten, Strecken oder Materialeigenschaften). Auch das Entwickeln des für das Rechnen unverzichtbaren (abstrakten) Zahlenbegriffs ist nur durch Hantieren mit unterschiedlichen (konkreten) Mengen möglich. Wichtig zur Erreichung anderer pädagogischer Ziele in der Schule ist die Verbesserung der Konzentrations- und Kommunikationsfähigkeit. Dies ist gerade durch Bewegungsförderung gut möglich.

Zwischen der Motorik und der Ausbildung des Selbstwertgefühls bestehen ebenfalls Wechselwirkungen. Da motorische Fertigkeiten (Rennen, Raufen) gerade im Kindesalter einen wichtigen Bereich darstellen, sich mit anderen zu vergleichen, erleben Kinder, die hier permanent anderen unterliegen, eine Kränkung ihres ohnehin noch schwachen Selbstwertgefühls und geraten zudem in Außenseiterpositionen. Sie neigen zukünftig dazu, derart belastende Situationen eher zu meiden und somit Bewegungsangebote nicht wahrzunehmen. Diese Tendenz unterläuft das Bestreben der Lehrkräfte insbesondere aus den Bereichen Drogen- und Gewaltprävention, die Kinder durch die Stärkung ihres Selbstbewusstseins (»Kinder stark machen – zu stark für Drogen«) vor Suchtgefahren zu schützen.

Bewegungsförderung in Schule und Freizeit

Schon im frühen Kindesalter besitzen und benutzen Kinder zahlreiche pädagogisch wertvolle Spielzeuge, PC-Lernprogramme und andere bewegungsarme Angebote. Der Ausgleich muss im (grob-)motorischen bzw. sensorischen Bereich erfolgen. Da die schwächeren Kinder hier meist schon Misserfolgserlebnisse hatten und daher derartige Situationen eher meiden, ist es notwendig, Angebote zu initiieren, die für alle Kinder der Klasse bzw. Gruppe attraktiv sind und auch von den schwächeren Kindern angstfrei bewältigt werden können. Wichtig ist weiterhin eine möglichst breite Förderung, um sich viele unterschiedliche mentale Bewegungsmuster (die die Bewegungen steuern) aneignen zu können. Die Breite des Bewegungsrepertoires ist wichtiger als die perfekte Beherrschung einiger Bewegungsmuster – z. B. in einer Sportart.

Bewegungsspiele – insbesondere solche, die unbekannt sind – stellen ein geeignetes Mittel zur Förderung aller Kinder der Gruppe dar, da sie zum einen (auf Grund ihrer kurzen Dauer und der dadurch bedingten Möglichkeit, die Spiele oft zu wechseln) alle motorischen und sensorischen Fähigkeiten, zum anderen auch den kognitiven, sozialen, sprachlichen und emotionalen Bereich fördern. Da die Folgen des Bewegungsmangels nicht nur die kindliche Entwicklung einschränken, sondern durch ein erhöhtes Krankheits- und Unfallrisiko – auch im Erwachsenenalter – volkswirtschaftlich erhebliche Kosten verursachen, bieten die Institutionen, die für diese Kosten aufkommen müssen oder sich generell mit der Prävention von Unfällen und Erkrankungen beschäftigen, seit einigen Jahren Förderungsangebote als Ergänzung von Schul- oder Vereinssport an. So stellen insbesondere die Träger der Schülerunfallversicherung sowie Krankenkassen und Verkehrswachten Konzepte und Materialien zur spielerischen Bewegungsförderung in Kindergärten, Grundschulen und weiterführenden Schulen zur Verfügung:

Auch existieren inzwischen Spielekarteien mit Bewegungs-, Wahrnehmungs-, Gleichgewichts-, Geschicklichkeits- und Konzentrationsspielen im Klassenzimmer/Gruppenraum bzw. der Turnhalle und den

Außenanlagen für Kindergärten, Grundschulen und weiterführende Schulen.

Der Ansatz der spielerischen Bewegungsförderung wurde auch von Institutionen der Verkehrssicherheit aufgegriffen. So sieht die aktuelle Empfehlung der Kultusministerkonferenz zur Verkehrserziehung die Förderung verkehrsrelevanter motorischer und sensorischer Fähigkeiten für die Grundschulen vor – von Seiten der Deutschen Verkehrswacht existieren im Rahmen des Projektes »move-it« entsprechende psychomotorische Materialien sowie Sammlungen mit Spielvorschlägen für Schulen und Kindergärten.

Wie können Eltern Bewegungsangebote unterstützen?

Die zusätzliche Förderung motorischer und sensorischer Fähigkeiten der Kinder durch tägliche spielerische Bewegungsangebote ist ein erster Schritt, den beschriebenen schwachen motorischen Zustand vieler Kinder zu verbessern. Eltern sollten anregen, dass die tägliche Bewegungszeit in das pädagogische Konzept von Schulen und Kindergärten aufgenommen wird – zusätzlich zum Schulsport.

Derartige Förderung ist aber nicht nur in pädagogischen Einrichtungen möglich, sondern auch im privaten Rahmen – z. B. bei Kinderfesten. Auch bieten inzwischen Sportvereine oder Arbeitskreise für Psychomotorik Förderungsangebote an, die auch von schwächeren Kindern ohne Leistungsdruck und ohne Angst vor Blamage genutzt werden können. Darüber hinaus sind auch die regelmäßige Bewegung gemeinsam mit den Eltern oder der Verzicht auf die »Fahrdienste« Möglichkeiten, den Folgen von Bewegungsmangel vorzubeugen.

Langfristig wirksamer als kompensatorische Angebote ist allerdings die Schaffung oder Sicherung wohnortnaher Bewegungsräume, die auch von jüngeren Kindern gefahrlos erreicht und spontan genutzt werden können. Dazu gehört neben konsequenter Verkehrsberuhigung die Erhaltung von Brachflächen (z. B. Baulücken) oder die Zusammenlegung von Hinterhöfen zu Spielflächen. Diese Ziele sind z. B. durch Kontakte zu Parteien oder Initiativen erreichbar.

Werden alle Möglichkeiten, Kindern Bewegungsmöglichkeiten in Schule, Heim und Freizeit zu schaffen, genutzt und gelingt es, eine umfassende und angstfreie Förderung motorischer und sensorischer Fähigkeiten zu etablieren, kommt man dem Ziel, die Entwicklung der Kinder wirklich umfassend zu unterstützen, ein gutes Stück näher.

📖 Kiphard, E. J.: Wie weit ist ein Kind entwickelt? modernes Lernen, Dortmund 1987

📖 Kunz, T.: Weniger Unfälle durch Bewegung. Hofmann, Schorndorf 1993

📖 Zimmer, R.: Handbuch der Bewegungserziehung. Herder, Freiburg 1993

📖 Jeweils über 100 Spielanregungen finden sich in den Spielekarteien Spiele zur Sicherheitserziehung und Bewegungsfrühförderung (Kindergartenalter), Spiele zur Bewegungsförderung im Grundschulalter (6 bis 10 Jahre) und Internationale Bewegungsspiele – zur Förderung der Motorik, Sensorik und interkulturellen Kompetenz (8 bis 12 Jahre). Sie erschienen beim Verlag gruppenpädagogischer Literatur in Weinheim.

Die Materialien (Bewegungskiste, Spielebuch) zum Projekt move-it (Bewegungsförderung als Verkehrserziehung) werden im Rahmen von Fortbildungen der örtlichen Verkehrswachten (oft kostenlos) an die Schulen und Kindergärten abgegeben.

Torsten Kunz

Gegen die Unruhe der Zeit – Ideen für Entspannung, Bewegung, Sprache

Der Schulanfang ist für die meisten Kinder ein aufregendes Ereignis. Kinder freuen sich darauf, dass sie lesen, schreiben und rechnen lernen, viel Neues erfahren und erleben werden. Neugierig sind sie von Natur aus. Sie wollen wissen, wie und warum eine Sache funktioniert. Und sie wollen auch wissen, wozu sie selbst in der Lage sind. Die meisten Kinder lernen aus eigenem Antrieb. Aber einige trauen sich nicht so viel zu und müssen ermutigt werden. Schule und Familie können die Freude am Lernen unterstützen und fördern, wenn sich das Kind dort wohl, verstanden und angenommen fühlt – und wenn seine Anstrengungen zum Erfolg führen. Es besteht nachweislich ein enger Zusammenhang zwischen Lernerfolg und emotionalen Faktoren wie Angst, Entspanntheit, Wohlbefinden, Konzentration und Aufmerksamkeit.

Die Einschätzungen der Persönlichkeit des Kindes durch die Eltern, durch Lehrer/innen und die Klassenkameraden, die sich auf seine Erfolge oder Misserfolge gründen, verstärken das eigene Erleben. Mehr als andere Erwachsene können Eltern ihr Kind psychisch unterstützen und sein Selbstwertgefühl stärken.

> Unterstützung geben Eltern dadurch, dass sie
>
> - die Ängste und Unsicherheiten des Kindes ernst nehmen,
> - Fähigkeiten des Kindes schätzen und stärken,
> - ihm Überforderungen ersparen,
> - dem Kind in schwierigen Lagen beistehen und zu ihm halten.

Wirkliche Unterstützung können Eltern nur dann geben, wenn sie Verständnis für die Probleme ihres Kindes haben. Ein Kind, das sich von den Eltern akzeptiert und geliebt fühlt, kann mit Problemen viel besser umgehen.

Im Folgenden einige Anregungen zur Förderung Ihres Kindes:

Entspannungsübungen

Immer mehr Kinder lassen sich leicht ablenken, können sich nur schwer auf eine Sache konzentrieren und leiden unter der Hektik der Erwachsenen. Hier helfen Übungen, in denen Kinder entweder Entspannung über die Bewegung erfahren, andere wiederum über vollkommene Ruhe. Eine sehr aktive Entspannungshilfe, die besonders unruhigen Kindern gefällt, sind Atemübungen, Muskelentspannung und Wärmeübungen. Man bleibt dazu auf dem Boden sitzen oder legt sich auf den Boden und versucht, alle Muskeln bewusst zusammenzuziehen, indem man beginnt, die Beine etwas anzuheben, die Fersen nach unten zu drücken, Gesäß und Bauchmuskeln anzuspannen, die Schultern hochzuziehen, die Hände zu ballen und die Gesichtsmuskeln zusammenzukneifen. Diese Spannung hält man einen Moment fest, lässt dann los und spürt bewusst die Entspannung.

Sehr zu empfehlen ist auch das »gemeinsame Träumen« mit geschlossenen Augen bei meditativer Musik, wie z. B. zur Musik von Bach oder zu anderer Barockmusik.

Fantasiereisen

In Fantasiereisen können Kinder entspannen, tauchen ein in ihre innere Welt. Gut geeignet für Fantasiegeschichten sind Themen, die dem Wunschdenken der Kinder entsprechen. Man kann auch Abenteuer- oder Tiererlebnisse in die Fantasiewelt einbeziehen. Die Fantasiegeschichte sollte dem Kind langsam, mit ruhiger und gelassener Stimme vorgetragen werden. Nach jedem Satz sollte es genügend Zeit haben, um der Reise folgen und innere Vorstellungsbilder entwickeln zu können. Dann ist es in der Lage, diese Geschichte mit eigenen Inhalten zu füllen. Mit viel Freude malen Kinder anschließend Episoden ihrer Reise.

Alte Spiele spielen

Spiele wie Murmeln, Versteckspiel, Gummitwist, Kreisel, Bauklötze, Ziehe durch …, Der Plumpsack geht rum …, Spiele mit Wasser, Sand und Matsch sind heute zum Teil in Vergessenheit geraten, stellen jedoch eine große Herausforderung an die Sinne, an Kreativität und Fantasie dar und sie machen viel Spaß.

| Grob-, fein- und graphomotorische Übungen |

Einige Kinder haben schon große Schwierigkeiten, den Bleistift zu halten, sie wirken ungeschickt und verkrampft. Abhilfe kann schon ein Bleistift mit Griffmulde oder ein Dreiecksbleistift schaffen. Malen, Zeichnen, Basteln, Bauen, Schneiden, Kneten sind gut geeignet, das Kind Details wahrnehmen zu lassen, Eigenschaften, wie Form, Größe, Länge, Dicke, Richtung, Farbe zu entdecken und zu verändern. Fang-, Wurf-, Sortierspiele, Memory, Puzzle, Lege-, Würfel- und Kartenspiele, Falt- und Fingerspiele, Mikado fördern die Koordination von Auge und Hand, von Konzentration und Regelbewusstsein.

| Taktile Übungen |

Um die taktilen (Berührungs-)Sinne zu fördern, ist es wichtig, viele unterschiedliche Materialien zu finden und berühren zu lassen. Dazu sollte das Kind die Augen schließen. Die Materialsammlung könnte aus Krepp, Samt, Sandpapier, Tapeten mit Strukturmustern, Plastik, Glas usw. bestehen. Eine besonders sinnvolle Erfahrung ist es, wenn das Kind barfuß verschiedene Untergründe erlebt.

| Psychomotorische Übungen |

Sie eignen sich besonders für Kinder, die Probleme mit Rhythmik, Koordination, Gleichgewicht und Motorik haben. Hängematten und Sitzbälle sind für diese Kinder sehr zu empfehlen. Aber auch das Trampolin hilft besonders dabei, mit dem Gleichgewichtssinn umzugehen.

| Übungen zur Lautwahrnehmung und -unterscheidung |

Hierbei handelt es sich um Spiele zur Verbesserung und Festigung der Lautunterscheidungsfähigkeit. »Robotersprache sprechen« ist eins von ihnen. Die Wörter werden dabei sehr genau entsprechend den Silben gesprochen (Beispiel: Wa-rum ha-be ich kei-ne Ü-ber-ra-schung be-kom-men?). Auch die Bildung von Reimwörtern, das Sprechen von »Zungenbrechern« gehören zu dieser Art von Übungen, ebenso wie so genannte »Quatschgeschichten«, die deswegen so heißen, weil mutwillig falsche, z. T. absurde Wörter in die Geschichte eingeschmuggelt werden (Beispiele: Zu Weihnachten esse ich ganz viele Küsse).

| Übungen zur melodischen und rhythmischen Unterscheidung |

Einfache Kinderlieder sind hierfür besonders geeignet. Es zeigt sich, ob und inwieweit das Kind Melodien aufnehmen und wiedergeben kann. Tonhöhen können auf Instrumenten vorgespielt werden und das Kind darf raten, ob der Ton genau so hoch wie der vorher gehörte oder ob er höher oder tiefer war.

| Klatschspiele |

Gegenseitiges In-die-Hände-Klatschen, Morsen durch Lichtzeichen, Klopfen, Blinzeln nach einem vorher vereinbarten geheimen »Morsealphabet« oder auch das Kofferpacken sind Spiele, die neben der ySchulung der Sinne zur Entwicklung von Anstrengungsbereitschaft und Konzentration beitragen.

📖 Zum Weiterlesen:
Hinweise auf Spiele- oder Liedersammlungen finden Sie im Beitrag über das Spielen, S. 37–42

📖 Ralf Booth: Ich spanne meine Muskeln an, damit ich mich entspannen kann. Progressive Muskelrelaxation für Kinder. Kösel, München 1997 • Während das Autogene Training Kindern bei Einschlafproblemen hilft, ihren Körper ruhig zu stellen, will die Jacobsonsche Methode Muskelentspannung durch gezielte Muskelanspannung bewirken. Sie hilft bei angstbesetzten Situationen, ermöglicht bessere Konzentration und Körperwahrnehmung. Der Autor verbindet Übungen mit Spielen, Phantasiegeschichten und Reimen.

📖 Cornelia Nitsch: Geschichten, die Kinder kreativ und glücklich machen. Phantasiereisen zum Vorlesen und Weiterspinnen. Mosaik Verlag, München 1997 • 180 kurze Phantasiereisen zum Vorlesen, Nacherzählen, Weiterspinnen, Malen, zur Anregung der Phantasie, zur Entspannung. Darüber hinaus gibt die Autorin zahlreiche Tipps und Anregungen, wie Eltern die Vorstellungskraft ihres Kindes stärken können.

Karin Becher und Ingrid Naegele

Sehstörungen im Vorschulalter – worauf sollten Eltern achten?

Haben Eltern eines fünf- bis sechsjährigen Kindes überhaupt eine Chance Sehfehler zu entdecken? – Ja!

Schwere Sehbehinderungen beider Augen fallen erfahrungsgemäß frühzeitig auf, häufig schon im Säuglingsalter.

Eine hochgradige Minderung der Sehfähigkeit eines Auges hingegen fällt niemandem auf, so lange dieses Auge nicht schielt. Das Kind kann auch mit einem Auge allein lernen Treppen zu steigen, Fahrrad zu fahren und die meisten täglichen Anforderungen unauffällig zu erfüllen. Vielleicht fällt sehr aufmerksamen Eltern auf, dass es bei Stufen, die hinabführen, zögerlicher ist, ebenso in fremder ungewohnter Umgebung.

Kinder arbeiten bei einer Sehschärfeprüfung gern mit. Zu Hause können Sie die Sehschärfe grob abschätzen: Setzen Sie Ihrem Sohn/ Ihrer Tochter eine Piratenklappe auf, die zunächst einmal beispielsweise das linke Auge abdeckt. Dann setzen Sie das Kind in etwa 4 bis 5 Meter vom Fernseher entfernt und fragen bei den bekannten Kindersendungen, ob alles erkannt wird. Fragen Sie auch nach Details und nach Farben. Welche Farbe hat das »Krümelmonster?« etc., danach wechseln Sie die Piratenklappe auf das rechte Auge und fragen erneut. Unterschiede wird Ihnen ein Einschulungskind jetzt von selbst mitteilen:»Ich kann mit meinem rechten Auge viel besser sehen als mit dem linken«, oder die Kinder zeigen mit ihrem Finger auf das Auge, das schlechter ist.

Die meisten Kinder sind bei der Einschulungsuntersuchung bereits in der Lage Zahlen zu lesen. Malen Sie ein paar große und kleine Zahlen, etwa in der Größe eines Zeitungstextes, auf ein Stück Papier und prüfen Sie wiederum jedes Auge einzeln, aber auch für jedes Auge andere Zahlen. Die Eltern sollten sehr darauf achten, dass der Abstand zwischen den Augen des Kindes und der Lesevorlage immer der gleiche bleibt.

Klagen Kinder über Augenprobleme?

Sie tun das überraschend selten. So ist beispielsweise latentes Schielen (Heterophorie) als Ursache für Augenbeschwerden im Kindesalter eine Rarität. Nichts rechtfertigt in solchen Fällen etwa Brillen mit Prismen zu verordnen oder diese Kinder zu operieren, es sei denn, es lassen sich eindeutig Tendenzen in Richtung eines Zerfalls des beidäugigen Sehens beobachten. Eine solche Entwicklung können aber nur Augenärzte nach sorgfältiger Untersuchung beurteilen. Hier einfach von »Winkelfehlsichtigkeit« zu sprechen ist nicht nur ungerechtfertigt, sondern auch gefährlich. Jede Behandlung, auch die ärztliche, hat einen theoretischen Hintergrund – man behandelt schließlich nicht nur drauflos und verordnet nicht nur irgendein Kraut. Es steckt hinter der so genannten Winkelfehlsichtigkeit auch eine bestimmte Ideologie: Fehlsichtigkeiten (Kurzsichtigkeit, Übersichtigkeit, Stabsichtigkeit) sind Anomalien der Augengröße oder der Optik des Auges und dürfen von Optikern oder Optometristen ohne ärztliche Hilfe korrigiert werden. Mit dem Begriff der Winkelfehlsichtigkeit wird eine Verwandtschaft suggeriert, die es nicht gibt. Jede Art von Schielen, ob nun latent oder ständig vorhanden (meist sichtbar), gehört in die Hand des speziell auf diesem Sektor ausgebildeten Arztes. Ein latentes Schielen wird man nur behandeln, wenn Patienten über Beschwerden klagen, wie zum Beispiel zeitweiliges Doppeltsehen, Augenmüdigkeit, Augenrötung, Augen- oder Kopfschmerzen. Im Kindesalter sind diese Beschwerden extrem selten.

Eltern sollten ihre Ärzte über das Sehvermögen ihrer Kinder befragen!

Fragen Sie, ob Anhaltspunkte für einen grauen Star bestehen. Gibt es Anhaltspunkte für einen grünen Star, wie zum Beispiel große Hornhäute, die bei manchen als »schöne, große Augen« empfunden werden? Gibt es Anhaltspunkte für Netzhaut- oder Sehnerverkrankungen oder Anomalien?

Das rechtzeitige Verordnen einer Brille kann zumindest Schielen oder Sehschwächen z. T. vermeiden helfen. Mit vier Jahren (U-8) und fünf Jahren (U-9) ist auf jeden Fall mit einem einfachen kindgerechten Verfahren die Sehschärfe des einzelnen Auges zu bestimmen. Wer dies heute unterlässt, begeht einen Kunstfehler. Die Einschulungsuntersuchung kommt im Grunde für die Entdeckung und Behandlung von kindlichen Sehschwächen zu spät. Erstaunlicherweise entdecken aber die Schulärzte trotz des Angebotes, auch früherer Untersuchungen in Deutschland, noch sehr viele Sehschwächen erstmals. Den Eltern ist es nicht verboten, von sich aus einen Augenarzt aufzusuchen!

Wolfgang Haase

Vorlesen, Erzählen ...

Wann haben Sie Ihrem Kind das letzte Mal vorgelesen? Vorlesen macht so richtig Vergnügen, wenn es dabei schön kuschelig und gemütlich ist.

Nehmen Sie sich Zeit! Investierte Zeit und investierte persönliche Zuwendung ist viel wertvoller als investiertes Geld und bringt reiche »Zinsen«.

Übertragen Sie diese »Vorlesetätigkeit« nicht an die Medien. Noch so professionelle »Vorleser« auf einer Kassette können Sie nicht ersetzen.

Für das Vorlesen gibt es ein paar sehr einfache Regeln, die jeder leicht erlernen, ein- und dann ausüben kann.

 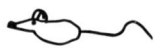

- ✎ Lesen Sie langsam vor! Die meisten Menschen lesen zu schnell, zu hektisch und zu drängelnd vor, so, als müssten sie viel Lesestoff bewältigen. Je langsamer, umso besser kann Ihr Kind »mitkommen«.
- ✎ Lesen Sie prinzipiell leise; verändern Sie Ihre Stimme je nach Situation, mal laut, mal leise, mal geheimnisvoll, mal fröhlich ... wie es die Geschichte erfordert.
- ✎ Lassen Sie die Wörter »klingen«!
- ✎ Unterbrechen Sie Ihr Vorlesen, wenn Ihr Kind eine Frage hat oder etwas zur Geschichte anmerken möchte.
- ✎ Unterbrechen Sie Ihr Vorlesen, um mit Ihrem Kind über den weiteren Fortgang der Geschichte zu »spekulieren«.
- ✎ Wenn Ihr Kind dieselbe Geschichte nochmals hören will, gehen Sie darauf ein.

Kinder brauchen Gute-Nacht-Geschichten!

Bei unseren mediengewöhnten Grundschülern kann man es leicht feststellen: Sie brauchen Geschichten, von lebendigen Menschen erzählte Geschichten.

Geschichten, bei denen sich kein Buch zwischen dem Erzähler, der Erzählerin und dem Kind befindet.

Geschichten, bei denen das Kind das Gesicht von Erzählerin oder Erzähler und die Bewegungen der Hände sehen kann.

»Erzählt uns Geschichten«, signalisieren sie, »neue und auch alte, die wir schon kennen!«

Gleiches gilt für die Schulanfänger.

Sie wünschen sich Geschichten, in die überlieferte und ganz »frische« Erfahrungen einfließen, die aktuelle Wünsche, Fantasien und Visionen aufgreifen, das Größerwerden, die Furcht vor Ungewissem, Geschichten, die Spannung schaffen und auflösen, die Angst einflößende »Fernsehüberbleibsel« zur Ruhe bringen, Freude an Wiederholung und Verlässlichkeit bringen.

Am liebsten sind ihnen Gute-Nacht-Geschichten, in trauter Zweisamkeit mit Mutter oder Vater … Nie wieder sind sie so aufnahmefähig wie in solchen Geborgenheit stiftenden Situationen.

»Aber«, so fragen sich viele Mütter und Väter wie Sie auch besorgt, »wie soll ich das anstellen, ich kann nicht erzählen!«

Dann fangen Sie ganz einfach an, zusammen mit Ihrem Kind.

Wählen Sie zunächst ein Kinderbuch aus, in dem eine Figur vorkommt, die Ihrem Kind gefällt (z. B. eine Katze!). Lesen Sie das Buch vor … nehmen dann die Katze als Figur aus dem Buch heraus und erfinden, zusammen mit Ihrem Kind, neue Geschichten mit dieser Katze, die das Buch weiterführen … und es z. B. mit dem Leben Ihres Kindes verbinden. Lassen Sie sich dabei von Ihrem Kind helfen.

Übrigens: Geschichten erzählen kann jeder lernen!

Viele Erwachsene erinnern sich an Gute-Nacht-Geschichten aus ihrer Kindheit: Meistens gab es da eine Figur, eine Person oder auch eine Sache, die immer wieder aufgegriffen wurde, immer wieder neue Geschichten erbrachte.

Vereinbaren Sie deshalb mit Ihrem Kind eine Erzählfigur, zu der es immer neue Geschichten gibt.

Verabreden Sie überdies drei wichtige Wörter, die unbedingt in der nächsten Geschichte vorkommen müssen.

Fangen Sie Sätze an und lassen Sie diese von Ihrem Kind zu Ende führen. Das bringt die Geschichte immer weiter.

Erzählen Sie langsam, leise, lassen Sie die Wörter »klingen«!

Hören Sie genau auf die »Leitwörter« Ihres Kindes und bleiben Sie offen für gemeinsam gefundene originelle »Lösungen«, auch wenn Sie Ihnen utopisch oder unrealistisch scheinen ... Vorsicht vor Moralin!

Es geht um Geschichten, es wird erzählt ... und die Schule, der Alltag, das gegenwärtige Leben, die Familie, die Probleme der Kinder erscheinen in den Geschichten auf vielfältige, spielerisch »gebrochene«, »verborgene« oder »verrätselte« Weise.

Auch erfundene Geschichten zeigen, wie es ist und wie es sein könnte.

Probleme werden aufgelöst, Befürchtungen verkleinert, Vorbilder und Visionen gefunden.

Sprache wird gewonnen ... Gute-Nacht-Geschichten sind Grundnahrungsmittel.

Claus Claussen

LESE-TIPPS

Vorlesebücher vor und nach dem Schulanfang

Jutta Bauer und Kirsten Boie:
- Juli und die Monster;
- Kein Tag für Juli;
- Juli, der Finder;
- Juli tut Gutes; alle: Beltz & Gelberg, Weinheim • Julis Abenteuer im Kindergarten und zu Hause sind witzig erzählt, die Bilder reizen zum Erzählen, kindliche Probleme werden ernst genommen und originelle Lösungen gefunden.

- Rotraut S. Berner: Das Abenteuer. Beltz & Gelberg, Weinheim 1996 • Tanjas Abenteuer mit einem Ball zeichnen sich durch sparsame Texte und dafür kindgemäße Bilder mit vielen Details aus, über die Kinder erzählen können.

⌐ Ilse Bintig/Dorothea Tust: Annas schönster Schultag. Edition Bücherbär im Arena Verlag, Würzburg 1997 • Mit Hilfe von Bildern, die Wörter ersetzen, kann auch schon ein Schulanfänger Annas Erlebnisse in ihrer neuen Schule »mitlesen«. Im Anhang gibt es auch noch ein Lese-Lottospiel für Kinder, die schon lesen können.

⌐ Wilfried Blecher und Dirk Walbrecker: ABC der Teufel sitzt im Tee. Annette Betz Verlag, Wien 1989 • Lustige Bilder mit Tieren, Lebewesen oder Sachen zu jeweils einem Buchstaben des ABCs werden durch lustige, sich reimende Verse ergänzt. Vorlesebuch zur Vorbereitung auf die Lautanalyse beim Lesenlernen.

⌐ Kitty Crowther: Du bist mein Freund. Inhauser-Carlsen, Hamburg 1998 • Ein fantasievolles Bilderbuch über die Erlebnisse einer Freundschaft zwischen dem Raben Hipp und der Möwe Hopp mit kurzen, klar gegliederten Texten zum Vorlesen.

⌐ Erhard Dietl: Wenn Lothar in die Schule geht. Ravensburger Blauer Rabe, Ravensburg 1994 • Lothar ist ein pfiffiger Knabe, der die 14 Tage vor der Einschulung im Wechselbad der Gefühle erlebt und kommentiert. Nicht als erster Lesespaß, wie die Reihe suggeriert, sondern als Vorlesebuch gut geeignet, da es anregt, über die eigenen Ängste zu sprechen.

⌐ Fischer/Pretterer: Nein, in die Schule geh ich nicht! Annette Betz Verlag, München 1991 • Was tun, wenn ein Kind Angst vor dem Schulweg hat? In diesem Vorlesebuch werden Lösungen aufgezeigt und durch ein Schulwegspiel ergänzt.

⌐ Franz Fühmann: Von A bis Z: ein Affenspaß für Alfons; das lustige Tier-Alphabet für Kinder. KinderBuch Verlag, Berlin 1992 • Das ABC nimmt der bekannte Schriftsteller Franz Fühmann zum Anlass für lustige Wortspiele mit Tieren.

⌐ Eveline Hasler und Lilo Fromm: Der Buchstabenvogel. dtv junior, München 1996, 11. Aufl. • Neben den Abenteuern des Buchstaben fressenden Raben hat die Autorin im gleichen Verlag noch zwei weitere Buchstabengeschichten veröffentlicht, die ähnlich lesefreundlich (große Schrift, viele Abbildungen, Wortwiederholungen) gestaltet sind. Zu empfehlen ist allerdings nur die Druckschriftausgabe, da sie die geeignete Leseschrift ist.

⌐ Janosch: Wenn der Hase baden geht. Beltz & Gelberg, Weinheim 1995, 2. Auflage • Eine Auswahl an Geschichten, Reimen und Bildern, die zum Spiel mit Sprache anregen, die Fantasie spielen lassen und damit als Vorbereitung auf das Lesen und Schreiben gut geeignet sind.

📖 Sabine Jörg/Ingrid Kellner: Der Ernst des Lebens. Thienemanns Verlag, Stuttgart 1996 • Die Ängste Annettes als Reaktion auf die Warnungen ihrer Umwelt vor dem Schulanfang – dem »Ernst des Lebens« – werden in diesem Bilderbuch ernst genommen und auf kindliche Weise zufriedenstellend gelöst. In Kleinausgabe ist es zum Vorlesen für die Schultüte geeignet.

📖 Norbert Landa und Hanne Türk: Der kleine Bär kommt in die Schule. Edition Buchstabenbär im Arena Verlag, Würzburg 1998 • Der Reiz dieses kurzen Bärenabenteuers am ersten Schultag liegt in der Kombination von Bildern und Text, bei denen auch Nichtleser mitlesen können, da Begriffe durch ein entsprechendes Bild ersetzt werden. Das Leselotto im Anhang ist von der Wortwahl her viel zu schwierig für die Altersgruppe.

📖 Manfred Mai/Hildegard Müller: Mein Kinder-ABC. Ravensburger Buchverlag, Ravensburg 1991 • Ganz kurze ABC-Geschichten zum Vorlesen und ersten Mitlesen, bei denen jeder Buchstabe mit Kindernamen verbunden wird, die z.t. auch die unterschiedliche Aussprache einzelner Buchstaben einbeziehen.

📖 Erwin Moser: Winzig – Das große Buch vom kleinen Elefanten. Beltz & Gelberg, Weinheim • Die Abenteuer des kleinen Elefanten gibt es auch einzeln zu kaufen. Anregende Bilder, vergnügliche Geschichten zum Vorlesen und Nacherzählen. Vom Autor gibt es noch viele andere Tiergeschichten, Bilder und Reime für Kinder.

📖 Christine und Christiana Nöstlinger: MINI muss in die Schule. dtv Junior, München 1998 • Die Erlebnisse der dünnen und sehr großen Mini vor der Schule und am ersten Schultag sind in der Nöstlingereigenen Art zwischen Ernst und Komik beschrieben und von ihrer Tochter sehr witzig illustriert.

📖 Uri Orlev und Jacky Gleich: Das kleine große Mädchen. Beltz & Gelberg, Weinheim 1997, 2. Aufl. • Ein kleines Mädchen schlüpft in die Rolle der Erwachsenen und zeigt ihnen, was ihr an ihnen nicht passt. Das gibt sehr komische Situationen. Die Bilder regen zum Erzählen an.

📖 Tony und Zoe Ross: Nicky oder: Josephines erster Schultag. Lappan Verlag, Oldenburg 1997 • Tony Ross bestätigt mit diesem Bilderbuch wieder seine Brillanz für sensible Texte und Illustrationen. In knappen Texten – die sich ideal auch als erste Leseübungen ab Mitte erstes Schuljahr anbieten – nimmt der Autor die Ängste Josephines vor der Schule ernst, kehrt sie um und findet eine überraschende Lösung, die zum Weitererzählen anregt.

🔖 Axel Scheffler und Ian Whybrow: Wenn kleine Bären schlafen gehen. Beltz & Gelberg, Weinheim 1997 • Krokodile, Echsen, Mäuse, Kängurus und den Affen Peppe-Balu trifft der kleine Bär auf seinem Weg ins Bett des kleinen Jungen. Die Abenteuer sind in Versen, lustigen Bildern und vor allem abklappbaren oder drehbaren Geheimnissen versteckt.

🔖 Albert Sixtus/Fritz Koch-Gotha (Ill.): Die Häschenschule. Alfred Hahn's Verlag, Hamburg • Generationen haben sich schon über die Abenteuer der Häschen in der Schule amüsiert. Im gleichen Verlag gibt es noch weitere Reprints alter Kinderbücher, deren Witz in der Reimform liegt, die immer wieder zum Vorlesen anregt, so dass viele Kinder unbewusst wichtige Schritte zur Vorbereitung auf das Lesenlernen tun.

🔖 Anne Steinwart: Hallo Marie, die Schule fängt an! Edition Bücherbär im Arena Verlag, Würzburg 1996 • Ein sensibel geschriebenes Vorlesebuch, das kindliche Vorfreude und Angst vor dem ersten Schultag thematisiert.

Ingrid M. Naegele

Computer für Schulanfänger?
Acht Antworten

---

*Benötigt ein Schulanfänger für einen erfolgreichen
Schulstart einen Computer?*

Nein. Für eine gesunde körperliche, seelische, sprachliche und geistige Entwicklung sind vielfältige aktive Auseinandersetzungen mit der Umwelt und Anregungen von Eltern und Gleichaltrigen nötig, wie sie das Kind optimal im Spiel und Gespräch erwirbt.

Was nützt dann ein Computer?

Kinder sind von Natur aus neugierig und interessiert und möchten es gern den Großen gleichtun und mitreden können. Da laut Statistik inzwischen in jedem dritten Haushalt ein PC steht, sollte überlegt werden, wie er sinnvoll für die Altersgruppe zu nutzen ist. Wichtig ist, dass das Programm für das Kind geeignet ist und ein Erwachsener Zeit hat. Es wird in Zukunft immer mehr sogenannte Edutainment-Programme geben, Mischformen aus Spiel und Lernen, mit denen die Kinder spielerisch neues Wissen und neue Einsichten in komplexe Zusammenhänge erwerben können. Voraussetzung ist allerdings eine zeitliche Begrenzung und ein sinnvolles Programm.

Nutzt ein Spielcomputer?

Nein! Die Anschaffung so genannter Spiel- und Lerncomputer als Einstimmung auf einen »richtigen« Computer halte ich nach Prüfung für eine sinnlose Ausgabe, da diese nicht billig und didaktisch wenig hilfreich und zudem begrenzt erweiterbar sind. Die Lese- und Schreibprogramme fallen durch eklatante Mängel auf, es wird buchstabiert (Ka-a-te-zet-e) statt lautiert (K^e-a-t^e-z^e-e), die s-Schreibung ist meist fehlerhaft; sinnlose Lückenwörter oder falsche Wortbilder zum Lehrerspielen sind keine Hilfe zum Lesen- oder Schreibenlernen.

Aufgrund der sehr begrenzten Möglichkeiten lohnt sich zu warten, zumal die Computer immer leistungsfähiger und preiswerter werden. Anders sieht es mit einem echten Computer aus. Damit Kinder aktuelle Computersoftware-Spiele und Lernprogramme sinnvoll nutzen können, benötigt man ein leistungsstarkes Gerät mit mindestens 2 Gigabyte, wie Thomas Feibel es in seinem Elternratgeber 1997 empfiehlt. Keinesfalls sollte man Kindern mit gebrauchten, technisch überholten, anfälligen Rechnern den Spaß vermiesen. Die interessanten neueren Spiele oder Lernsoftware – neudeutsch Edutainment genannt – stellen hohe Anforderungen an Arbeitsspeicher und Festplatten-kapazität und setzen CD-Rom-Laufwerk und Farbdrucker voraus. Und wenn man schon beim Anschaffen ist, lohnt sich sicherlich gleich ein Modem für den Internet-Zugang. Damit wird klar, dass es sich mehr um eine Familieninvestition als eine Anschaffung für das Kind alleine handelt, die auch sehr zeitintensiv ist. Das Gerät muss technisch so sicher sein, dass Kinder damit umgehen können und ein Computer ist nur so gut, wie seine Software ist und Kinder im Alter von fünf bis sieben brauchen bei den meisten Programmen eine Begleitperson.

Wichtiger ist es für die Schulanfänger, für sie Zeit zu haben, um gemeinsam zu spielen, vorzulesen oder die kindliche Neugier mit Spielen oder gemeinsamen Aktionen zu wecken.

Schadet ein Computer?

Was wann für ein Kind sinnvoll oder belastend, förderlich oder schädlich ist, muss im Einzelfall geklärt werden. Dies zu entscheiden ist für Eltern und selbst Fachleute oft schwierig, da die Werbung zwar mit pädagogischen Empfehlungen argumentiert, um ihre Ware zu verkaufen, diese aber im Einzelfall nur schwer zu überprüfen sind. Da Spiel- oder Lern-Software nicht wie ein Buch oder Spielzeug mal schnell auf ihre Bestandteile, Texte und Aufmachung hin überprüft werden können, treten Enttäuschungen meist erst nach der kostspieligen Investition im Gebrauch zu Tage, wenn sich nämlich herausstellt, dass

- die Versprechungen der Werbung gar nicht eingelöst wurden,
- die Anleitung/das Programm für die Altersstufe zu komplex ist,
- das Programm leicht abstürzt, Erreichtes nicht gespeichert werden kann (z. B. Max und das Schlossgespenst),

- die Altersangaben nicht zutreffen und das Kind frustriert nach mehreren Versuchen abbricht,
- falsche Lese-, Schreib- oder Rechenstrategien mehr verwirren als helfen, z. B. bei Programmen aus anderen Ländern, in denen andere Lernwege unterrichtet werden.

Sollte der Computer im Kinderzimmer stehen?

Nein, weder Fernseher noch Computer sollten ihren Standort im Kinderzimmer haben, nicht nur wegen des Elektrosmogs, sondern aus der Verantwortung der Eltern für das Wohl ihres Kindes. Es ist eine Überforderung, diese an das Kind zu delegieren, denn der Zugang ist dann nicht kontrollierbar. Das Faszinierende der meisten Computerspiele ist, dass sie so fesselnd sind, dass auch Erwachsene ihr Zeitgefühl verlieren. Zum Glück haben eine Reihe von Spielen für jüngere Kinder eingebaute Stopps, damit die Belastungen für Auge/Konzentration/Körperhaltung in Grenzen gehalten werden. 20 bis 30 Minuten pro Tag sind für Fünf- bis Siebenjährige genug.

Die Programme, mit denen sich Kinder beschäftigen, müssen ebenfalls kontrolliert werden. Viele sogenannte Computer-Lernprogramme taugen genauso wenig wie Übungsmaterialien aus Papier und fallen durch eklatante Mängel auf. Sie sind oft Adaptionen von amerikanischen oder französischen Programmen, in denen nach anderen Verfahren gelehrt wird, und zwar sowohl was Sprache als auch Mathematik betrifft.

Gibt es gute Software zur Vorbereitung auf die Schule?

Ja, aber nicht unbedingt die, die damit auf dem Titel wirbt. Gute Software für die Altersgruppe der Schulanfänger muss zunächst einmal einfach zu bedienen sein. Die Anweisungen dürfen nicht die Lesefähigkeit voraussetzen, sondern sollten einfache Symbole verwenden. Spiele und Aufgaben sollten über unterschiedliche Schwierigkeitsstufen verfügen, die das Kind auswählen kann. Der jeweils erreichte Spielstand muss abzuspeichern sein, um Langeweile zu vermeiden, die dadurch entsteht, wenn bei jedem Zugriff wieder von vorne begonnen werden muss und nach dem dritten Mal auch der einst witzigste Dialog anödet (siehe auch Kritik an einigen »Tivola«-Spielen). Positive und differenzierte Rückmeldung, Aufmunterung bei Problemen, Nutzen der Texte als – späteres – Lesetraining (durch Abschalten des Tons) sollten selbstverständlich sein, sind aber bisher nur selten anzutreffen. Da die Entwicklungskosten für anspruchsvolle Software hoch sind, was sich in den Preisen widerspiegelt, sollte man sich vor dem Kauf gut informieren. Zum Glück gibt es ja schon ausleihbare Software in Bibliotheken oder Probefassungen in Buchläden, bevor man eines der teuren Programme kauft.

Welche Software ist zu empfehlen?

Bei der Unübersichtlichkeit und raschen Entwicklung des Markts ist es schwierig, bestimmte Titel zu empfehlen. Sinnvoll ist immer ein kindgemäßes Textverarbeitungs- und Malprogramm, wie es z. B. das *Junior Schreibstudio* oder *Creative Painter* (Microsoft) ist.

Gut geeignet erscheint mir auch *Das Zauberhaus,* ein Lernprogramm zur spielerischen Förderung und Vorbereitung auf die Schule (Cornelsen software), allerdings weniger, wie vorgesehen, bereits ab 4 Jahren.

Fans des Kinderbuchautors Nordqvist, die technisch interessiert sind, werden mit *Pettersson und Findus* von terzio/Oetinger viel Spaß haben.

Die in Empfehlungslisten häufig angepriesenen Tivola-Spielgeschichten *Max und das Schlossgespenst* und das aus dem Französischen adaptierte *Wenn ein Prinz zur Schule* geht (Ravensburger) halte ich für wenig geeignet. Letzteres deshalb, weil dieses ursprünglich französische Programm deutschen Verhältnissen ungenügend angepasst wurde. Dies betrifft die französische Schreibschrift, den viel zu komplexen Text für Schulanfänger und die zu kleinen Animationen. Das dreisprachige Angebot der Texte und Wörter ist vielleicht für Drittklässler interessant, dann würde ich aber eher die interaktiven, mehrsprachigen Geschichten aus dem Verlag »Living Books« (Random House, Novato, Cal., USA) empfehlen, die neben dem Bilderbuch mit Text, der CD-Rom mit mehreren Spiel-, Vorlese- und Mitlesefassungen auch als Lesetraining verwendet werden können.

Als Einstieg eignet sich der Elternratgeber von Thomas Feibel: Multimedia für Kids: Spielen und Lernen am Computer. rororo TB 60423, Reinbek 1997.

Die Bundeszentrale für politische Bildung, Postfach 1369, 53003 Bonn versendet auf Anfrage kostenlos eine Loseblattsammlung und CD-Rom mit Besprechungen von Computerspielen. Außerdem erscheint jährlich vom Autor des Elternratgebers ein Kindersoftware – Ratgeber bei Markt & Technik in Haar bei München.

Ingrid M. Naegele

aus: Ch. Büttner/E. Schwichtenberg (Hg.), »Computer in der Grundschule«, Weinheim 1997

Kindergarten und Grundschule müssen zusammenarbeiten

Viele Eltern und auch Lehrer/innen meinen, dass mit dem Eintritt in die Schule »der Ernst des Lebens« beginne. Die Kindergartenjahre sollten als unbeschwerte Zeit des Spielens in guter Erinnerung bleiben, aber nun müsse »richtig« gelernt werden. Wer so denkt, übersieht die Bedeutung der Erziehung im heutigen Kindergarten: Die Erzieher/innen schaffen die entscheidenden Grundlagen für das spätere Lernen und können der Lehrerin/dem Lehrer eines ersten Schuljahres vielfältige Anregungen geben, einen kindgerechten Unterricht zu gestalten. Die Erzieher/innen übernehmen die Kinder in einem besonders lernwilligen Alter und bemühen sich, ausgehend von der natürlichen Lernbereitschaft, allmählich sämtliche Bereiche der kindlichen Persönlichkeit auszubilden. Sie geben Zeit und Raum für Bewegung, d. h. für die Entwicklung der motorischen Kräfte. In enger Verbindung damit werden die Beziehungen der Kinder untereinander und zu den Erzieherinnen/den Erziehern gepflegt, somit der wichtige emotional-soziale Bereich. Zugleich erhalten die Kinder die notwendigen Anregungen für das Sprechen und Denken, also für die kognitiven Fähigkeiten, ebenso für kreatives Gestalten in künstlerischer Hinsicht.

Kindergarten als Anregung

Der Kindergarten hat gegenüber der Schule einen bedeutenden Vorteil: Er kann die Zeit so freizügig einteilen, wie es dem kindlichen Rhythmus entspricht. Die vorherrschende Aktivität ist das Spiel, und wir wissen, dass die Kinder dieses Alters dabei ihre Fähigkeiten am besten entwickeln können. Diese Erkenntnis ist ein zentraler Gesichtspunkt für die Verwirklichung eines Schulanfangs, der die Voraussetzungen für einen Unterricht ermöglicht, in dem in erster Linie die Kinder zu ihrem Recht kommen.

Ein Besuch im Kindergarten ist erfahrungsgemäß für aufgeschlossene Lehrer/innen der Anfangsklassen stets eine Bereicherung und daher zu einem festen Bestandteil ihrer Vorbereitung geworden. Sie lassen sich z. B. von der Raumgestaltung anregen, die ganz auf die kindlichen Bedürfnisse zugeschnitten ist und zum Wohlfühlen einlädt. In meist sorgfältig abgetrennten Ecken findet man ein reiches Angebot an Spiel- und Lernmaterialien, das für die jeweiligen Altersgruppen etwas sie Interessierendes bietet. Im Kindergarten können die Kinder – unter dem beruhigenden Schutz einer Erzieherin oder eines Erziehers – über weite Strecken des Tages ihre Zeit entsprechend ihrem Fähigkeitsstand selbstständig ausfüllen. In ihr Handeln sind meistens Partner einbezogen, so dass die sozialen Kontakte gewissermaßen von selbst in den Spielaktionen gefördert werden. Diese freien Lernphasen haben auch in der Schule noch ihre Berechtigung. Für Lehrer/innen ist es verblüffend zu sehen, wie Kinder in den gewählten oder vom Erzieher angeregten Spielprozessen zur Konzentration veranlasst werden, wie sie gemeinsam tätig sind und Lösungen in bestimmten Situationen finden. Dabei müssen sie so sprechen, dass sie von den anderen verstanden werden. Auch sind sie gezwungen die Notwendigkeit zu erkennen, sich selbst zurückzunehmen und sich der Idee eines Partners oder einer Regel zu fügen. An einem Tag beschäftigen sich die Kinder z. B. besonders intensiv mit ihrem Baumaterial, an einem anderen vielleicht mit einer Schnecke, die sie mitgebracht haben, und beobachten das Tier mit Hingabe. Der Kindergarten ist zur Außenwelt mit all ihren Erscheinungen geöffnet, er ist lebensnah und kindorientiert. Muss der Schulanfang nicht genauso gestaltet werden? Selbstverständlich; denn die Lehrer/innen sollten die Arbeit der Erzieher geradlinig fortsetzen und weiterführend Neues an die Kinder herantragen. So wird die von Pädagogen, Psychologen und Medizinern erhobene Forderung erfüllt, dass die Kinder störungsfrei von der einen in die andere Institution überwechseln können und negative Folgen für ihre Entwicklung vermieden werden.

Brückenschlag Kindergarten – Grundschule

Kindergarten und Grundschule sind also, um eine kontinuierliche Entwicklung der Kinder zu gewährleisten, unmittelbar aufeinander angewiesen. Sie können ihren Erziehungsauftrag in voller Verantwortung nur gemeinsam bewältigen. In besonderem Maße gilt das für den Schulanfang, der für die Kinder viel Unbekanntes bringt. Mittlerweile häufen sich erfreulicherweise die Beispiele für eine gelungene Zusammenarbeit der Pädagogen aus Kindergarten und Schule, auch mit den Eltern. Voraussetzung dafür ist allerdings, dass alle Beteiligten den

Willen zeigen, sich zum Gespräch zusammenzufinden und als ebenbürtige Partner zu planen und tätig zu werden. Den größten Gewinn davon haben die Kinder: Sie werden dann wie über eine Brücke von der einen Obhut in die andere hineinbegleitet und nicht einfach »ins Wasser geworfen«.

Formen der Zusammenarbeit

In der Praxis haben sich folgende Formen der Zusammenarbeit bewährt: Erzieher/innen und Lehrer/innen müssen zunächst persönliche Verbindungen aufbauen und sich achten und schätzen lernen.

⮞ Gegenseitige Besuche, also im Kindergarten und in der Schule, öffnen gewöhnlich erst den Blick für die meist wenig bekannten Abläufe. Erzieher wie Lehrer entdecken, was sie so oder ähnlich tun, aber auch, was sie nicht übertragen können. Im Gespräch über das Erlebte entwickelt sich allmählich die Gewissheit, dass einer den anderen versteht. Regelmäßige Besuche des künftigen Erstklasslehrers im Kindergarten führen dazu, dass die Kinder ihn kennen lernen und zu ihrem späteren Betreuer in der Schule bald Vertrauen gewinnen. Das ist eine außerordentlich wichtige Grundlage für einen zuversichtlichen Schulanfang. Der Lehrer erhält unschätzbare Gelegenheiten, das Verhalten seiner zu erwartenden Schützlinge zu beobachten und ihnen so näher zu kommen.

⮞ Während des Kindergartenbesuches ergeben sich ganz zwanglos auch die ersten Kontakte des Lehrers zu den Eltern. Der Lehrer erfährt beiläufig eine Menge über die Kinder, für die er dadurch von Mal zu Mal mehr Verständnis aufbringt. Die Eltern hören, wie sich der Lehrer den Schulanfang vorstellt und was sie dabei an Mitwirkung leisten sollten.

⮞ Von den Besuchen ausgehend, planen und gestalten Erzieher/innen und Lehrer/innen mit ihren Kindern gemeinsame Unternehmungen, seien sie im Kindergarten, in der Schule oder außerhalb. Spielnachmittage oder kleine Feste eignen sich für den Anfang, in Abstimmung mit sich gerne betätigenden Eltern. Ebenso sind Ausflüge denkbar mit Beobachtungsaufgaben, die anschließend getrennt ausgewertet und deren Ergebnisse ausgetauscht werden können. Die Pädagogen/innen dürften genügend Ideen entwickeln, die sie möglichst auf das ganze Jahr verteilen sollten.

⮞ Einen besonderen Schwerpunkt bildet die gezielte Vorbereitung und Durchführung von Aktionen am Ende der Kindergartenzeit. Für die Fünfjährigen, die künftigen Schulanfänger, bedeuten die damit verbundenen Anregungen eine willkommene Herausforderung mit starker Motivierung. Die Schulanfängergruppe eines Kindergartens besuchte z. B. mit den Erzieherinnen einige Wochen vor den Sommerferien mehrmals in der Schule die schon bekannte Lehrerin und das für sie vorgesehene Klassenzimmer. Die Kinder überlegten anschließend gemeinsam, wie sie ihren Raum nach Schulbeginn gestalten könnten. Sie stellten Zeichnungen und anderes Material zusammen, um Wände und Stellflächen zu schmücken. Sie planten auch die Anordnung der Tische, Stühle, Regale und Schränke. In den Ecken wollten sie Platz für Spiele und Bücher haben. Das Projekt zog sich über eine längere Zeit hin und begeisterte alle.

  ✤ Eine weitere Form der Zusammenarbeit ist die Beteiligung von Erziehern bzw. Lehrern an Arbeitsbesprechungen im Kindergarten oder an Konferenzen in der Schule, wenn beide Seiten betreffende Fragen behandelt werden, z. B. Inhalte und Methoden der Arbeit, Schulfähigkeit, Schulvorbereitung u. a. Gemeinsame, möglichst mehrtägige Fortbildungsveranstaltungen von Erziehern und Lehrern schaffen auf Dauer erst die notwendige Aufgeschlossenheit füreinander und somit eine solide Grundlage für eine wirksame Kooperation.

  ✤ Darüber hinaus ist anzustreben, dass sich die Pädagogen bereits während ihrer Ausbildung in gemeinsamen Seminaren begegnen. Spätere Lehrer würden auf diese Weise über den Kindergarten informiert und künftige Erzieher über die Schule.

Die in den siebziger Jahren allmählich einsetzenden Bemühungen zu einer Annäherung von Kindergarten und Grundschule haben bisher in zehn Bundesländern – in Baden-Württemberg, Bayern, Hamburg, Hessen, Niedersachsen, Nordrhein-Westfalen, Rheinland-Pfalz, Saarland, Sachsen-Anhalt und Thüringen – ministerielle Erlasse bzw. Empfehlungen zur Kooperation erreicht. Jedoch muss heute überall weiter darauf hingewirkt werden, dass im Interesse einer kontinuierlichen Entwicklung unserer Kinder die Zusammenarbeit auch in der Praxis wirklich zur Regel wird. Das ist leider an vielen Orten nicht der Fall. Die Eltern können dabei mithelfen, indem sie die bereits erfolgreich kooperierenden Erzieher/innen und Lehrer/innen nach Kräften darin unterstützen, ihre Aktivitäten auszubauen. Wenn sie vermisst werden, sollten die Eltern engagiert für den Beginn der Zusammenarbeit eintreten.

📖 Horn, H. A. (Hrsg.): Kindergarten und Grundschule arbeiten zusammen. Konzepte und Beispiele für einen kooperativen Schulanfang. Beltz Verlag, Weinheim und Basel 1982

📖 Huppertz, N./Rumpf, J.: Kooperation zwischen Kindergarten und Schule. München 1983

📖 Hacker, H.: Vom Kindergarten zur Grundschule. Theorie und Praxis eines kindgerechten Übergangs. Bad Heilbrunn 1992

Hans Arno Horn

Notizen:

Der erste Schultag rückt näher

*Beim so genannten Schulreifetest sollen die Kinder
diese Figur nachzeichnen:* ∞. *Werner malt sie aber so:
8 – laut Auswertungsbogen völlig falsch.
Werner kommentiert:* »Das ist doch eine Acht,
die hat geschlafen, da habe ich sie aufgeweckt.«

– Nicht schulreif?

Was ein Kind können sollte –
Vorzeitig, regelgerecht oder später
einschulen?

Hier einige Fragen, die bei der Entscheidung helfen können. Tragen Sie ein: + wenn die Frage ohne Einschränkung zu bejahen ist; / wenn es nur mit Einschränkung zutrifft oder Sie unsicher sind; - wenn die Frage eindeutig zu verneinen ist.

1. Allgemeiner Entwicklungsstand	+	/	−
→ Ist Ihr Kind noch sehr verspielt und verträumt?			
→ War Ihr Kind oft krank, hat es Seh- oder Hörschwächen?			
→ Hat Ihr Kind Angst vor anderen Kindern, meidet es Kontakte mit ihnen?			
→ Spricht Ihr Kind so undeutlich, dass andere es kaum verstehen?			
→ Ist Ihr Kind ein »Frühchen«, ein Spätentwickler, brauchte es mehr Zeit zum Laufen- und Sprechenlernen als andere Kinder?			
→ Trotzt es noch häufig?			
→ Stört es die Spiele anderer?			
→ Hält es sich noch mehr zu Erwachsenen als zu Gleichaltrigen?			
→ Kann es sich nicht längere Zeit allein mit einer Sache beschäftigen?			
Summe:			

Bei mehr als zwei Ja-Antworten (+) sollten Sie Ihr Kind auf **keinen** Fall vorzeitig einschulen; eine Zurückstellung wäre zu überlegen.

2. Soziales Verhalten	+	/	–
→ Kann es ohne Vater, Mutter oder eine andere vertraute Person längere Zeit auskommen?			
→ Will es schon mithelfen und sich nützlich machen?			
→ Beachtet es Gebote und Verbote? Sieht es »gerechte« Strafen ein?			
→ Hat es Anschluss an Nachbarkinder?			
→ Ging oder geht es gern in den Kindergarten?			
→ Nimmt es von sich aus Kontakt mit Fremden auf?			
→ Kann es im Spiel verlieren, ohne wütend zu werden oder zu weinen?			
Summe			

3. Praktisches Verhalten			
→ Kann es sich allein anziehen und die Schuhe zumachen?			
→ Geht es allein zur Toilette?			
→ Putzt es sich die Nase selbst?			
→ Kann es sich längere Zeit mit einer Sache beschäftigen und sie zu Ende führen?			
→ Weiß es Namen, Alter, Wohnung (Straße und Hausnummer), Telefonnummer?			
→ Zeigt es auch außerhalb des Hauses Interesse und Unternehmungslust?			
→ Kann es ein technisches Gerät bedienen, z. B. ein Radio oder einen Fernseher?			
Summe:			

4. Für die Schule nützliche Fähigkeiten			
→ Strebt Ihr Kind von sich aus in die Schule, freut es sich auf sie?			
→ »Liest« es schon in seinen Büchern, schreibt es »Kritzelbriefe«?			
→ Zählt es schon bis 10 und ist stolz darauf?			
→ Malt Ihr Kind gern, schneidet es Figuren aus; ist es geschickt dabei?			
→ Singt es gern; kann es Melodien und Liedtexte behalten?			
→ Lernt es auswendig, z. B. Gedichte, Reime, Sprichwörter?			
→ Fragt es danach, was bestimmte Wörter bedeuten?			
→ Fragt es, was bestimmte Schriftzeichen (Buchstaben, Ziffern) oder Symbole (Verkehrszeichen) bedeuten?			
Summe:			

Für die Fragen 2. bis 4. gilt: Überwiegen die Ja-Antworten (+) eindeutig, kann eine vorzeitige Einschulung überlegt werden; gegen eine »normale« Einschulung bestehen sicher keine Bedenken. Überwiegen die unsicheren Antworten (/), könnte schon eine regelrechte Einschulung ein Risiko sein. Sind aber die Nein-Antworten (–) in der Überzahl, sollte eine Zurückstellung mit einer/einem Erziehungsberaterin/berater der aufnehmenden Schule erwogen werden. Ein Teil der noch fehlenden Fähigkeiten kann mit Sicherheit noch in der Schule erworben werden – verständnisvolle Förderung zu Hause und in der Schule vorausgesetzt. Aber achten Sie darauf, ob die Schule Ihr Kind nur deshalb aufnehmen will, um genügend Kinder für die Bildung bzw. Teilung einer Klasse zu bekommen.

Dieter Haarmann und Ingrid M. Naegele

»Pummelig, ungelenk, stotternd?«

Unter dieser alarmierenden Überschrift berichtete eine große Tageszeitung über die Ergebnisse einer Untersuchung von Erstklässlern. Hier einige der wichtigsten Befunde:

❧ »Sprachstörungen, Übergewicht und Ungelenkigkeit: 1900 von 3550 Schulanfängern lassen Defizite erkennen, was Gesundheit, Entwicklung oder Verhalten anbelangt. Nur jedes zweite Kind absolvierte die bis zum sechsten Lebensjahr vorgesehenen Vorsorgeuntersuchungen. Lediglich jeder fünfte Erstklässler ist ausreichend geimpft.« Was können Eltern daran ändern? Der Bericht sagt es:

❧ »Mit mehr Zeit und Zuwendung in Elternhaus und Unterricht könne man manche Schwäche ganz verhindern oder doch zumindest wirkungsvoll bekämpfen, ehe sie sich für ein Leben lang festsetze … Störungen in Motorik und Sprache fielen am häufigsten auf und hätten in den vergangenen Jahren stark zugenommen.«

Hierfür nennt der Bericht die Gründe:

❧ »Erst werde der Nachwuchs mit dem Schnuller ruhig gestellt, dann mit einem technischen Babysitter wie Gameboy oder Fernsehgerät. Weil man mit den Kindern seltener spreche und weil man in den Familien weniger gemeinsam unternehme, wachse die Zahl der Kinder, die lispelten oder stotterten, keine ganzen Sätze bilden könnten oder sich ungelenk bewegten.«

Besorgnis erregend sei auch die Zunahme von Übergewicht bei den Schulanfängern:

❧ »Süßigkeiten, Schnellgerichte, wenig Bewegung gingen mit einer weitgehenden Unbedarftheit der Eltern einher, beobachteten die Ärztinnen. Das Gesundheitsamt empfiehlt hier weniger Kasteiungen und Diäten als vielmehr, Bewegungsfreude und Geschmack an guter Kost zu wecken.«

(Quelle: Frankfurter Allgemeine Zeitung vom 9. 9. 1997, Seite 54)

Einige Hinweise darauf, was Sie tun können, damit Ihr Kind bei der Schulaufnahme nicht als »pummelig, ungelenk und stotternd« auffällt, lesen Sie in den folgenden Beiträgen: Zuwendung und Ermutigung, Spiel- und Bewegungsanregungen, Vorlesen und Erzählen, Entspannungsübungen, sinnvoller Computergebrauch, Gesundheitsvorsorge und der Besuch eines guten Kindergartens sind wichtige, wenn auch noch nicht alle Hilfen, die Sie Ihrem Kind bieten können. Worauf es vor allem ankommt: Zeit haben für das Kind, und wenn Sie der Beruf oder anderes noch so auffrisst: Nichts ist wichtiger als die Zeit, die Sie Ihrem Kind geben!

Dieter Haarmann

Ein wenig Bürokratie muss sein: die Schulanmeldung

»Unser Kind soll eingeschult werden!
Soll unser Kind eingeschult werden?«

Rechtslage

Im Grundgesetz der Bundesrepublik Deutschland ist das Recht des Kindes auf Bildung verbindlich vorgegeben. Danach regeln die Bundesländer aufgrund ihrer Kulturautonomie die Schulpflicht. Dem Recht der Kinder auf Bildung entspricht somit die Pflicht zum Schulbesuch. Das bedeutet: Der Staat muss die entsprechenden Voraussetzungen für den Besuch einer Schule schaffen, wenn er die Kinder zum Schulbesuch verpflichtet.

Die Grundschule ist für alle Kinder der verbindliche Unterbau des gesamten Schulwesens. Sie umfasst die Schuljahrgänge 1 bis 4, in Berlin und Brandenburg 1 bis 6. Der Grundschule kann eine Vorklasse oder ein Schulkindergarten angeschlossen sein. Die Begriffe Vorklasse und Schulkindergarten werden in den einzelnen Bundesländern unterschiedlich definiert. Deshalb empfehlen wir: Orientieren Sie sich im Bedarfsfall in der für Sie zuständigen Grundschule.

Schulpflicht

Der Schulpflicht wird genügt durch den Besuch einer öffentlichen Schule oder einer privaten Ersatzschule, keinesfalls aber durch privaten Unterricht (Privatlehrer).

Gemeinden, Samtgemeinden oder Städte als Schulträger legen für die einzelnen Grundschulen die Schulbezirke fest.

Das bedeutet: Alle schulpflichtigen Kinder, unabhängig von ihrer körperlichen und geistigen Entwicklung oder ihrer derzeitigen Unterbringung, müssen von den Erziehungsberechtigten in der für sie zuständigen Grundschule angemeldet werden.

Ort und Zeitpunkt der Anmeldung werden rechtzeitig in der örtlichen Presse und durch Aushang in den Grundschulen, ggf. auch in den Kindergärten, bekannt gegeben.

Der Beginn der Schulpflicht hängt vom Lebensalter des Kindes ab. Zum 01. August – offizieller Schuljahresbeginn – werden alle Kinder schulpflichtig, die bis zum 30.06., in einigen Bundesländern bis zum 30.09., das sechste Lebensjahr vollendet haben (siehe Übersicht am Ende dieses Beitrages). Der Tag der Geburt wird bei der Berechnung des Lebensalters mitgezählt, d.h. am Monatsersten Geborene vollenden das Lebensjahr bereits mit Ablauf des vorangegangenen Monats (entsprechend der juristischen Regelung von Jahr und Tag).

Aufnahme

Mit der Anmeldung eines Kindes ist nicht zugleich die Aufnahme verbunden. Über die Aufnahme kann die Schulleitung frühestens nach erfolgter schulärztlicher Untersuchung entscheiden. Kinder, die nicht aufgenommen werden können, sind in der Regel zurückzustellen. Eine Zurückstellung kann nur für regulär schulpflichtige Kinder verfügt werden. Aufnahme bzw. Zurückstellung bestimmen sich nach den Vorschriften des jeweiligen Bundeslandes und werden meist von der Schulleiterin/dem Schulleiter vollzogen.

»Kann-Kinder«

Jüngere schulpflichtige Kinder können zum Schulbesuch angemeldet werden, wenn sie bis zum 31.12. des Einschulungsjahres, in einigen Bundesländern auch später (siehe Übersicht) das sechste Lebensjahr vollenden. Die Erziehungsberechtigten entscheiden darüber, ob sie einen Antrag auf vorzeitige Einschulung stellen möchten. Über die Aufnahme dieser so genannten »Kann-Kinder« entscheidet die Schulleiterin/der Schulleiter der Grundschule im Zusammenwirken mit dem zuständigen Gesundheitsamt. Mit der Aufnahme werden Kann-Kinder schulpflichtig. Die Nichtaufnahme angemeldeter Kann-Kinder gilt nicht als Zurückstellung vom Schulbesuch.

Vorklasse

Werden an Grundschulen Vorklassen geführt, können Kinder, die am 31.07. des Jahres das fünfte Lebensjahr vollenden, dazu angemeldet werden. Der Besuch einer Vorklasse ist freiwillig. Diese Zeit wird nicht auf die Schulpflicht angerechnet. (In Niedersachsen ist der Besuch der Vorklasse vom Schuljahr 1997/98 an kostenpflichtig.)

Die Schule kann ihren Bildungsauftrag nur erfüllen, wenn sich alle Beteiligten bzw. Betroffenen an bestimmte Regeln halten.

➜ Beachten Sie die vom Schulträger und der für Sie zuständigen Grundschule öffentlich bekannt gegebenen Anmeldetermine.

➜ Bringen Sie zum Anmeldetermin mit:
- das anzumeldende Kind als Hauptperson,
- die Geburtsurkunde des Kindes, ggf. Ihren Pass,
- evtl. den Sorgerechtsnachweis.

➜ Der Ablauf der Anmeldung ist abhängig von der Größe der Schule. In »kleinen« Schulen kennt man sich. Da läuft es im Allgemeinen über ein kurzes Gespräch. In größeren Schulen erfolgt die Anmeldung zumeist zweischrittig:
- Im Sekretariat machen Sie die allgemeinen, für die Schule unverzichtbaren Angaben (vgl. Personalbogen).
- Bei der Schulleiterin/dem Schulleiter findet ein Gespräch mit dem Kind und den Erziehungsberechtigten statt. Dieses ist kein Test, er dient vielmehr dem Kennenlernen und der gegenseitigen Information. Hier ist auch der Ort, Besonderheiten anzusprechen, die ggf. die Einleitung helfender bzw. stützender Maßnahmen erfordern (s. auch Punkt 4). In aller Regel erfahren Sie hier auch Zeit und Ort für die erforderliche schulärztliche Untersuchung.

➜ Über die unverzichtbar notwendigen Angaben hinaus gibt es Besonderheiten, die der Schule bekannt sein sollten, um die Schullaufbahn zweckmäßig und sinnvoll organisieren zu können, z. B.
- Sprachauffälligkeiten und/oder eine bereits begonnene Sprachheilbehandlung
- Hörfehler
- Sehfehler
- Körperbehinderungen
- Allergiker
- Krankheiten, auf die Rücksicht genommen werden muss
- Linkshändigkeit

➜ Probleme lassen sich in aller Regel lösen, wenn sie rechtzeitig angesprochen werden. Einige Beispiele:
- Auch wenn zwischen dem Zeitpunkt der Anmeldung und der

Einschulung ein Umzug bevorsteht, ist das Kind in der Grundschule anzumelden, die zum Zeitpunkt der Schulaufnahme-Anmeldung zuständig ist. Sprechen Sie bitte dort den weiteren Ablauf ab.

↬ Beide Eltern oder der allein erziehende Elternteil sind berufstätig, so dass das Kind eine außerschulische Betreuung braucht. Häufig erfordert dies die Beschulung in einer Grundschule, die für den Wohnbereich nicht zuständig ist.

→ Beantragen Sie bei der für Sie zuständigen Grundschule rechtzeitig eine Ausnahmegenehmigung, damit den betroffenen Schulen vor Beginn des Schuljahres Zeit für notwendige organisatorische Maßnahmen bleibt.

Folgende Situationen rechtfertigen einen Antrag auf Ausnahmegenehmigung:

↬ Ihr Kind bekommt einen Hortplatz im Nachbarschulbezirk.
↬ Die Großeltern oder eine Tagesmutter betreuen das Kind außerhalb des Schuleinzugsbereichs.
↬ Sie sind in einem anderen Ort berufstätig und können nur dort die Betreuung Ihres Kindes sicherstellen.

Hildegard und Edgar Weigert

Übersicht: Neuregelung des Einschulungsalters

In Deutschland kommen die Kinder mit durchschnittlich 6,8 Jahren in die Schule. Im internationalen Vergleich ist das sehr spät. Deshalb hat die Ständige Konferenz der Kultusminister (KMK) empfohlen, den Stichtag, an dem mit Vollendung des sechsten Lebensjahres die Schulpflicht beginnt, vom 30. 6. auf den 30. 9. zu verlegen und den Stichtag 30. 12. für Kann-Kinder aufzuheben. Kinder sollen also nicht mehr im Alter von sechs Jahren und einem Monat, sondern schon mit fünf Jahren und acht Monaten schulpflichtig werden. Doch nur wenige Bundesländer folgen dieser Empfehlung, dafür werden zunehmend so genannte »Neue Schuleingangsstufen« oder »Schuleingangsphasen« o. ä. eingerichtet. Sie umfassen als Einheit das 1. und 2. Schuljahr, in Berlin und Bremen auch Vorklassen für Fünfjährige. Die Kinder können diese Eingangsphase je nach Lernfähigkeit und -tempo variabel in einem, zwei oder drei Jahren durchlaufen (ohne die Belastung eines zweifelhaften »Schulreife«-Tests, ohne den Makel des »Sitzenbleibens« oder der Zurückstellung). Doch die Regelungen sind von Bundesland zu Bundesland sehr unterschiedlich; fragen Sie die für Sie zuständige Grundschule oder das Schulamt. Mecklenburg-Vorpommern und Thüringen bieten so genannte Diagnose- oder Förderklassen für noch nicht schulfähig erscheinende Kinder an, sie können sich für das 1. und 2. Schuljahr zusammen ggf. drei Jahre Zeit lassen.

Dieter Haarmann

Bundesland/Stichtag für Schulpflicht/Stichtag für Kann-Kinder/Variable Eingangsstufe/Förder- bzw. Diagnoseklassen

Bundesland				
Baden-Württemberg	30.9.	entfällt	67	–
Bayern	30.6.	31.12.	–	–
Berlin	30.6.	31.12.	im Aufbau[2]	–
geplant:	30.9.	31.12. + 3 Monate	–	–
Brandenburg	30.6.	31.12.	2	–
Bremen	30.6.	31.12. + x[1]	12[2]	–
Hamburg	30.6.	entfällt	–	–
Hessen	30.6.	31.12.	24	–
Mecklenburg-Vorpommern	30.6.	31.12.	–	nach Bedarf[5]
Niedersachsen	30.9.[3]	entfällt	10	–

[1] unbegrenzt an Schulen, die einen entsprechenden Schulversuch beantragt haben
[2] Vorklassen + 1. + 2. Schuljahr als Einheit
[3] schrittweise 1999: 31.7.; 2000: 31.8.; 2001: 30.9.; wird evtl. wieder zurückgenommen auf den 30.6.

Bundesland/Stichtag für Schulpflicht/Stichtag für Kann-Kinder/Variable Eingangsstufe/Förder- bzw. Diagnoseklassen

Nordrhein-Westfalen	30.6.	31.12. (entfällt ab 1999)	7	–
Rheinland-Pfalz	30.6.	31.12.	x[4]	–
Saarland	30.6.	31.12.	–	–
Sachsen	30.6.	31.12.	2	x[5]
Sachsen-Anhalt	30.6.	31.12.	(2)	–
Schleswig-Holstein	30.6.	31.12.	13	–
Thüringen	30.6.	31.12.	im Aufbau	nach Bedarf[6]

[4] im Rahmen der vollen Halbtagsschule
[5] auf Wunsch der Eltern
[6] mit Lehrplan der Klassen 1 bis 2; Besuchsdauer bis zu 3 Jahren, Anschluss an das 3. Schuljahr

Die Schuleingangsuntersuchung

Was kann der Arzt/die Ärztin des Jugendärztlichen Dienstes feststellen?

Jedes Kind in Deutschland wird vor der Einschulung von einem Arzt/einer Ärztin eines Gesundheitsamtes untersucht. Keine Angst!

Es handelt sich nicht um einen »Test«, den Ihr Kind bestehen muss. Die Untersuchung dient nicht dazu, Kinder vom Schulbesuch auszuschließen oder einen Schulbesuch zu erzwingen. Es soll vielmehr geklärt werden, ob der vorgesehene Einschulungstermin der richtige ist und ob die zuständige Schule vor Ort die angemessenen Fördermöglichkeiten für das Kind bietet. Somit handelt es sich nicht um eine rein körperliche Untersuchung, sondern sie umfasst den gesamten Entwicklungsstand eines Kindes. Sie dient als Ergänzung zu dem Bild, das die Eltern oder Sorgeberechtigten, die Erzieherinnen, der Kinderarzt oder die Lehrer in der aufnehmenden Schule bereits von dem Kind haben.

Allein aus der ärztlichen Schuleingangsuntersuchung wird jedoch nicht darüber entschieden, ob ein Kind in die Schule gehen darf oder nicht!

Da Kinder gerne zeigen, was sie können, haben sie meist großen Spaß an der Untersuchung, die nichts mit den früher üblichen Reihenuntersuchungen gemein hat.

Die Schuleingangsuntersuchungen beginnen im Frühjahr zu der gleichen Zeit wie die Anmeldungen in der Schule und ziehen sich bis zum Beginn der Sommerferien hin.

Im Allgemeinen finden die Untersuchungen in der aufnehmenden Schule statt. Das Untersuchungsteam besteht aus dem Arzt/der Ärztin und einer Helferin.

Die Eltern werden mit dem Kind zu einem bestimmten Termin einbestellt.

Die Helferin nimmt die Daten des Kindes in einen Schulgesundheitsbogen auf. Dieser wird unter strenger Wahrung der Schweigepflicht nur für den Jugendärztlichen Dienst zugänglich aufbewahrt. Eine Weitergabe an andere Personen oder zu anderen Zwecken als der Schulgesundheitspflege ist nur mit schriftlicher Einverständniserklärung der Sorgeberechtigten erlaubt.

Die Helferin wiegt und misst das Kind, führt einen apparativen Seh- und Hörtest und eine Urinuntersuchung mit Teststreifen durch. Anschließend erfolgt die ärztliche Untersuchung.

Der Arzt/die Ärztin achtet dabei besonders auf Befunde, die für die Bewältigung des Schulalltags von Bedeutung sind. Der rein körperliche Befund spielt dabei eine weniger wichtige Rolle als der allgemeine Entwicklungsstand: Sprachentwicklung, fein- und grobmotorische Koordinationsfähigkeit, Aufgabenerfassung und -umsetzung, Ausdauer, Konzentrationsfähigkeit, Sozialentwicklung usw.

Vielleicht wundern Sie sich, dass all das in der kurzen Untersuchungszeit möglich sein soll.

Bitte gehen Sie davon aus, dass der Arzt/die Ärztin sehr viele Kinder in der gleichen Situation erlebt und eine große Erfahrung darin entwickelt, sich bei der mehr spielerisch ablaufenden Untersuchung einen Eindruck über den Entwicklungsstand des Kindes zu verschaffen.

- ⚹ Wie verhält sich das Kind bei der Begrüßung?
- ⚹ Kann es sich auf ein Gespräch mit einer ihm fremden Person einlassen?
- ⚹ Versteht es die Anweisungen und setzt es sie in einem angemessenen Zeitraum richtig um?
- ⚹ Kann es eine zusammenhängende Geschichte erzählen?
- ⚹ Ist es leicht ablenkbar, z.B. durch anwesende Geschwister?
- ⚹ Kann es sich alleine aus- und anziehen?

Der Arzt/die Ärztin wird aus der Erfahrung heraus, dass Kinder und auch Eltern bei diesen Untersuchungsterminen meist aufgeregt und gespannt sind, Auffälligkeiten richtig einzuordnen und zu bewerten wissen.

Bei ca. 40 Prozent der untersuchten Kinder ergeben sich auffällige Befunde. Diese werden im Anschluss an die Untersuchung eingehend mit den Eltern erörtert und u. U. wird eine fachärztliche Abklärung empfohlen.

Oft sind aber auch nur Beratungen über Fördermöglichkeiten angezeigt. Der Arzt/die Ärztin ist meist über die entsprechenden Einrichtungen im Kreis gut informiert.

Auch über die schulischen Fördermöglichkeiten wird der Arzt/die Ärztin Auskunft geben können. So z. B. über die Fragen:

- Wo gibt es die zuständige Vorklasse?
- Was heißt sonderpädagogischer Förderbedarf?
- Wie sieht gemeinsamer Unterricht aus?

Die Befundbesprechung sollte übrigens nicht im Beisein des Kindes erfolgen, da dieses durch Missverständnisse Angst bekommen könnte.

Auch die Frage, ob eine Einschulung oder Rückstellung zu empfehlen ist, sollte ohne das Kind besprochen werden.

Kinder sind meist hoch motiviert für die Schule und könnten durch eine derartige Diskussion sehr verunsichert werden.

Bei voneinander abweichenden Ansichten über den Einschulungszeitpunkt sind klärende Gespräche des Arztes/der Ärztin und der Eltern mit den Lehrern der aufnehmenden Schule, den Erzieherinnen des Kindergartens und anderen Einrichtungen, wie z. B. der Frühförderstelle, angezeigt.

Alle Beteiligten sollten versuchen, zu einer gemeinsamen Lösung zu kommen, die einzig das Wohl des Kindes im Auge hat und es vor einer dauernden Über- oder Unterforderung mit weit reichenden Folgen schützt.

Glücklicherweise stimmen aber der Eindruck des Arztes/der Ärztin und die Einschätzung der Eltern in den allermeisten Fällen überein. So wird die Untersuchung wie der »Schnuppertag« zu einem spannenden Erlebnis mehr auf dem Weg in das Schulleben.

Marianne Laurig

Wie sich die Schule zur Aufnahme Ihres Kindes vorbereitet

Ein Beispiel aus Thüringen

Auch die Schule bereitet sich auf die Aufnahme Ihres Kindes vor. Dies erfordert zahlreiche organisatorische Maßnahmen, für die jede Schule einen Terminplan aufstellt, nach dem Sie sich bei der künftigen Schule Ihres Kindes auch einmal erkundigen können. Hier eine Empfehlung des thüringischen Kultusministeriums für einen solchen Jahresplan. Die Terminangaben können in den einzelnen Bundesländern z. T. erheblich abweichen. Der wichtigste Zeitpunkt, der für die Anmeldung der Schulneulinge, wird durch die Tagespresse und Aushänge an Litfass-Säulen, Schwarzen Brettern, Bekanntmachungstafeln etc. mitgeteilt.

Dieter Haarmann

Liebe Eltern,
nachfolgend geben wir Ihnen in Form eines Grobzeitplans die aus unserer Sicht wichtigsten Daten bzw. Maßnahmen bis zum ersten Schultag Ihres Kindes an. Wir wenden uns dabei auch mit der Bitte an Sie, mit uns gemeinsam dafür Sorge zu tragen, dass Ihrem Kind der Übergang in das Schulleben so problemlos wie möglich gestaltet wird.

Zeit	Maßnahme	Verantwortung
November	1. Elternabend der Eltern der Schulanfänger	Schule
01. bis 08. Dezember	Bekanntgabe des Ortes und der Zeit der Anmeldung zum Schulbesuch	Schule
10. bis 20. Dezember	Anmeldung an der Grundschule des Schulbezirks	Eltern

Zeit	Maßnahme	Verantwortung
bis 15. Januar	Meldung der angemeldeten Kinder an das Gesundheitsamt und an das Schulamt zur Vorbereitung der schulärztlichen Untersuchung	Schule
bis Mai	Kontaktaufnahme der Schule mit den zukünftigen Schulanfängern z. B. durch Einladung zu einem Schnuppertag	Schule
Februar bis April	Durchführung der schulärztlichen Untersuchung	Gesundheitsamt
Mai	Entscheidung über Zurückstellung vom Schulbesuch	Schulamt
Mai	Entscheidung über die vorzeitige Schulaufnahme	Schule
Mai bis Juni	**2. Elternabend der Eltern der Schulanfänger zu organisatorischen Fragen des Schulanfangs**	**Schule**
Wochenende vor Schuljahresbeginn	Einschulungsfeier	Eltern
1. Schultag	Teilnahme des Kindes am Unterricht	Eltern

Quelle: Thill in: Schulmanagement, Heft 1:
Aufnahme in die Grundschule 1994 (Thüringen)

Die so genannte Schulreife und wie man sie feststellt (sog. Schulreifetests und ihre Grenzen)

Schulreife- bzw. Einschulungsprobleme werden bei uns seit mehr als 60 Jahren diskutiert, weil nicht alle Kinder die Anforderungen zu erfüllen scheinen, die Schule an sie stellt. Ausgelöst durch die verhältnismäßig hohe Zahl der so genannten Schulversager fühlten sich Schulpraktiker und Wissenschaftler herausgefordert, nach Lösungen zu suchen, die diesen unbefriedigenden Sachverhalt verbessern können.

Schulreife

Die ersten Schulreifekonzepte wurden aus kinderärztlicher Sicht entwickelt und begründet. Sie orientierten sich an entwicklungspsychologischen Modellen, nach denen um das siebente Lebensjahr ein reifungsbedingter Schub einsetzt, der aus dem Kleinkind ein Schulkind werden lässt. Jedes Kind erreicht früher oder später diesen Entwicklungspunkt, extrem schwache Begabungen ausgenommen.

Wird Schulreife als einheitlicher Reifungsprozess verstanden, genügen wenige Kriterien als Beurteilungsmaßstab: Gestaltwandel, Zahnwechsel, »Philippiner-Maß«[1], Gliederungsfähigkeit (von Formen und Gestalten), Sprechvermögen.

Schulreifetests und ihre Grenzen

Aus diesen Kriterien entwickelte der Psychologe Kern Anfang der fünfziger Jahre jenen Grundleistungstest, der als Ausgangspunkt für Schulreifeuntersuchungen diente. Spätere Schulreifetests wurden aufgrund zweier Überlegungen konstruiert:

---

[1] Der Körper des Kindes hat sich beim Übergang von der Kleinkindgestalt zur Gestalt des Schulkindes so gestreckt, dass es mit einem Arm über den Kopf das gegenüberliegende Ohr erreichen kann.

1. Die Kriterien des Grundleistungstests sollten ergänzt werden durch solche, die Auskunft geben über die Ansprechbarkeit des Kindes bei der Aufgabestellung, Mitarbeit in der Gruppe, Lernbereitschaft und Arbeitsweise.

2. Kinder wurden von Eltern verstärkt darauf vorbereitet, was die Schule vermeintlich fordern wird. Tests wurden trainiert und dadurch in Frage gestellt.

Grenzen bei der Anwendung von Schulreifetests

 Testergebnisse können nur Aussagen über Leistung, Verhalten, Befindlichkeit zu dem vorgegebenen Zeitpunkt machen. Sie sind gewissermaßen Momentaufnahmen.

 Es ist nur eine Wahrscheinlichkeitsaussage möglich.

 Abweichungen sind aus akuter Veranlassung möglich, können aber auch im späteren Verlauf durch unterschiedliche äußere Einflüsse auftreten.

 Messfehler gibt es in jedem Test.

 Schulreifetests erfassen überwiegend kognitive Fähigkeiten, das Erlernen von Lesen, Schreiben und Rechnen betreffend, zu einem bestimmten Zeitpunkt mit dem Ziel der Auslese (z. B. Zurückstellung).

 Schulreifetests sind nur bedingt geeignet, die Lernausgangsbasis eines Kindes zu ermitteln.

 Tests geben keine Auskunft über mögliche Entwicklungen bis zur Einschulung.

 Tests liefern keine Entscheidungshilfen für Fördermaßnahmen.

Schulfähigkeit

Im Verlauf der sechziger Jahre verstärkte sich die Auffassung, Schulreife dürfe nicht als psychische Anlage verstanden werden, sondern müsse herbeigeführt werden. Reifungsprozesse bleiben zwar eine Voraussetzung für die Entwicklung, aber nicht die alleinige. Bedeutsamer sind die Erfahrungsmöglichkeiten und Lernbedingungen des einzelnen Kindes in seiner sozialen Umwelt. Elternhaus, vorschulische Einrichtungen und Schule sind gleichermaßen herausgefordert, Situationen zu organisieren und bereitzustellen, die es dem Kind ermöglichen, (verlorene) Erfahrungsräume zurückzugewinnen bzw. sich deren bewusst zu werden. Nur so lässt sich der Umweltbezug des Lernens herstellen, der Interesse weckt, neugierig bleiben lässt und zur Kreativität herausfordert.

In der erziehungswissenschaftlichen Diskussion wurde aufgrund dieser Einsicht der Begriff »Schulreife« zunehmend durch »Schulfähigkeit« ersetzt. Schulfähigkeit lässt sich ebensowenig wie Schulreife widerspruchsfrei definieren.

Es kann jedoch gesagt werden: Schulfähigkeit meint keinen genau festlegbaren Entwicklungsstand eines Kindes, sondern das Zusammenwirken persönlicher Voraussetzungen und Vorerfahrungen des Kindes unter Einbezug der Umweltsituation. Das alles ist in Beziehung zu setzen zu den jeweiligen schulischen Bedingungen und Anforderungen.

Faktoren, die für die Feststellung der Schulfähigkeit wichtig sind

❖ Die jeweilige Umweltsituation bestimmt die Schulfähigkeit eines Kindes entscheidend mit.

❖ Die körperliche Schulfähigkeit umfasst außer den schulärztlich festzustellenden Fakten auch den grobmotorischen (z. B. Bewegungsabläufe und deren Koordination) und den feinmotorischen Bereich (z. B. Umgang mit Material und Gerät).

❖ Mit sozial-emotionaler Schulfähigkeit eines Kindes sind sein Arbeitsverhalten, die Fähigkeit, mit anderen Kindern zusammen in einer Gruppe zu arbeiten und bereits erkennbare Charaktereigenschaften gemeint.

❖ Kognitive Schulfähigkeit bezieht sich z. B. auf Spiel- und Lernverhalten, Umwelt- und Erfahrungswissen, Sprechfähigkeit, Formwahrnehmung, Symbolverständnis, Mengenauffassung, Merkfähigkeit und Aufgabenverständnis.

Wie kann »Schulfähigkeit« festgestellt werden?

❖ Traditionelle Schulreifetests können die Schulfähigkeit in ihrer Vielschichtigkeit nicht erfassen.

❖ Der Gesamteindruck, den das Kind macht, ist entscheidender als das anscheinend nicht ausreichende Vorhandensein bestimmter Fähigkeiten und/oder Fertigkeiten.

❖ Einschulungsverfahren, die Beobachtungen und Erkenntnisse vor der Einschulung mit unterrichtsbegleitenden Beobachtungen während der ersten Schulwochen verbinden, erscheinen eher geeignet, die Frage nach der Schulfähigkeit zu beantworten.

❧ »Diagnostische« Verfahren zur Feststellung des seelisch-geistigen Entwicklungsstandes eines Kindes oder zur Ermittlung von kognitiven Voraussetzungen für die Teilnahme am Klassenunterricht sollten nur von geeigneten Fachkräften für die Wahl geeigneter Fördermaßnahmen durchgeführt werden.

❧ In Zweifelsfällen kann der schulpsychologische Dienst eingeschaltet werden.

Ein erfolgreicher Schulanfang ist auf die Förderung der einzelnen Kinder ausgerichtet und nicht auf Erwartungen oder ungerechtfertigte Ansprüche Erwachsener.

Einschulungsuntersuchungen sind als Mittel zu sehen, Kinder kennen zu lernen, um ihnen gezielt helfen zu können. Der Übergang vom Vorschulkind zum Schulkind bleibt ein bedeutsamer Schritt in der Entwicklung eines Kindes.

Hildegard und Edgar Weigert

Hans Traxler, in: betrifft:erziehung 7/1975

Zurückstellen: Vorklasse, Schulkindergarten oder was sonst?

Kinder entwickeln sich weder gleichförmig noch gleichzeitig, sondern als Einzelpersönlichkeiten, sodass die Unterschiede bei der körperlichen Entwicklung, der seelischen Befindlichkeit, dem sozialen Verhalten oder den kognitiv-geistigen Fähigkeiten erheblich sein können. Dies erfordert die Entscheidung: Aufnahme oder Zurückstellung. Die Aufnahme in die Grundschule ist der Regelfall.

❧ Zurückstellung erfolgt, wenn aufgrund der schulärztlichen Untersuchung (nicht privatärztliche Untersuchung) erhebliche Bedenken gegen die Einschulung geltend gemacht werden und

❧ nach Auskunft besuchter vorschulischer Einrichtungen (Kindergarten, Spielkreis, Vorklasse, Schulkindergarten) begründete Zweifel an der Schulfähigkeit des angemeldeten Kindes bestehen.

❧ Aufgrund der Ergebnisse gezielter Beobachtungen bei Hospitationen in vorschulische Einrichtungen oder bei »Spiel«-Tagen in der Schule kann sicherer entschieden werden, ob ein Kind zurückgestellt werden muss.

❧ In verbleibenden Zweifelsfällen können anerkannte Testverfahren durchgeführt oder die schulpsychologische Beratung eingeschaltet werden.

Gespräche zwischen Eltern, Erzieherinnen und Lehrkräften helfen, kindgerechte Lösungen zu finden. Zurückstellung sollte deshalb weder als negative Auslese noch als diskriminierende Maßnahme gesehen, sondern als Hilfe für die richtige Entscheidung der Schullaufbahn eines Kindes verstanden werden.

Zurückstellung – schulrechtlich gesehen

1. Über die Aufnahme oder Zurückstellung entscheidet die Schulleiterin/der Schulleiter der jeweiligen Grundschule.
2. In einem Gespräch sind vor der Zurückstellung die Erziehungsberechtigten zu hören und umfassend zu informieren. In diesem Gespräch sind auch die erforderlichen weiteren Maßnahmen zu erörtern.
3. Der Bescheid über eine Zurückstellung ist zu begründen; er ist mit einer Rechtsbehelfsbelehrung zu versehen.
4. Eine Zurückstellung erfolgt für ein Jahr und ist in der Regel nur einmal zulässig.
5. Kinder, die auch nach einjähriger Zurückstellung noch nicht schulfähig sind, sind auf Sonderschulbedürftigkeit zu überprüfen.
6. Ausländische Schüler/innen dürfen nicht nur wegen unzureichender deutscher Sprachkenntnisse zurückgestellt werden.
7. Für aufgenommene Kann-Kinder gilt die oben beschriebene Rechtslage gleichermaßen, denn
8. eine Zurückstellung kann nicht nur vor der Einschulung verfügt werden, sondern auch nach oder während einer Einführungsmaßnahme (bis zu drei Monaten) bzw. in Einzelfällen bis zum Ende des Schulhalbjahres.

Eine Zurückstellung nach erfolgter Einschulung wird von Kindern und Eltern oft negativ erlebt. Nach der Einschulung wird jedoch nur in begründeten Ausnahmefällen zurückgestellt (ca. 20 Prozent der insgesamt zurückgestellten Kinder).

Zurückstellung nur dann, wenn angemessen gefördert werden kann

Eine notwendige Zurückstellung soll dem Kind helfen, d.h. es soll während des Zurückstellungsjahres so gefördert werden, dass es im Folgejahr schulfähig ist. Die Fördermöglichkeiten sind in den Bundesländern z.T. unterschiedlich organisiert. Sie erfolgen zumeist in Schulkindergärten oder Vorklassen. Schulkindergärten bzw. Vorklassen sind Institutionen zwischen Kindergarten und Schule. Schulkindergarten und Vorklasse gehören, mit Ausnahme von Bayern und Baden-Württemberg, organisatorisch zur Grundschule. Nicht jeder Grundschule ist eine solche Einrichtung zugeordnet, sodass die Einzugsbereiche für Grundschule und Schulkindergarten bzw. Vorklasse nicht übereinstimmen müssen.

Aber nicht alle zurückgestellten Kinder können in einen Schulkindergarten eingewiesen werden, weil der Weg dorthin zumutbar bleiben muss.

❧ Hamburg z. B. hat keine Schulkindergärten, aber zurückgestellte Kinder werden dort generell verpflichtet, Vorklassen zu besuchen, die als einjährige Eingangsstufenklassen ausgewiesen sind. Sie werden dort gemeinsam mit Fünfjährigen betreut, für die das Angebot freiwillig ist.

❧ In den einzelnen Bundesländern werden zurückgestellte Kinder, wenn möglich, in eine(n) Schulkindergarten/Vorklasse eingewiesen (je nach Bundesland).

❧ Kann eine Förderung für die Zeit des Zurückstellungsjahres nicht angeboten werden, sollten diese Kinder – trotz Bedenken – eingeschult werden, um sie nicht ohne jegliche Förderung zu lassen. Mit den Erziehungsberechtigten sind in diesen besonderen Fällen intensive Beratungsgespräche zu führen.

Hildegard und Edgar Weigert

Der bessere Weg: Schnupperstunden, Spiel- und Kennenlerntage

Seit über 70 Jahren ist die Grundschule eine Schule für alle Kinder. Das bedeutet, dass keinem Kind Hürden errichtet werden dürfen, die ihm den Zugang zu dieser Einrichtung erschweren, und dass kein Kind vom Besuch dieser Schule ausgeschlossen werden darf. Die unterschiedliche Entwicklung von Kindern im intellektuellen, sozialen und emotionalen Bereich, wie auch in ihrer Motorik und ihrem körperlichen Zustand wird mit dem Schuleintritt problematisch, weil sich trotz weitgehender Veränderung des Anfangsunterrichts in allen Bundesländern im letzten Jahrzehnt die Institution Schule insgesamt kaum verändert hat.

⤥ So wird die Heterogenität, d.h. die Unterschiedlichkeit von Kindern, oft nicht als positive Möglichkeit gesehen. Schulen, vor allem weiterführende Schulen, denken von Übergängen und Abschlüssen her, von Leistungen, die durch ein Ziffernnotensystem erfasst werden müssen. Das zwingt auch reformpädagogisch orientierte und innovativ ausgerichtete Grundschulen immer noch zur Auslese (Selektion) von Kindern, die besonderer Hilfen und besonderer Schulen bedürfen, wie auch zur Zurückstellung oder zur Empfehlung des Besuches einer Vorklasse. Vor diesem Hintergrund sind die Bemühungen vieler Grundschulen zu sehen ihre Schulanfänger kennen zu lernen, um Fördermaßnahmen möglichst frühzeitig anzubahnen.

⤥ Die vertrauensvolle Zusammenarbeit mit den Eltern, die Kooperation mit den Erziehern und Erzieherinnen der Kindergärten, aber auch mit Institutionen wie Frühförderstellen, dem schulpsychologischen Dienst, dem schulärztlichen Dienst der Gesundheitsämter liefert den Schulleiterinnen und Schulleitern viele Informationen über die Kinder, sodass grundsätzliche und wichtige Entscheidungen schon vor dem Schulbeginn getroffen werden können. Je nach pädagogischem Konzept der einzelnen Schule, aber auch abhängig von mehr organisatorischen Voraussetzungen wie Jahrgangsbreite – Klassengröße, Vorklasse vor Ort oder weiter entfernt, Stundenschule oder

»Grundschule mit festen Öffnungszeiten«, wird auch der Spiel- oder Kennenlerntag für die Schulneulinge einen je eigenen Charakter bekommen.

  ↺ An unserer Schule hat sich dieser Kennenlerntag im Laufe der Jahre entscheidend verändert. Gab es in den früheren Jahren noch reichlich Arbeitsblätter und Aufgabenstellungen, die doch oft noch an Schulreifetests erinnerten, so hat sich dies mit unserem Selbstverständnis und dem pädagogischen Konzept unserer Schule immer mehr gewandelt. Das lässt sich auch an der veränderten Zusammenarbeit mit den Erziehern und Erzieherinnen der Kindergärten ablesen. Vor einigen Jahren kamen sie zwar auch schon zu den Konferenzen, bei denen wir unsere Beobachtungen vorstellten und mit ihren Erfahrungen, die sie mit den Kindern gemacht hatten, verglichen. Heute konzipieren wir diesen Tag mit ihnen gemeinsam. Schon dabei lernen wir eine Menge von ihnen.

Ein solcher Tag kann nur ein Mosaikstein in dem Bild sein, das sich Kinder von der Schule machen, aber auch in dem Bild, das wir als Lehrerinnen und Lehrer von diesen Kindern gewinnen. Nur die offensichtlichen und deutlichsten Signale der Kinder werden an einem solchen Tag sichtbar, aber auch dafür lohnt es sich, einen solchen Tag vorzubereiten und durchzuführen. Das Vertrauen der Eltern ist so groß, dass sie alle uns ihre Kinder schicken, obwohl sie niemand dazu verpflichtet. Oft müssen wir einen Nachzüglertermin für erkrankte Kinder oder Familien in Urlaub einrichten, weil die Eltern dies wünschen, nicht weil wir es für ratsam erachten. Darüber freuen wir uns.

… und so sieht ein Kennenlerntag an unserer Schule aus:
Die ganze Schulgemeinde weiß: An diesem Tag gehört die Schule unseren neuen Kindern!

Schulnachrichten

Rehbergschule Roßdorf

Auch in diesem Jahr laden wir die zukünftigen Erstkläßler zu einem Schultag in die Rehbergschule ein. An diesem Tag sollen die Kinder die Schule, die Klassenräume und Lehrerinnen kennenlernen und in kleinen Gruppen spielen, singen, malen und einige andere Aufgaben lösen. Wir Lehrerinnen werden Gelegenheit haben, die Kinder etwas näher kennenzulernen.

Dieser Schultag zum Kennenlernen findet am
Freitag, den 25. April 1997
von 9.00 Uhr bis ca. 12.00 Uhr
in der Rehbergschule statt.

Zu diesem Schultag braucht Ihr Kind außer einem kleiner Frühstück nichts mitzubringen.

Wir freuen uns auf unsere "neuen" Kinder.

Brigitte Beldermann
Rektorin

Die Erzieherinnen aus den vier örtlichen Kindergärten, der zuständige Schulpsychologe, der Kollege, der den muttersprachlichen Unterricht an der Schule erteilt, sowie alle Lehrerinnen, Referendarinnen und Jahrespraktikantinnen, die Vorklassenleiterin und die Schulleiterin erwarten mit Freude die rund 100 Schulanfängerinnen und Schulanfänger, die an diesem sonnigen Apriltag von ihren Müttern, vereinzelt auch Vätern, oder den Erzieherinnen zur Schule gebracht werden. In Gruppen zu jeweils zehn Kindern verbringen sie mit zwei Lehrerinnen den Schulvormittag, der ganz ähnlich wie unser üblicher Schultyp rhythmisiert ist:

Nach einem offenen Anfang wechseln sich Phasen gemeinsamen Tuns ab mit individuellem Arbeiten in Gruppen; der Bewegungspause auf dem Schulhof folgen das gemeinsame Frühstück im Klassenraum, Lieder, Bewegungsspiele, kleine Mal- und Bastelaufgaben, aber auch Phasen, in denen die Kinder von sich erzählen, wen sie aus der Gruppe kennen, welches ihre liebsten Kuscheltiere sind.

Durch die herzliche und offene Atmosphäre in der kleinen Gruppe und die Anwesenheit von zwei Lehrerinnen und oft auch einer Erzieherin, die sie kennen, legt sich die anfänglich häufig zu beobachtende Unsicherheit oder Ängstlichkeit einzelner Kinder schnell. Die Tafel wird freigegeben zum Aufschreiben des Namens, der Klassenraum wird erkundet, Bekanntes (Lego, Bausteine, Bilderbücher, Spiele) und Neues (Globus, Lernspiele, Anlauttabelle, Musikinstrumente) entdeckt. In einem differenzierten Beobachtungsbogen werden für jedes Kind zu den Aktivitäten dieses Vormittags Notizen gemacht, die in der anschließenden Konferenz besprochen werden. Kinder mit Sprachstörungen, auffälligem Verhalten, vorzeitiger Ermüdung, aber auch Kreativität, Eigeninitiative, motorischer Geschicklichkeit, Hilfsbereitschaft werden vorgestellt, durch Erfahrungen der Erzieher und Erzieherinnen ergänzt oder korrigiert. Der Schulpsychologe trägt seine Beobachtungsergebnisse bei. Fördermöglichkeiten (z. B. Sprachtherapie, Ergotherapie, Psychomotorische Förderung ...) werden vorgeschlagen. Vielfach übernehmen die Erzieher und Erzieherinnen die schnellstmögliche Information der Eltern. Der Schulleiterin stehen nun eine Fülle von Informationen zur Verfügung, um die Eltern beraten zu können, auch über die Kinder, die auf Antrag der Erziehungsberechtigten vorzeitig eingeschult werden können.

Brigitte Beldermann

Ablauf des Kennenlerntages 1997 an der Rehbergschule in Roßdorf

Thema: Klein-Mannchen findet das Glück
von Max Velthuijs, in spielen und lernen 5/1995

1. Offene Anfangsphase
Die jeder Lehrerinnengruppe zugewiesenen Kinder werden von den Eltern gebracht, begrüßt, danach orientieren sie sich im Raum, entdecken ...
und schreiben ihren Namen an die Tafel.

2. Kennenlernkreis
Die Kinder stellen einen Stuhlkreis, ein Tablett mit den Namensschildern (in Kleeblattform) wird in die Mitte gestellt. Die Kinder suchen ihren Namen heraus.
Ein Kennenlernspiel folgt.

Drei Symbolkarten werden in die Mitte des Kreises gelegt, im Gespräch geklärt. Anhand der Symbole beschreiben die Kinder und die Lehrerinnen, wie sie sich heute fühlen, wie es ihnen geht.

3. Geschichte Klein-Mannchen findet das Glück
Vorlesen, im Gepräch werden die inhaltlichen Aussagen reflektiert.

4. Arbeit in Stationen
Auf einem Tisch liegen zwei verschiedene Arbeitsblätter, die sich inhaltlich an die Vorlesegeschichten anlehnen, und Arbeitsmaterial, wie Bleistifte, Buntstifte, Scheren, Kleber, leere Blätter. Die Arbeitsaufträge werden den Kindern erklärt, danach arbeiten sie einzeln oder mit einem Partner, einer Partnerin an der zuerst gewählten Aufgabe:

Arbeitsblatt: Ententanz
Welche Enten machen
die gleichen Bewegungen
wie die Vortänzerin?

Welches Bild gehört nicht dazu? Ordne die drei
übrigen Bilder in der richtigen Reihenfolge!

5. Spielpause auf dem Schulhof

6. Gemeinsames Frühstück im Klassenraum

7. Bewegungsspiele
Wie ein Frosch hüpfen (Er kommt in der Geschichte vor!), den Ententanz tanzen, über einen am Boden liegenden Stock hüpfen und dabei
nicht hinfallen wie der Held unserer Geschichte …
Lied »Wenn du glücklich bist, dann …«

8. Arbeit in Stationen
Ein weiteres Arbeitsblatt mit Mustern zum Spuren, eine Faltarbeit und
vier verschieden große und verschieden gepunktete Marienkäfer aus
roter Pappe, die geordnet werden sollen, liegen diesmal bereit.

9. Gemeinsamer Abschluss
Im Stuhlkreis äußern die Kinder – nun sichtlich freier – anhand der
Symbolkarten oder ohne dieses Hilfsmittel, wie sie sich nun fühlen,
wie es ihnen geht. Die Lehrerinnen loben die gute Mitarbeit und ver-
abschieden die Kinder, die den gefalteten Marienkäfer und ihr Na-
menskleeblatt mitnehmen dürfen.

Den Spieß herumdrehen: die Schule auf dem Prüfstand

Früher wurden nur die Kinder getestet, ob sie »reif« für die Schule sind; jetzt sollten vor allem die Schulen getestet werden, ob sie ihrerseits reif für die Kinder sind. Hier ein paar Fragen an die Schule, deren Beantwortung

◆ Ihnen helfen kann, sich für eine vorzeitige, eine regelrechte oder aber eine hinausgeschobene (Zurückstellung) Einschulung zu entscheiden,

◆ Ihnen Hinweise geben kann, wie Sie sich als Eltern oder Elternvertreter mit Vorschlägen oder auch Forderungen für eine Verbesserung der Schulsituation für Ihr Kind einsetzen können.

1. Wie viele Schüler/innen werden in der Klasse sitzen, in die Ihr Kind kommt? Wie viele Unterrichtsstunden in der Woche gibt es? Ideal wären so viel Wochenstunden wie Kinder in der Klasse:»Eine Stunde in der Woche gehört die Lehrerin mir!« Tragen Sie die Werte in die nebenstehende Tabelle ein, dann verbinden Sie die Zahlen mit einer Linie: Je steiler es rechts nach unten geht, desto schlechter.

Unterrichtsstunden in der Woche	Kinder in der Klasse
18	18
19	19
20	20
21	21
22....................	22 Das wäre ideal
23	23
24	24
25	25
26	26
27	27
28	28
29	29
30 und mehr	30

2. Führt die künftige Klassenlehrerin bzw. der Lehrer Ihres Kindes allein diese Klasse oder leitet sie/er noch eine weitere Klasse? Dies wäre eine sehr hohe Belastung für die Lehrkraft und daher für Ihr Kind nicht günstig.

3. Wie viele Fachlehrer/innen unterrichten in der Klasse Ihres Kindes? Mehr als zwei wären ungünstig, mehr als vier wären ein Unding,

gegen das Sie sich wehren sollten. Deutsch, Mathematik und Sachunterricht sollten möglichst in einer Hand sein.

4. Gibt es in der Schule Ihres Kindes ein »Schulleben« mit Festen, Feiern, Theateraufführungen, Schülerkonzerten, Ausflügen, Besichtigungen (z. B. Zoo, Museen, Betriebe), Ausstellungen, gemeinsamen Unternehmungen der Lehrer/innen, Schüler/innen und Eltern?

5. Wie ist der Klassenraum ausgestattet: Gibt es »Ecken« zum Malen, Lesen, Rechnen, Spielen, Ausruhen, Diskutieren, die das Lernen und selbstständige Arbeiten der Kinder fördern bzw. will die Lehrerin/der Lehrer den Klassenraum zusammen mit den Eltern ausgestalten?

6. Besteht der Schulhof nur aus einer Asphaltfläche oder ist er mit Spiel-, Grün- und Turnflächen ausgestaltet, die erfahrungsgemäß die von Schulanfängern so gefürchteten Rempeleien, Prügeleien und auch Unfälle vermeiden helfen? Wenn nicht, wären Schulleiter/in und Klassenlehrer/in bereit, eine Schulhofgestaltung zusammen mit den Eltern durchzuführen?

7. Werden vielfältige Unterrichtsformen verwendet, die Kinder anregen, anspornen und zu eigenständigen Leistungen befähigen, wie Wochenplan, Freiarbeit, Projektunterricht, freies Gespräch, freies Schreiben und Lesen, Schulgartenarbeit? Bleibt genügend Zeit für entwicklungsfördernde Tätigkeiten wie Spielen, Malen, Basteln, Bauen, Erzählen, Singen, Sing- und Bewegungsspiele, Turnen, Tanzen?

8. Gibt es Einrichtungen oder Maßnahmen, um auf Wünsche, Nöte und Ängste der Kinder einzugehen, wie Morgen- oder Schlusskreis, Kummer-Briefkasten, Schwarzes Brett, freie Aussprache, Streit-Schlichtungen (»Streit-Stühle«), vielleicht schon einen »Klassenrat«? Hat die Lehrerin genügend Zeit, Verständnis und guten Willen, sich einzelnen Kindern zuzuwenden?

9. Wie wird der Schreib- und Lese-Unterricht durchgeführt:
   a) »im Gleichschritt« nur mit der Fibel,
   b) mit unterschiedlichen, den Lernfähigkeiten der Kinder angepassten Materialien,
   c) mit selbst geschriebenen »Eigenfibeln« und/oder
   d) mit einer Anlauttabelle (nach dem Schweizer Pädagogen Reichen)? Im letzteren Fall erkundigen Sie sich, wie viel Erfahrung die Lehrkraft mit dieser Methode hat. Erfahrungen mit systematischer Fibelarbeit wären zu wünschen.

(Die Frage, ob eine »ganzheitlich-analytische« oder eine »einzelheit-lich-synthetische« Fibel verwendet wird, spielt heutzutage kaum eine Rolle mehr, die meisten Fibeln enthalten Elemente beider Verfahren. Auf keinen Fall sollte sie in Schreibschrift sein!)[1]

10. Stehen genügend Lernmaterialien zur Verfügung, vor allem für den Mathematikunterricht? Wie werden Mengen- und Zahlbegriff eingeführt: aktiv handelnd, mit Material, »anschaulich« nur auf dem Papier, oder wird gleich mit Ziffern gezählt und »gerechnet«? (Es gibt Kinder, die vor der Einschulung von 1 bis 20 zählen können, aber nicht wissen, dass 8 mehr als 5 ist.)

11. Wie werden Kinder mit Lern- und Verhaltensauffälligkeiten an Ihrer Schule gefördert? Gibt es »differenzierten« Unterricht, der auf die Verschiedenartigkeit der Kinder eingeht? Gibt es Fördermaßnah-men (Fördergruppen, -kurse, -stunden, -lehrer/innen) für schwer oder langsam lernende Kinder, für Kinder, die mehr Zeit für das Lesen und/oder Rechnen brauchen? Wie geht man mit »schwierigen« bzw. verhaltensauffälligen Schülern um?

12. Wie steht es mit der Wahrnehmung der Elternrechte an der Schule Ihres Kindes? Wann und wie werden die Elternbeiräte gewählt? Wann und wie viele Elternsprechstunden gibt es? Können Eltern den Unterricht besuchen oder an ihm mitwirken? Wie werden Eltern an der »Schulgemeinde«/»Schulkonferenz« beteiligt? Wie erfahren Eltern etwas über den Charakter der Schule (»Schulprogramm«, »Schulpro-fil«), über Unterrichtsmethoden und Fördermaßnahmen?

Diese Fragen lassen sich nicht immer eindeutig beantworten, deshalb können sie auch keinen richtigen »Test« bilden, den man Punkt für Punkt abhaken könnte. Sie können nur Anhaltspunkte dafür geben, wie Sie sich für den Einschulungstermin Ihres Kindes entscheiden und/oder wie Sie an der Gestaltung von Unterricht und Schulleben mitwirken oder auch ggf. eingreifen können (vgl. die Beiträge zu El-ternrechten und Elternarbeit in den Kapiteln 4 und 5).

Dieter Haarmann

---

[1] Siehe Kapitel 5, Lesen und Schreiben lernen.

Sicherheit auf dem Schulweg

Jährlich verunglücken etwa 50.000 Schülerinnen und Schüler auf dem Schulweg, davon etwa 50 tödlich. Sechsjährige sind dabei mit ca. 18 Prozent des Unfallgeschehens besonders gefährdet. Das muss nicht sein. Unfallursache Nr. 1 ist bei Kindern, die zu Fuß zur Schule unterwegs sind, das Überqueren der Fahrbahn. Warum?

✤ Schulanfänger können das Verkehrsgeschehen wegen ihrer Körpergröße noch nicht richtig überblicken.

✤ Sie können die Geschwindigkeit und vor allem den Bremsweg von Fahrzeugen noch nicht abschätzen.

✤ Sie sind unkonzentriert und lassen sich leicht ablenken, etwa von Kindern auf der anderen Straßenseite.

✤ Auf dem Schulweg morgens sind sie oft noch verschlafen und unaufmerksam, nach der Schule haben sie großen Bewegungsdrang und sind unvorsichtig.

> **Deshalb:**
> Trainieren Sie mit Ihrem Kind vor der Einschulung den Schulweg immer wieder, und zwar am besten an den üblichen Zeiten zu Unterrichtsbeginn und -ende:

✤ Auf dem Gehweg immer auf der Häuserseite gehen. Wenn es außerhalb einer Ortschaft keinen Bürgersteig gibt, auf der linken Seite gehen, um Autos entgegensehen zu können.

✤ Vor dem Betreten der Fahrbahn: nach links schauen, nach rechts und noch einmal nach links; wenn alles frei ist, die Fahrbahn zügig überqueren – nicht rennen!

✤ Straßen möglichst nur an Ampeln oder Zebrastreifen überqueren; hier Blickkontakt mit den Autofahrern aufnehmen und zum Überqueren Handzeichen geben.

🔊 Doch der ADAC warnt: Gerade an Zebrastreifen kommt es zu vielen Unfällen, weil sich insbesondere Schulanfänger in trügerischer Sicherheit wiegen und unaufmerksam sind.

🔊 Geschwindigkeit schätzen lernen: Die Sekunden zählen (»einundzwanzig, zweiundzwanzig, dreiundzwanzig …)«, bis ein gesichtetes Auto herangekommen ist.

🔊 Bremsweg schätzen: Zu Hause, auf dem Sport- oder Spielplatz das Kind möglichst schnell losrennen lassen und plötzlich »Halt« rufen; nachmessen, wie viel Zeit und Weg das Kind brauchte, bis es zum Stehen kam.

🔊 »Ablenken« spielen: einem Kind auf der anderen Straßenseite zuwinken und das Kind daran gewöhnen, nicht hinüberzurennen.

🔊 Der kürzeste Weg ist nicht immer der sicherste, Umwege lohnen oft. Lassen Sie sich von der Schule einen »Schulwegplan« geben oder erproben Sie einen mit Ihrem Kind selbst.

🔊 Begleiten Sie Ihr Kind auch nach dem ersten Schultag längere Zeit zur Schule.

🔊 Danach beobachten Sie Ihr Kind unbemerkt einige Male auf dem Schulweg, um evtl. neue Gefahrenquellen oder unvorsichtiges Verhalten des Kindes festzustellen.

> **Wichtig:**
> Angst machen vor dem Straßenverkehr bringt nichts und macht ein Kind unsicher. Lob und Anerkennung dagegen stärken Selbstvertrauen und Sicherheit. Vor allem: Gehen Sie mit gutem Beispiel voran. Denn auch eine Unfallursache, besonders an Ampeln, ist das schlechte Vorbild Erwachsener.

Mit dem Rad zur Schule?

Auf keinen Fall während des ersten Schuljahres, das wäre viel zu gefährlich. Allein mit dem Rad zur Schule zu fahren, kommt erst nach einer Radfahrausbildung im 3./4. Schuljahr in Frage.

Mit dem Bus zur Schule?

Machen Sie zunächst mit Ihrem Kind zusammen eine Probefahrt, sei es im öffentlichen Bus oder im Schulbus, dann lassen Sie es allein fahren. Dabei soll es sich daran gewöhnen:

- rechtzeitig an der Haltestelle sein, um nicht in letzter Sekunde über die Fahrbahn rennen zu müssen,
- beim Warten an der Haltestelle den Straßenverkehr im Auge behalten, vor allem bei kleinen Spielen und Rangeleien kommt man leicht in Gefahr,
- an den Bus erst herantreten, wenn die Tür geöffnet ist,
- nach dem Aussteigen warten, bis der Bus abgefahren ist, und erst dann die Fahrbahn überqueren.

Mit dem Auto zur Schule?

Wenn Sie Ihr Kind oder auch Mitschüler/innen mit dem Auto zur Schule fahren und wieder abholen wollen, beachten Sie bitte dieses:

- Auf alle Fälle müssen die Kinder gesichert sein: bei einer Körpergröße unter 1,50 m auf einem gesetzlich vorgeschriebenen Kindersitz, bei einer Größe über 1,50 m (so groß sind die wenigsten Schulanfänger) durch einen normalen Dreipunktgurt.
- Nur so viele Kinder mitnehmen, wie ordnungsgemäß gesichert werden können.

۞ Vor der Schule sehr langsam fahren, um andere Kinder nicht zu gefährden.

۞ Kinder immer auf der Bürgersteigseite, also der Fahrbahn abgewandten Seite ein- und aussteigen lassen.

۞ Bei der Mitnahme anderer Kinder mit den Eltern Frage der Haftung bzw. Mitfahrerversicherung klären.

(Diese Hinweise verdanken wir dem Schulweg-Ratgeber des ADAC, Bonn 1995, der Informationsschrift ADAC-Signale – Informationen und Tipps für die Schule, München 1990 und der DEA-Mediathek Sicher zur Schule und zurück – Kleiner Ratgeber für das Schulwegtraining Ihres Kindes, Meckenheim o. J.)

Dieter Haarmann

Das Schönste in meiner Schultüte?

Ergebnis einer nicht repräsentativen Umfrage unter
Schulanfänger(inne)n

Miryam: »Blaue Söckchen!«

Phillipp: »Eine Mundharmonika!«

Jan: »Dornröschen-Video!«

Saima: »Mein neues Kuscheltier, ein Tiger, der mich beschützt!«

Daniel: »Dreieckstifte. Ich schreibe nämlich mit links!«

Errell: »Gummibärchen und Kaugummis!«

Ida: »Michel von Lönneberg-Kasssette, weil es da eine Ida gibt!«

Pinar: »Ein Mäppchen mit vielen Buntstiften!«

Felix: »Ein Fußball!«

Marooz: »Pixie-Bücher!«

Susanne: »Eine Armbanduhr, die ich lesen lernen will!«

Julian: »Ein Bild, das mein großer Bruder extra für mich gemalt hat!«

Maria: »Nagellack!«

Carmen: »Ein Wecker, damit ich nicht verschlafe und pünktlich
in die Schule komme!«

Max: »Eine Trinkflasche!«

Harri: »Ein Gutschein für einen Schulranzen!«

Conny: »Pippi Langstrumpf-CD!«

David: »Findus-Computerspiel!«

… und was wünscht sich Ihr Kind?

Annika Tiesler und Ingrid M. Naegele

Schule ist mehr als ABC und Einmaleins

Die Mutter: »Was ist denn für dich
das Wichtigste bei der Zuckertüte?« –
Norbert, immer praktisch denkend:
»Dass sie wasserdicht ist,
denn es könnte ja regnen am
ersten Schultag.«

Guten Tag, Schule!

Schulanfang in der »Grundschule unter den Bäumen« in Berlin-Weißensee, Ortsteil Blankenburg

Es ist Sonnabend, der 9. August 1997, Tag der Schulaufnahme und der ersten Schulstunde unserer beiden ersten Klassen. Es ist ein warmer, sonniger Tag, und Blankenburgs Obstbäume sehen aus, als hätten sie ihre Früchte für diesen Tag leuchtend angemalt. Und die Bäume auf unserem weitläufigen Schulgelände verhüllen mit ihrem Grün liebevoll unser armseliges, schon seit Jahren rekonstruktionsbedürftiges Schulgebäude.

Um 8.30 Uhr öffne ich die Schule und schaue noch einmal in die Klassenräume der beiden ersten Klassen, in die jeweiligen Horträume und den Schlafraum. Meine Schritte hallen ungewohnt laut durch die stillen Flure der Schule und meine Gedanken sind bei den 52 neuen

Schülerinnen und Schülern. Ich kenne sie schon ein wenig durch ihre Besuche mit den Kindergartengruppen in unserer Schule, durch die Schulreifeuntersuchung, durch Gespräche mit Eltern, Kindergärtnerinnen und der Vorschulerzieherin, durch die vorbereitende Elternversammlung und vor allem durch den »Tag der offenen Tür«, den wir an unserer Schule immer an einem Frühjahrssonnabend nur für die »Beginner« durchführen.

Wie werden sie sein, unsere Neuen? Werden sich unsere Problemkinder gut einleben? Werden die Eltern die nötige Zeit für sie haben und sich gerade in der Anfangsphase des schulischen Lernens intensiv um sie mühen? Meine Blicke gleiten durch das geschmückte Foyer, ich betrachte die Schauvitrine der Schulbibliothek mit den Buchangeboten für das Erstlesealter, die Grußworte der Patenschüler der 6. Klassen auf der Staffelei, die kleinen Schultüten am Zuckertütenbaum. Alles sagt unseren Anfängern: Wir freuen uns auf euch!

Es ist 9.30 Uhr. Vor dem acht Minuten entfernten Hörsaalgebäude, unserem traditionellen Einschulungstreff, sammeln sich schon Lehrer, Schüler, Schulanfänger und deren Angehörige. Die Klassenleiterinnen und die Horterzieherinnen der neuen ersten Klassen erwarten ihre Kinder. Zaghaft löst ein zierliches, kleines Mädchen, Schülerin der künftigen 1B, die Hand aus der ihrer Mutter, um sie dann in die Hand der Lehrerin zu schmiegen – ein erster Kontakt zu einer für sie so wichtig werdenden Bezugsperson.

Es ist 10.00 Uhr. Ich sitze im Hörsaal mit allen Lehrerinnen, Lehrern und Horterzieherinnen inmitten des bunten Gewimmels und der raunenden Stimmen von Eltern, Großeltern, Geschwistern und Freunden unserer Schulanfänger. Bei uns im Ostteil der Stadt war und ist die Einschulung immer ein großes Familienfest.

Unter den Klängen einer Einzugsmelodie, von den Schülern der 6. Klassen gespielt, erfolgt der Einzug unserer Jüngsten. Und während die Kleinen die breite Hörsaaltreppe hinuntersteigen, entdecke ich in den Gesichtern meiner Mitstreiter ein kleines Schmunzeln, ein bisschen Rührung und spüre in mir selber ein Gefühl des Glücks, wieder ganz für neue Kinder da sein zu dürfen.

Unsere ehemaligen 1. Klassen gestalten das Programm, singen, tanzen, musizieren und rezitieren. Schön, mit welchem Selbstbewusstsein sie als die »Älteren« dort auftreten und wie sie sich in diesem einen Jahr weiterentwickelt haben.

Nach meiner Ansprache gibt es die ersten Geschenke! Die Klassenleiterin, die Teilungslehrerin und die Horterzieherin jeder Klasse erhalten von mir kleine Schultüten und die Schulanfänger bekommen wie in ganz Berlin lustige knallgelbe, im Straßenverkehr auffallende Schirmmützen.

Während unsere 1. Klassen den Weg zur Schule, zu ihrer ersten Unterrichtsstunde antreten und unsere Gedanken sie begleiten, erläutere ich den Eltern noch einige inhaltliche und organisatorische Fragen. Es ist 11.30 Uhr. Alles wartet auf das Ende der ersten Unterrichtsstunde. Auf dem Schulhof werden die Schultüten gehütet. Viele Eltern und Großeltern sitzen im Schulcafé, werden bewirtet und betreut durch unsere großen Schülerinnen, die den Schülerclub besuchen. Leise sind viele durch die Schule gegangen, haben sich die Schule und die Hortetage angesehen. Auch für die vielen Spielmöglichkeiten auf dem Schulgelände gibt es Beifall. Deutlich äußern vor allem die Älteren ihre Freude über die Veränderung dieser Schule zu einer kindgerechten, kinderfreundlichen Grundschule; sie loben und machen neue Vorschläge.

Während unserer Unterhaltung ein Ruf: »Sie kommen!« Die Kameras laufen, Fotoapparate blitzen. Jetzt sind sie da, unsere Schüler – begeistert! Schultüten wechseln, es wird umarmt und gefragt! Freudig stürzt sich ein Junge auf mich: »Du, ich kann schon was lesen!« Umständlich holt er sein Arbeitsblatt aus der Mappe, liest laut: »Fu« und begibt sich dann als stolzer Mittelpunkt wieder in den Kreis seiner Familie.

Wie schön, wenn meine Kolleginnen es schaffen, diese Lese- und Lernfreude noch lange zu erhalten.

Und fast hätte ich es vergessen, Maxim kommt über den großen Schulhof mit hüpfender Mappe noch einmal zurückgelaufen: »Direktorin, ich komme jetzt jeden Tag!«

Dorothea Czarnetzki

Was Kinder lernen müssen, obwohl es auf keinem Stundenplan steht

Der erste Schultag ist geschafft – nun kann es also mit dem Lesen-, Schreiben- und Rechnen lernen losgehen – oder? Sicher, das soll es auch. Denn die Kinder möchten in aller Regel nun »was Richtiges« lernen; sie möchten erwachsener werden und dazu gehört auch das Lesen-, Schreiben- und Rechnenkönnen.

Aber Lesen, Schreiben und Rechnen (richtiger müssten wir Mathematik sagen) sind nur ein Teil von dem, was die Erstklässler in den nächsten Wochen und Monaten lernen müssen. Die schwierigeren Aufgaben stehen gar nicht auf dem Stundenplan. Und doch entscheidet gerade die Bewältigung dieser Aufgaben über den Schulerfolg der Kinder und damit auch darüber, ob alle Kinder das Lesen, Schreiben und Rechnen in der richtigen Weise lernen – nämlich mit Freude und Verständnis für den Sinn ihres Tuns, aus eigenem Antrieben und mit aller Kraft ihrer Möglichkeiten.

Welche Aufgaben gemeint sind, wird deutlich, wenn wir überlegen, was für die Schulanfänger in der Schule alles neu ist.

Da sind:

- neue Bezugspersonen;
- Regeln des Zusammenlebens in einer großen Gruppe;
- örtliche und zeitliche Beschränkungen, Einschränkungen der Bewegungslust;
- Konkurrenzdruck (unterschiedliche Auffassungsgabe, verschiedenes Arbeitstempo);
- Aufforderung an alle, zur gleichen Zeit Gleiches zu tun;
- Erledigung von Aufgaben auch bei zeitweiliger Unlust;
- selbstständiges und eigenverantwortliches Arbeiten;
- Zuversicht, die schulischen Aufgaben bewältigen zu können.

All diesen Anforderungen müssen Schulkinder gerecht werden. Schulanfänger müssen aber erst einmal lernen, diesen für sie zumeist neuen Anforderungen zu entsprechen.

Sie stehen nicht auf dem Stundenplan und sie lassen sich kaum durch Belehrung »beibringen«. Der Schulalltag muss so gestaltet sein, dass Kinder sich in der Situation Schule einleben und dabei die neuen Anforderungen bewältigen lernen.

1. Jedes Kind muss sich in der großen Zahl der Kinder und in den vielfältigen Situationen des Schulalltags als eigene Person wiederfinden.
   ↘ Erfahrung: »Das bin ich, und so werde ich auch angenommen.«

2. Jedes Kind muss sich an Ordnungen in der großen Gruppe und in der Schule gewöhnen und sie als sinnvoll annehmen.
   ↘ Erfahrung: »So ist das bei uns geregelt, und daran muss sich jeder halten.«

3. Jedes Kind muss seine Mitschüler kennen und mit ihnen zu leben und zu arbeiten lernen.
   ↘ Erfahrung: »Das sind wir, und wir lernen miteinander.«

4. Jedes Kind muss eigenständig werden, d. h. ohne ständiges Gängelband lernen, und dabei seine Möglichkeiten, seine Fähigkeiten und Interessen einbringen.
   ↘ Erfahrung: »Für mein Leben bin ich mitverantwortlich.«

Wie Lehrerinnen und Lehrer von 1. Klassen diese Aufgabe lösen und »ihren« Kindern die entsprechenden Erfahrungen vermitteln, sollen die folgenden Beispiele zeigen.

»Das bin ich, und so werde ich auch angenommen«

Die neue Situation Schule mit ihren vielen neuen Gesichtern, Situationen und Anforderungen kann von Kindern nur bewältigt werden, wenn sie als eigenständige Personen akzeptiert werden und wenn sie sich in den Schulalltag einbringen können. Für zurückhaltende Kinder, für Kinder, die nicht so leicht lernen, gilt dies in besonderem Maße.

Namenkärtchen

Schon am ersten Schultag erhalten die Kinder ein Namenkärtchen. In Druckbuchstaben stehen auf Vorder- und Rückseite der Name des Kindes. Am Ende des Schultages stellen die Kinder ihre Namenkärtchen auf einem Tisch zusammen. Am nächsten Morgen sucht jedes Kind sein Kärtchen heraus und stellt es auf seinen Platz. Auf jedes Arbeitsblatt oder auf jedes gemalte Bild schreibt das Kind seinen Namen, dabei malt es ihn zunächst von seinem Namenschildchen ab. Ganz abgesehen von den Leseübungen, die sich beim Umgang mit den Namenkärtchen fast von selbst ergeben, kann jedes Kind täglich seinen Platz und seine Arbeiten kennzeichnen.

Ich-Bilder

Die Kinder malen Ich-Bilder: Selbstportraits, evtl. ergänzt mit Fingerabdrücken, Lieblingsspielzeugen, Lieblingsessen, gezeichnet oder aus Katalogen oder Zeitschriften ausgeschnitten, dazu der selbst geschriebene Name. An der Tür, an einer Wand, auf dem Flur hängen die versammelten Ich-Bilder aus: »Das bin ich und das sind wir!«

Geburtstagsfeier

Ein Kind hat Geburtstag. Sein Platz wird geschmückt: ein Set, eine kleine Pflanze, die nun immer dort stehen bleiben darf (und gepflegt werden muss), eine Geburtstagskerze. Die Kinder singen ein Geburtstagslied, eine Geschichte wird vorgelesen. Das Geburtstagskind ist für eine Viertelstunde Mittelpunkt im Klassenleben.

Individuelle Hilfe

Die Kinder üben lesen: Sie lesen sich vor, legen den kurzen Text mit Buchstabenkärtchen nach, ergänzen einen Text auf einem Arbeitsbogen. Einige Kinder haben erhebliche Schwierigkeiten, den Laut für den neuen Buchstaben T aus Wörtern herauszuhören. Die Lehrerin setzt sich mit diesen Kindern in einen Kreis, spricht T-Wörter, zeigt die Mundstellung beim Sprechen, die Kinder sprechen nach, beobachten die Mundstellung; die Lehrerin zeigt Bilder mit T-Wörtern (Tasse, Blatt, Mantel …). Allmählich merkt jedes Kind: Jetzt kann ich es auch.

»So ist das bei uns geregelt und daran muss sich jeder halten«

Kinder brauchen Verlässlichkeit, um sich wohl zu fühlen und entfalten zu können. Die täglich gleich geregelten Situationen geben den Kindern dieses Vertrauen in die Verlässlichkeit des Schulalltages. Aber: Diese Regelungen dürfen Kinder nicht fesseln, sondern müssen ihnen die Möglichkeiten geben, sich selber einzubringen und den Unterricht mitzugestalten.

Schulbeginn

Beim Gongzeichen kommen die Kinder in die Klasse, sie palavern, lachen, begrüßen die Lehrerin, hängen ihre Schultasche an den Tisch, zeigen sich ein neues Spielzeug … Dann tritt die Lehrerin vor die Klasse an einen bestimmten Platz und sieht ruhig und bestimmt die Kinder an. Die Kinder wissen: Jetzt geht's los. Sie kommen zum Morgenkreis. Einige Kinder sind noch in ein Gespräch versunken, sie werden von anderen gerufen:»Morgenkreis!« Nach kurzer Zeit stehen alle zusammen. Und dann beginnt der gemeinsame Unterricht mit einem von den Kindern gewählten Morgenlied.

Kreisgespräch

Die Kinder sollen miteinander sprechen: sich erzählen, einander zuhören, etwas besprechen. Dazu müssen sich alle gegenseitig sehen können. Die Arbeitstische stehen kreisförmig, innen bleibt Platz für einen Stuhlkreis. Das Umräumen muss aber gelernt werden. Die Lehrerin erklärt, wie der Stuhlkreis aussehen soll. Dann wird die erste Tischgruppe aufgefordert, ihre Stühle hochzunehmen – »so und gut festhalten!« –, an eine bestimmte Stelle zu tragen und ganz leise auf den Boden zu setzen. »Gut gemacht. Nun die nächste Gruppe.« Schließlich sitzen alle im Kreis. Am nächsten Tag wird dieselbe Prozedur wiederholt. Wenn es mal bei einer Gruppe nicht klappt, weil's dabei zu laut wird, weil die Kinder sich rempeln und zanken, dann muss die Gruppe zurück an den Platz. Nun versucht sie es noch einmal; jetzt aber so leise wie möglich!

An den ersten Schultagen lernen die Kinder ein Repertoire an Aufgaben und Arbeitsweisen. Nach einer Woche überlegen sie schon mit, was am Schultag gearbeitet wird: zuerst Morgenkreis. Dann wollen die Kinder zeigen, dass sie zu Hause geübt haben; die Lehrerin hat schon einen neuen Text mit bekannten Wörtern und Buchstaben vorbereitet. Also: nach dem Morgenkreis Lesen. Nach dem Lesen soll am Übungsplan von gestern weitergearbeitet werden. Danach ist Frühstücks- und Hofpause. Nach der Pause will die Lehrerin mit den Kindern eine neue Mathematikaufgabe einführen. Die Kinder wissen schon, dass sie sich nach angestrengtem Lernen bewegen dürfen, und sie möchten zum Bewegungsspiel von gestern auch heute wieder auf den Schulhof. Letzter Teil an jedem Tag ist die Freie Arbeit.

Die Kinder sollen sich während des Tages an diesem Plan orientieren, deshalb schreibt ihn die Lehrerin bei der Besprechung an die Seitentafel. Für diesen Mittwoch werden festgelegt: Morgenkreis, Lesen, Arbeit am Übungsplan, Frühstücks- und Hofpause, Mathematik, Bewegungsspiel, Freie Arbeit.

»Das sind wir und wir lernen miteinander«

Kinder sind umso aufgeschlossener, je mehr sie mit der Gruppe vertraut sind. Aber noch ein anderes Anliegen gibt der sozialen Atmosphäre in der Klasse besonderes Gewicht: Zu den wichtigen pädagogischen Aufgaben gehört die soziale Erziehung. Kinder sollen miteinander leben und arbeiten; sie sollen Schwierigkeiten, die sich dabei ergeben, überwinden lernen. Nichts fördert dieses Lernen mehr als gemeinsame Erlebnisse und gemeinsame Aufgaben, die miteinander und füreinander bewältigt werden.

Gruppen

Die Arbeitstische sind zu Vierertischen zusammengestellt. Die Kinder haben schon am ersten Schultag ihren Platz gesucht. Zumeist sitzen nun Kinder zusammen, die benachbart wohnen oder die schon gemeinsam im Kindergarten waren. Dies muss nicht für immer so sein; in Absprache mit der Lehrerin können die Plätze auch getauscht werden. Jede Gruppe gibt sich einen Namen, eine heißt z. B. Samson, eine andere Pumuckl. In der Gruppe gibt es Aufgaben. Ein Kind ist Gruppenhelfer. Es holt Arbeitsblätter oder Material für die Gruppe. Das Helferamt wechselt wöchentlich. Wenn ein Kind in der Gruppe Geburtstag hat, dann bereiten die anderen drei die Feier vor: Sie decken den Tisch, holen die Kerze, suchen eine schöne Tierkarte für den Glückwunsch aus … Jede Gruppe hat eine Aufgabe für die Klasse: Pflanzen pflegen, Milch und Kakao holen, Tafel putzen und für Schwamm und Kreide sorgen … Oft lernen die Kinder in der Gruppe gemeinsam: Sie lesen sich den Lesetext vor, zeigen sich ihre Hausaufgaben, stempeln einen Text, suchen einen neuen Buchstaben in Illustrierten und Zeitungen und kleben sie in ein Buchstabenbild, sie sagen mit verteilten Sprecherrollen ein Gedicht auf …

Die Klasse

Dann lernen die Kinder aber auch die anderen Kinder der Klasse kennen: beim Kreisgespräch, bei einem Namenlied:

> »Wir machen eine Schlange,
> eine ganz, ganz lange!
> Jennifer, komm dazu,
> Holger, komm auch du!«

Beim Thema »Schulweg« geht die Klasse Schulwege von Kindern ab und achtet dabei auf Gefahrenpunkte. Aus den Ich-Bildern wird ein großes Plakat für den Flur hergestellt: »Das sind wir – Klasse 1a«. Bei der Freien Arbeit arbeiten die Kinder mit anderen Kindern zusammen, die nicht am Gruppentisch sitzen.

»Für mein Leben bin ich mitverantwortlich«

Die Bereitschaft sich anzustrengen und das Lernen zu lernen, entwickeln Kinder nur, wenn sie auch selber über ihre Arbeit mitentscheiden und sie mitverantwortlich lernen. In den letzten Jahren wurden hierzu kindgemäße Arbeitsformen entwickelt.

Die Kinder erhalten in der Schule Übungsaufgaben für jeweils zwei Tage. Jeden Tag werden etwa 20 Minuten für den Übungsplan angesetzt. Er hat Pflichtteile (meistens Lesen, Schreiben oder Mathematik) und einen Teil mit Angeboten zur freien Auswahl. Grundregel: Zuerst müssen die Pflichtaufgaben erfüllt sein. Wenn das Pensum für das eine oder andere Kind zu umfangreich ist, macht die Lehrerin individuelle Abstriche. Diese Arbeit am zweitägigen Übungsplan wird in Klasse zwei ausgebaut.

Viele Wege führen nach Rom

Dies gilt auch für die Pädagogik des Schulanfangs. Und deshalb gehen sicher auch manche Lehrerinnen und Lehrer andere Wege, als sie in den Beispielen vorgestellt wurden. Sie sind immer dann auf dem richtigen Weg, wenn sie die anfangs vorgestellten vier Aufgaben zu lösen versuchen und wenn die Kinder dabei die vier wichtigen Erfahrungen machen:

→ Das bin ich und so werde ich auch angenommen.
→ So ist das bei uns geregelt und daran muss sich jeder halten.
→ Das sind wir und wir lernen miteinander.
→ Für mein Lernen bin ich mitverantwortlich.

Horst Bartnitzky

Eltern gestalten mit in der Grundschule – Brief einer Schulleiterin

Liebe Eltern der Schulanfänger,

mit diesem Schuljahr überantworten Sie uns Ihr Kind und es ist Ihnen bestimmt ein wenig mulmig dabei. So viele Gerüchte schwirren über unsere Schule im Ort herum, sei es von Nachbarn mit Schulkindern oder im Kindergarten, dass Sie eigentlich nicht wissen, was Sie davon halten sollen. Die einen klagen darüber, dass alles so ganz anders ist, als sie es noch von ihrer Schulzeit her kennen, und wundern sich, für was das gut sei, hätten sie doch früher auch Lesen und Rechnen gelernt. Anderen geht das alles noch nicht weit genug, sie fragen sich, wann die Schule endlich fähig ist zu unterrichten, wie es sich fürs 21. Jahrhundert gehört. Den dritten erscheint alles als ein großes Durcheinander. Das Beste wird sein, Sie kommen selbst und gucken, was da in der Schule bei uns so abgeht! Sie brauchen sich nicht groß anzumelden. Es ist halt wie bei jedem Besuch eine Frage der Höflichkeit, dass man fragt, ob es dem anderen passt.

Öfter einmal reinschauen in den Unterricht!

Am Anfang ist es vielleicht ganz gut, wenn Sie sich hinten hinsetzen und einfach mal die Situation auf sich wirken lassen. Sie werden dann gleich sehen, dass in so einer Klasse viel los ist! (Es sei denn, Sie geraten an eine Lehrerin, die immer noch meint, die Kinder müssten im Gleichschritt lernen!) Aber normalerweise braust heute das Leben durch eine Klasse! Da wird Ihnen auch ganz schnell deutlich, warum mit solch unterschiedlichen Kindern es eben nicht mehr möglich ist, zur gleichen Zeit z. B. auf Seite 3 das »D« zu lernen. Den einen ist das stinklangweilig, weil sie schon halbwegs lesen können, andere wissen überhaupt noch nicht, für was Buchstaben gut sein sollen. Da muss die Lehrerin schon ganz unterschiedliche Angebote machen, damit jedes von den Kindern zum Zuge kommt. Diese Vielfalt wird auch Sie bald nicht mehr ruhig hinten sitzen lassen. Auch ohne groß von der Lehrerin aufgefordert zu werden, werden Sie beobachten, dass dort einem Kind geholfen werden muss, damit es seine Materialien geordnet bekommt, oder dass die Lehrerin fast in Hektik gerät, um all die verschiedenen Anforderungen erfüllen zu können, die die Kinder an sie herantragen. Sie wird sehr dankbar sein, wenn Sie mit zufassen!

Vielleicht haben Sie ja dann mit der Zeit Lust, regelmäßig zu kommen. Auch um einen besseren Einblick zu bekommen und zu verstehen, was Ihr Kind Ihnen da nachmittags zu Hause Seltsames von dem ständigen »Spielen« und vom Ärger oder dem dämlichen »Hans« usw. erzählt. Vielleicht können Sie dann im Unterricht oder in der Pause beobachten, dass der Hans gar nicht so »dämlich« oder böse ist, sondern Ihre Tochter vielleicht sogar ganz nett findet, aber eben nicht weiß, wie er das Ihrem Kind zeigen kann. Es wird Ihnen dann auch deutlich werden, dass hinter diesem »Chaos«, wie es sich für Außenstehende darstellt, ein wohl durchdachtes System steht, bei dem man versteht, warum das Einüben von sozialen Verhaltensweisen so einen breiten Raum einnimmt. Auch das »Spielen« wird Ihnen in seiner ganzen Wichtigkeit deutlich werden. Selbstverständlich können Sie die Lehrkraft auch fragen. Es ist Ihr Recht, informiert zu werden, warum wir so arbeiten und welche Wege wir dabei gehen. Es wird Ihnen keine Lehrkraft verübeln, wenn Sie ihre Bedenken, Misstrauen oder Ihren Unwillen äußern. Aber es ist leichter Kritik zu ertragen, wenn sie nicht gefühlsstark mit Vorwürfen und Unterstellungen vorgebracht wird, sondern wenn Sie sachlich beschreiben, was Sie beobachtet haben – sei es in der Klasse oder zu Hause bei Ihrem Kind – und der Lehrkraft überlassen, welche Schlüsse sie daraus zieht. Es ist allerdings auch noch sehr wohl Ihr Recht, die Lehrkraft zu fragen, was sie zu tun gedenkt, damit Sie sicher sind, dass sie es auch wirklich erkannt hat, dass in Ihren Augen ein Problem vorliegt. Oder sie soll Ihnen begründen, warum sie es nicht für ein Problem ansieht.

Vielleicht ist es Ihnen nicht möglich, regelmäßig zu kommen, und es bleibt dabei, dass Sie hin und wieder einmal hineinschauen und so verfolgen, wie sich das Geschehen weiter entwickelt, damit Sie mitbekommen, wie Ihr Kind sich zusammen mit den anderen langsam zu einer Klassengemeinschaft entwickelt und sich die Fertigkeit des Lesens und Schreibens und die Grundbegriffe des Rechnens aneignet. Diese Besuche geben Ihnen aber auch die Möglichkeit, an Elternabenden viel gezielter zu fragen bzw. mitzudiskutieren, weil Sie einen fundierten Einblick in die Schulrealität erhalten haben und verstehen, worüber gesprochen wird.

Mitmachen bei Ausflügen und Unterrichtsgängen

Eine andere Möglichkeit, Kontakt zur Schule zu halten, besteht auch darin, dass Sie bei Unterrichtsgängen und Ausflügen mitgehen. Damit bekommen Sie einen guten Überblick, was das für Kinder sind, mit denen Ihr Kind fast täglich zusammen ist. Dankbar wird die Schule sein, wenn Sie sie unterstützen, z. B. beim Besorgen von kostenlosen oder preiswerten Materialien, angefangen von Bastelsachen bis zum Computer. Auch über durch Sie gewonnene Sponsoren freuen wir uns. Wenn Sie in diesem Bereich besonders aktiv werden wollen, sind Sie gerne gesehen in unserem Förderverein. Oder wenn Sie für uns Verbindungen knüpfen zu interessierten Menschen, die den Kindern aus ihrem Beruf, ihrem Leben oder von ihrem Hobby erzählen oder sogar Techniken vermitteln können. Das kann zu dem Themenkreis einer Unterrichtseinheit gehören oder ein Angebot einer freiwilligen Arbeitsgemeinschaft in der letzten Schulstunde sein. Dort greifen wir auch gerne auf Alltagskönnen wie z. B. Kochen, Stricken oder Sticken zurück. Handwerkliche Fähigkeiten der Väter schätzen wir sehr, wenn es um schwerere Gartenarbeiten, Reparaturen, Transporte von geschenkten Möbeln usw. geht. Da wir sehr gerne feiern, freuen wir uns auch, wenn wir bei den Festvorbereitungen und -durchführungen unterstützt werden. Das verstärkt nicht nur das Gemeinschaftsgefühl unter den Kindern, es zeigen sich auch ganz andere Fähigkeiten bei allen Beteiligten.

Mitbestimmen im Elternbeirat

Neu ist in einigen Bundesländern, dass Eltern gleichberechtigt über Ziele und Inhalte der Schule mitbestimmen. Damit ist richtig erkannt worden, dass Eltern und Lehrkräfte unbedingt zusammenwirken müssen, soll Schule den heutigen Anforderungen gerecht werden. Das Gremium, in dem das z. B. in Hessen geschieht, ist die Schulkonferenz. Schon immer gab es Elternbeiräte und sie gibt es auch weiterhin. Aber sie haben nie einen großen Entscheidungsbereich gehabt. Sie sind mehr das Sprachrohr bzw. die Interessenvertreter der Eltern. Sie organisieren die Elternabende oder unterstützen bei Klassen- und Schulveranstaltungen. Die wirklichen Entscheidungen fallen in der Schulkonferenz. Sie ist gleich stark von Eltern und Lehrkräften besetzt. Mitglied der Schulkonferenz kann jeder Erwachsene werden, der ein Kind in unserer Schule hat. Gewählt werden die Elternmitglieder allerdings durch den Schulelternbeirat, sodass dieser durch die Wahl natürlich auch auf die Entscheidungen Einfluss nimmt. Der Elternbeirat wird durch die Elternschaft einer Klasse für zwei Jahre gewählt.

In der Schulkonferenz mitarbeiten

Die Mitarbeit in der Schulkonferenz ist sehr wichtig, denn hier werden wirklich die Entscheidungen darüber getroffen, in welchem Sinne die Schule die rechtlichen Vorgaben sowie die materiellen und personellen Ressourcen nutzt, welche Schwerpunkte sie setzt und wie das konkret im Schulalltag verwirklicht wird. Das sind die Inhalte des Schulprogramms, das z. B. in Hessen jede Schule bis 2001 aufstellen und dann ständig weiterentwickeln soll. Die konkreten Inhalte, über die die Schulkonferenz entscheidet, und welche Bereiche im Schulprogramm festgelegt werden sollen, stehen ausführlich in diversen Gesetzestexten. Diese können Sie in der Schule einsehen.

Die Schulleitung ist gerne bereit, Sie über diese Rechtslage an Elternabenden zu informieren. Auch bekommen Sie von der Schule regelmäßig Informationstexte, damit Sie eine Gelegenheit haben, um Ihre Mitbestimmungsmöglichkeit umfassend ausschöpfen zu können. Dazu gibt es auch eine Info-Mappe, die Ihnen die Schule zu Ihrem »Schulbeginn« als Eltern zusammengestellt hat, z. B. mit den wichtigsten Gesetzestexten, die für Sie von Bedeutung sind, wie z. B. Lernziele der Grundschule, Fragen der Ferienregelung/Unterrichtsbefreiung, Hausaufgabenanforderung, Unfallversicherung, Aufsichtspflicht, Pädagogische- und Ordnungsmaßnahmen. Daneben auch Empfehlungen vom Kinderschutzbund und anderen pädagogischen Institutionen, unser momentanes pädagogisches Konzept und organisatorische Hinweise, wie Anschriften der Elternvertreter/innen und Schulkonferenzmitglieder, Termine der nächsten Zeit, Sprechstunden der Lehrkräfte, statistische Zahlen aus der Schule und etwas über unsere Schulgeschichte. Dies soll Sie auch befähigen, schulpolitische Kontroversen in den Medien zu verfolgen und Ihren eigenen Standpunkt etwa gegenüber redegewandten Politikern zu vertreten. Es ist immer wieder wichtig, dass Sie als Eltern für eine sinnvolle Bildungspolitik und die dafür nötigen Geldmittel eintreten. Die einzig wirkungsvolle Lobby für die Kinder und deren Zukunft stellen nur Sie da. Deshalb versuchen wir, Sie u. a. regelmäßig über Neuerungen zu informieren oder erfragen Ihre Meinungen und Wünsche zu Themen für gemeinsame Elternabende mit Referenten, Aktivitäten usw.

Nicht nur Negatives äußern

Vielleicht zum Abschluss noch einen Tipp von mir als »altgedienter« Lehrerin und Schulleiterin. Leider gibt es ein seit Jahrzehnten eingeschliffenes Fehlverhalten zwischen Lehrkräften und Eltern: Eltern wurden früher nur in die Schule hereingelassen, um Negatives über ihre Kinder mitgeteilt zu bekommen, und Eltern kamen nur zur Schulleitung, wenn sie sich über Lehrer beschweren wollten. Lassen Sie uns von beiden Seiten dazu beitragen, dass dieser Vertrauen zerstörende Brauch ausstirbt! Sie kennen es bestimmt von sich selbst: hin und wieder hören zu können, dass man seine Sache gut gemacht hat, trägt dazu bei, dass jeder seine Arbeit engagierter und freudiger erfüllt. Das ist auch bei Lehrer/innen so. Teilen Sie den Lehrerinnen und Lehrern mit, wenn Ihr Kind sich in der Schule wohl fühlt, Sie das Engagement der Lehrkraft schätzen oder Sie selbst eine gemeinsame Aktivität genossen haben. Dies sind die Bausteine für eine vertrauensvolle Zusammenarbeit zum Besten Ihres Kindes.

Gerhild Kirschner

Checkliste: Wie können Eltern aktiv werden?

Eltern können viel tun für eine gute Schule und damit für ihr Kind wie für alle Kinder. Mithelfen und Mitmachen ist dabei ebenso angesagt wie konstruktive Kritik und positive Anregung. Erst wenn alle höflichen Anfragen, Vorschläge und Eingaben nichts genutzt haben sollten, wird es auch einmal notwendig, energischer auf den Putz zu hauen. Damit haben Eltern schon viel erreicht: von der »Aktion Kleine Klasse« in den siebziger Jahren bis zu den Volksbegehren heute, in Bayern z. B., ist damit ein Programm zur Grundschulreform ausgelöst worden.

In der Klasse und der Schule Ihres Kindes

Anregungen und Mithilfe bei folgenden Gelegenheiten:
- Klassenraumgestaltung
- Beschaffung von Arbeitsmaterialien
- Einrichtung einer Klassen- und/oder Schulbücherei
- Ausflüge, Besichtigungen (z. B. Zoo, Museen, Betriebe, Bauernhöfe etc.)
- Geburtstagsfeiern für die Kinder der Klasse
- je nach Rechtslage Mitwirkung im Unterricht (Einbringen von Expertenwissen, Gruppenbetreuung, Beratung bei Freier Arbeit etc.)
- Ausgestaltung des Schulhofs zu einem Spielhof
- Einrichtung eines Pausen-Buffets mit gesunder Kost
- Schulfeste und -feiern, Projekttage
- Gestaltung und Druck einer Klassen- bzw. Schulzeitung oder -chronik
- Gründung und Organisation eines Förder- oder Elternvereins
- überhaupt: aktive Mitarbeit in der Elternvertretung oder der Schulkonferenz bzw. Schulpflegschaft (siehe Kapitel 6: »Nichts geht ohne Eltern«)

Bei Beschwerden, Missständen (z. B. Unterrichtsausfall):
- Wortmeldung im Klassen- und/oder Schulelternbeirat
- Vorsprechen bei der Schulleitung
- Anträge bei der Schulkonferenz, der Schulgemeinde o. ä.
- Eingaben mit Mängelanzeigen, Vorschlägen,
  Forderungen etc. beim
  - zuständigen Stadt- oder Kreisschulamt
  - Regierungspräsidenten, Schulabteilung
  - Kultusministerium, Schulabteilung
  - zuständigen Gemeinde-, Kreis- und Landtagsabgeordneten
- Organisation von Elternversammlungen in der Schule

In der Öffentlichkeit

Wenn bei Missständen alles nichts hilft:
- Leserbriefe an die örtliche Presse
- Kontaktaufnahme mit dem Rundfunk und dem regionalen
  Fernsehen
- Organisation von Elterndemonstrationen
- Zusammenarbeit mit Lehrerverbänden, Parteien,
  Gewerkschaften
- Gründung von Elterninitiativen und -aktionen
  (z. B. »Aktion Kleine Klasse«, »Aktion bessere Schule«,
  Aktion für behinderte Kinder etc.)
- Unterschriftensammlung für ein Bürger- oder Volksbegehren
  (je nach Rechtslage des jeweiligen Bundeslandes)
- Suche nach finanzkräftigen »Sponsoren« (Industriebetriebe,
  Banken, Geschäftsleute etc.), die einer Schule Mittel für die
  Materialausstattung oder auch Vertretungskräfte zur Verfü-
  gung stellen, ohne jedoch in die Gestaltung von Unterricht
  und Schulleben dreinreden zu wollen.

Dieter Haarmann

Eltern als Hilfslehrer?

Gelegentlich beklagen Elternvertreter, insbesondere Landeselternbeiräte oder auch Elternvereinigungen, dass durch die Elternmitarbeit im Unterricht, wie sie jetzt in vielen Bundesländern gefördert wird, lediglich die Eltern als Hilfslehrer missbraucht würden, um an den Schulen Geld sparen zu können. Da kann natürlich etwas daran sein: Wenn eine Schulverwaltung es nicht fertig bringt, Lehrerstellen richtig zu verteilen und Lehrer/innen bestmöglich einzusetzen oder Unterrichtsausfall so weit wie möglich auszugleichen, ist der Einsatz von Eltern zur Betreuung von Still- oder Gruppenarbeit, zum Nachsehen von Hausaufgaben oder gar zur Hofaufsicht eine gar zu einfache Lösung. Hier sollte man schon Grenzen setzen.

Andererseits aber muss man bedenken:

✢ Eltern haben – besonders in der Grundschule – schon immer gern bei der Vorbereitung von Feiern oder Schulprojekten mitgeholfen und bei außerschulischen Unternehmungen wie: Schulwanderungen, Ausflügen, Zoo-, Museums- oder Betriebsbesichtigungen, die Kinder mit beaufsichtigt und betreut. Unverzichtbar wird dies zur Ergänzung »eingeschlechtlicher« Lehrerbetreuung: Ein männlicher Elternteil für die Jungen und ein weiblicher für die Mädchen ist sogar amtlich gefordert!

✢ Mitarbeit im Unterricht und im »Schulleben« ist sicher etwas Neues, aber sie ist eine einmalige Gelegenheit, die Schule und die Kinder »hautnah« kennen zu lernen, und zwar beide in ihren positiven Seiten wie in ihren drängendsten Problemen. »Vor Ort« und im aktiven Mittun verstehen Eltern vieles besser und können dann auch helfen, vieles besser zu machen. Gerhild Kirschner berichtet davon in diesem Kapitel.

✢ Und dann: Die Bundesländer sind wirklich knapp bei Kasse und haben wegen verschiedener Finanzprobleme auf Bundesebene (Vereinigungskosten!) weder genügend Geld für Polizei, Wohnungs- und

Straßenbau, das Sozial- und Gesundheitswesen usw. noch natürlich für Schulen und Kindergärten. Mithilfe der Eltern, pädagogisch sinnvoll eingesetzt, ist hier auch ein Akt der Solidarität für unsere Kinder.

❧ Wo aber Grenzen des Vertretbaren und Zumutbaren überschritten werden, ist Aufmerksamkeit nach zwei Seiten geboten: einmal gegenüber denen, welche die Arbeitskraft der Eltern ausnutzen wollen, zum anderen auch gegenüber denen, die entsprechenden Widerstand für irgendwelche Gruppeninteressen missbrauchen. Protest gegen Elternarbeit nur, um den jeweils Regierenden eins auszuwischen, wäre ein schlechter Dienst an den Kindern. Ihr Rücken ist nicht zum Austragen parteipolitischer Streitereien da!

Dieter Haarmann

Gemeinsame Aufgabe: »Wir machen unseren Klassenraum schön«

Ich ließ den mir zugeteilten Klassenraum zunächst unverändert. Einige Bilder und Bastelarbeiten des vierten Schuljahres, das den Raum verlassen hatte, blieben an den Wänden, um das Zimmer nicht zu kahl erscheinen zu lassen. Die Tische waren zu Gruppentischen für vier oder sechs Kinder zusammengestellt. Mein Pult stand am Fenster, mehr als Ablagetisch. An der hinteren Wand waren Tische aufgereiht, auf denen Spielzeug bereitlag, das aus der Vorklasse und eigenen Beständen stammte.

»Wir machen unseren Klassenraum schön« hieß das erste Projekt meiner Klasse, mit dem wir trotz Enge den Raum schöner zu gestalten versuchten. Im Kreisgespräch wurden alle Fragen und Wünsche erörtert und gemeinsam beraten. Dann rückten wir die Tischgruppen so weit nach vorn, dass wir Platz zum Spielen schafften, und richteten an der hinteren Wand kleine Spielecken ein aus jeweils zwei Tischen, die wir im rechten Winkel aufstellten. In diesen Ecken konnten sich nun einzelne Kinder oder kleine Gruppen zum Spielen oder Basteln

Klasse 1b der Bonifatius-Schule, Frankfurt/Main

zurückziehen. Dort brachten wir Bauklötze, Papier, Stifte, Knetgummi, Legosteine, Puzzles, Bilderbücher und andere kleine Spiele unter. Ansonsten diente der Fußboden als freie Spielfläche. Die Sitzordnung wurde auch von den Kindern bestimmt. Hilfreich war der offene Stundenplan, in dem am Schulanfang nur die Fachstunden anderer Lehrkräfte festgelegt waren. Meine Stunden konnte ich frei einteilen und inhaltlich füllen und musste nicht auf eine feste Stundenplanvorgabe Rücksicht nehmen. Ich fand es sehr gut, dass ich so fächerübergreifend in Projekten mit den Kindern arbeiten konnte.

»Tiere, die wir im Haus versorgen« war ein weiteres Projekt. Hier wurden die Wände mit von den Kindern gemalten oder ausgeschnittenen Bildern und Fotos geschmückt. Auf dem Pult stand mein Kaninchen, die Kinder brachten ihre Haustiere mit. Gebastelte oder geknetete Tiere wurden ausgestellt. Die verschiedenen Futterarten waren zu besichtigen. Wer schon den Anfangsbuchstaben von Tieren oder das ganze Wort schreiben konnte, hängte es natürlich an die Wand. Es wurden Tierlieder gesungen und mit Bewegungen dargestellt. Bei dieser Arbeit war es völlig nebensächlich, ob es eine Sachkunde- oder Deutschstunde war. Für die Kinder erschienen diese Arbeiten sinnvoll, zumal der Klassenraum widerspiegelte, wie erfolgreich sie waren.

Was können Eltern zur Klassenraumgestaltung beitragen?
Bei einem Elternabend habe ich die Vorstellungen und Wünsche der Kinder vorgetragen und die Eltern gebeten, doch zu Hause nach

Klasse 1b der Bonifatius-Schule, Frankfurt/Main

abgelegtem Spielzeug zu sehen und es der Klasse zu stiften. Die Eltern nahmen das verständnisvoll auf und wollten helfen. Bekommen haben wir drei Autos und eine Plastik-Ritterburg. Von Kolleginnen weiß ich, dass es Eltern gibt, die das Klassenzimmer renovieren, Regale bauen, Einrichtungsgegenstände und Arbeitsmaterialien stiften, Bücher und Spiele anschaffen. Mein Klassenraum war jedoch schon so zu eng.

Wie wünscht ihr euch euer Klassenzimmer?
Auf diese Frage hatten meine Erstklässler viele Antworten parat: viel Platz, einen Schrank mit Büchern, Schreibmaschine, Sofa, Tische mit Decken und Stühle, bunte Tapeten, Fernseher, Radio, Plattenspieler, Tiere, Blumen, Spielzeugeisenbahn, viel Bastelmaterial, Aquarium und einen Computer. Einige der Wünsche der Kinder könnten Schule und Eltern sicherlich erfüllen. Warum sollen Schulwände eigentlich nicht bunt sein und gemütliche Lampen statt der Büroleuchten Licht spenden?

Brigitte Maier-Becker

Überlegungen zur Klassenraumgestaltung

- Ist der Klassenraum so organisiert, dass sich die Kinder frei darin bewegen können?
- Können Flur und Schulumgebung mit als »Lernumwelt« genutzt werden?
- Wenn Arbeitsecken vorhanden sind, sind sie in ihrer Funktion eindeutig für die Kinder erkennbar?
- Ist das Material übersichtlich geordnet; haben die Kinder freien Zugang zu den verschiedenen Materialien?
- Ist genügend Raum für die Ausstellung der Arbeitsergebnisse vorhanden?
- Sind die Kinder an den Raumveränderungen beteiligt?
- Sind die Klassenräume so eingerichtet, dass die Aufräumarbeiten von den Kindern zu leisten sind?
- Sind die Kinder gerne im Klassenzimmer, können sie die Lernumwelt entsprechend ihren Bedürfnissen nutzen?
- Bin ich als Lehrerin gern in meinem Klassenzimmer, finde ich es anregend und gemütlich?

Eine Schule für alle Kinder – ausländische und deutsche Schulanfänger

In der Bundesrepublik leben seit Jahrzehnten Menschen, die aus europäischen und nicht-europäischen Ländern zugewandert sind, und gleichzeitig kommen immer neue Menschen. Deshalb wird davon gesprochen, dass sich die Bundesrepublik in eine »multikulturelle Gesellschaft« verwandelt hat. Wenn dem so ist, kann dies in der Schule nicht ignoriert werden.

❧ Der für die großen Minderheitengruppen aus den so genannten Anwerbeländern Italien, Spanien, Türkei, Griechenland, dem ehemaligen Jugoslawien und Marokko, angebotene muttersprachliche Unterricht als Unterrichtsfach in den Schulen sollte vor allem die Rückkehrmöglichkeit in die Heimatländer offen halten. Bis heute führt er allerdings ein Schattendasein.

❧ Seit einigen Jahren wird vom »interkulturellen Lernen« oder der »interkulturellen Erziehung« in der Schule, aber auch im Kindergarten und anderen außerschulischen Erziehungseinrichtungen gesprochen. Es geht nun darum, dass die deutschen und die »ausländischen Kinder« gemeinsam und voneinander lernen sollen, dass sie sich in ihrer kulturellen Verschiedenheit respektieren lernen und dies als bereichernd erleben.

❧ Ferner wird interkulturelle Erziehung inzwischen auch in der Ausbildung von Lehrerinnen und Lehrern sowie in Fort- und Weiterbildung berücksichtigt und es sind in den letzten Jahren eine beträchtliche Anzahl von Fortbildungs- und Unterrichtsmaterialien zu diesem Thema entstanden.

Wer ist denn alles Ausländer?

Ein Großteil der Kinder, die bis heute als »ausländische Kinder« bezeichnet werden – die Kinder der Arbeitsmigranten –, ist in der Bundesrepublik geboren und aufgewachsen. Andere, die Kinder von Spätaussiedlern aus Ostblockstaaten, gelten zwar als Deutsche, verfügen jedoch beim Zeitpunkt ihrer Einwanderung vielfach kaum über deutsche Sprachkenntnisse. Hinzu kommen die Kinder von Asylbewerbern und Asylberechtigten aus den Krisengebieten der Welt und von den meist nur begrenzte Zeit in Deutschland tätigen Ausländern. Sie alle sind so verschieden voneinander, wie die Kinder der »deutschen« Mehrheit voneinander verschieden sind. Das heißt, dass zum Beispiel die Zusammensetzung einer Schulklasse mit den ethnischen Unterschieden innerhalb der Schülerschaft nicht hinreichend zu beschreiben ist. Gleichermaßen bedeutsam und häufig bedeutsamer sind die sozialen Unterschiede innerhalb einer Lerngruppe.

Für die Erstklasslehrerinnen und -lehrer ist es wichtig, die einzelnen Kinder hinsichtlich ihrer kulturellen wie ihrer sozialen Situation zu betrachten und zu verstehen, und ansonsten darum bemüht zu sein, den Schulerfolg aller Kinder zu sichern. Die Befürchtung vieler deutscher Eltern, dass für die »ausländischen Kinder« in den Schulen zu viel und für ihre Kinder zu wenig getan wird, kann durch wissenschaftliche Untersuchungen widerlegt werden. Danach zeigt sich nämlich, dass bei Anwesenheit »ausländischer Kinder« in den Schulen sich die Bildungs- und Schulerfolgschancen der Kinder der Mehrheit verbessern, weil sich die Benachteiligung auf die Kinder der Zuwanderer konzentriert. So können z. B. deutsche Schulabgänger, die noch vor einigen Jahren wegen ihrer zu niedrigen Schulabschlüsse keine Einstellungschance gehabt hätten, mittlerweile eingestellt werden, und die »ausländischen« Schulabgänger müssen in den Bereichen arbeiten, die vormals den deutschen »Unterschichtkindern« vorbehalten waren.

Für die »ausländischen« Eltern ist weiterhin bedeutsam die hohe Zurückstellungsrate schulpflichtiger »ausländischer Kinder« in Vorklassen oder Schulkindergärten, wie die Vorklassen in einigen Bundesländern genannt werden.

Für die Eltern ist es wichtig zu wissen, dass die Zurückstellung schulpflichtiger Kinder in eine Vorklasse oder einen Schulkindergarten in der Schullaufbahn dieses Kindes als wiederholtes Schuljahr gilt. Sie sollten eine Zurückstellung deshalb niemals ohne Rückfragen akzeptieren.

Für viele Kinder – selbst wenn sie in der Bundesrepublik geboren sind – bietet der Kindergartenbesuch eine erste Chance, ihre Deutschkenntnisse zu entwickeln und zu erproben, und ohne Zweifel ist er für die Entwicklung eines Kindes von außerordentlicher Bedeutung.

Auch die Versuche einzelner Schulen, die Benachteiligung »ausländischer Kinder« auszugleichen, indem sie mehrere Monate vor der Einschulung so genannte Vorlaufkurse als Starthilfen vor allem für diejenigen Kinder anbieten, denen kaum vorschulische Förderung im Kindergarten zugute kam, sind begrüßenswert. Besonders solche Kinder, die noch nicht lange in der Bundesrepublik leben, wie Aussiedler- und Flüchtlingskinder, bedürfen unbedingt derartiger Hilfen und Unterstützung.

Isabell Diehm

Navneet (Indien) und Ebru (Türkei)

Checkliste: Was können – deutsche und ausländische – Eltern tun?

↘ Informationen über die bei Ihnen gültigen Erlasse und Förderrichtlinien an den Schulen einholen und sich zusammen mit anderen Eltern für ihre Einhaltung einsetzen.

↘ Ihre Kinder ermuntern, ausländische Kinder mit nach Hause zu bringen, zur Geburtstagsfeier einzuladen, sie mit in den Sportverein oder in ihre Jugendgruppe zu nehmen.

↘ Bei Initiativgruppen mitarbeiten, die außerschulische Spiel- und Lernangebote für deutsche und ausländische Kinder organisieren (Anschriften von Gruppen an Ihrem Ort können Sie bei Schulen, Wohlfahrtsverbänden, Kirchengemeinden, Stadtteilinitiativen erfragen).

↘ Eltern ausländischer Schulkameraden Ihrer Kinder in der Nachbarschaft ansprechen, sie einladen, zum Elternabend abholen, gemeinsame Treffen, Ausflüge, Feste organisieren.

↘ Sich dafür einsetzen, dass auch ausländische Eltern in den Elternbeirat kommen, und sie dort unterstützen.

↘ Am Arbeitsplatz mit ausländischen Kollegen ins Gespräch kommen, sie einladen oder gemeinsame Unternehmungen organisieren.

↘ Ausländische Mitschüler nach Hause einladen und mit dem eigenen Kind Hausaufgaben machen lassen.

↘ In einer Initiativgruppe aktiv mitarbeiten, die es an vielen Orten – vor allem in den Ballungsgebieten – gibt. Viele Initiativen sind zusammengefasst in: VIA, Verband der Initiativgruppen in der Ausländerarbeit e.V., Theaterstr. 10, 53111 Bonn.

↘ Sich selbst und Ihr Kind über das Leben und die Kultur in den Heimatländern der ausländischen Mitschüler informieren, z. B. durch Bilderbücher, Bildbände, Märchen, Besuche von Ausstellungen, Reisen, Filme gemeinsam ansehen und darüber diskutieren, Feste ausländischer Mitbürger mitfeiern.

Aus: G. Pommerin (Hg.): »Und im Ausland sind die Deutschen auch Fremde!«
Arbeitskreis Grundschule e.V., Frankfurt/Main 1988, Bd. 74

Was tun Öffentlichkeit und Schulen?

Im Folgenden möchten wir Sie als Eltern, aber auch Erzieherinnen und Lehrerinnen auf Fördermaßnahmen hinweisen, die es in unterschiedlicher Form und Bezeichnung in den meisten Bundesländern gibt, zum Teil auf die Schule vorbereitend, zum Teil begleitend, zum Teil außerschulisch.

Veröffentlichungen hierüber erhalten Sie bei den Schul- und Sozialbehörden. Informationen über die Arbeit der freien Träger außerhalb der Schule können Sie dort anfordern. Adressen finden Sie im Telefonbuch oder bei den Kommunen. Helfen Sie Ihren ausländischen Nachbarn, die geeignete Fördermaßnahme für ihr Kind zu finden bzw. durchzusetzen.

Was gibt es an vorschulischer Hilfe?

Im Elementarbereich gibt es aus vielen Bundesländern Berichte über erfolgreiche Maßnahmen zur intensiven Förderung ausländischer Kinder im Kindergarten.

Welche Hilfen gibt es in der Schule?

Außer der Förderung im Unterricht durch innere und äußere Differenzierung gibt es zwar kaum noch Intensivkurse, dafür in vielen Heimatsprachen muttersprachlichen Unterricht und schulische Hausaufgabenbetreuung. Informationen über die Angebote in einem bestimmten Bundesland bzw. Ort erteilen die jeweiligen Schulbehörden.

Welche Organisationen helfen?

Die freien Wohlfahrtsverbände, zu denen u. a. die Arbeiterwohlfahrt, der Caritasverband und das Diakonische Werk zählen, haben eine lange Tradition in der Betreuung von Ausländern und in der Unterstützung der Verbesserung ihrer Situation in der Bundesrepublik. Neben der Arbeit in den Kindergärten und Horts werden Spiel- und Freizeitaktionen, Hausaufgaben- und Lernhilfen für ausländische Kinder angeboten. Die Volkshochschulen, die Gewerkschaften, kommunale Stellen wie die Jugendämter und freie Initiativgruppen bieten ebenfalls unterstützende Maßnahmen, im Idealfall zusammen mit deutschen Kindern, an. Eltern, die hier mitarbeiten möchten oder Hilfe für ihre Kinder suchen, sollten sich direkt an die örtlichen freien Träger wenden.

Ingrid M. Naegele

LESE-TIPPS

Jonas Lanig: 100 Projekte gegen Ausländerfeindlichkeit, Rechtsradikalismus & Gewalt. AOL-Verlag. Verlag Die Werkstatt, Lichtenau 1996

Ingrid Naegele und Dieter Haarmann (Hrsg.): »Darf ich mitspielen?« Kinder verständigen sich in vielen Sprachen. Beltz Praxis, Weinheim 1993, 4. Aufl.

Fünfzehn Fragen zur Gesundheit meines Kindes

Ob die Schule, wie man so oft hört, die Kinder krank macht, liegt nicht nur an ihr, sondern auch an den Eltern. Sie können Ihr Kind gesundheitlich so »fit« halten, dass ihm normaler Schulstress nichts ausmacht. Aber Sie können auch mithelfen, für gesunde Lebensbedingungen an der Schule zu sorgen. Beides geht Hand in Hand. Hier einige Antworten auf oft gestellte Fragen.

1. Was kann ich tun, dass nicht bei der schulärztlichen Untersuchung vor der Einschulung mögliche Seh- oder Hörschwächen übersehen werden, die das Lernen beeinträchtigen könnten?

Zur Vorsicht oder beim geringsten Verdacht noch vor der Schulanmeldung selbst einen Augen- bzw. Hals-Nasen-Ohrenarzt aufsuchen. Die Kassen bezahlen Vorsorgeuntersuchungen, die Sie möglichst regelmäßig wahrnehmen sollten. Erkundigen Sie sich bei Ihrem Hausarzt oder bei dem für Sie zuständigen Gesundheitsamt.

2. Was soll mein Kind vor der Schule zum Frühstück essen – muss es überhaupt frühstücken?

In der Regel etwa zwei Scheiben Brot, am besten Vollkorn- oder Schrotbrot, belegt mit Marmelade, Honig oder (magerer) Wurst bzw. Käse, dazu Obst und ca. 0,2 Liter Milch oder Milchprodukte oder aber Müsli bzw. Cornflakes. Ausprobieren, was am besten »runtergeht«. Wenn aber Ihr Kind morgens gar nichts essen mag, nicht zwingen! Es muss dann vorläufig ein größeres Glas Milch bzw. Kakao oder Obst genügen, dafür mehr Pausenbrot mitgeben. Vor allem brauchen Kinder Ruhe beim Frühstück, am besten zusammen mit einem Erwachsenen oder Geschwister. Morgens Hetze und etwas »herunterschlingen« garantieren einen schlechten Schultag mit Konzentrationsproblemen und anderen Schwierigkeiten.

3. *Was soll ich ihm zum Pausenfrühstück mitgeben?*
Das Pausenbrot kann ähnlich wie das häusliche Frühstück zusammengestellt sein, dazu Obst, Früchtetee oder Mineralwasser. Kinder haben Durst! Häusliches Frühstück und Pausenbrot sollten zusammen etwa 700 kcal ausmachen. Doch auch hier nichts aufzwingen und das Kind öfter fragen, was es mag, damit das Pausenfrühstück nicht im Papierkorb landet. Kuchen, Milchschnitten oder Schoko-Riegel sind nicht unbedingt gesundheitsfördernd, Grau-, Schwarz- oder Knäckebrot ist besser. Pausenbrot umweltfreundlich einpacken: z. B. in »Butterbrotpapier« (Pergamentpapier) oder eine Dose statt Folie.

4. *Schaden Süßigkeiten und zuckerhaltige Getränke?*
Gelegentlich und in kleinen Mengen – vor allem als Trost bei mancherlei Kummer, schadet Süßes nicht. Auf Dauer aber und in Mengen genossen, schadet es nachhaltig den Zähnen, führt zu Übergewicht und verdirbt den Appetit auf Speisen mit lebensnotwendigen Nährstoffen, Vitaminen und Mineralien. Es gibt inzwischen in Büchern und im Fernsehen genügend Rezepte für gesunde süße Naschereien mit Obst statt Zucker als Zutat. Übermäßiger Appetit auf Süßigkeiten kann Anzeichen von Krankheit oder seelischen Problemen sein.

5. *Welche Alternativen gibt es zum Kauf von Cola und Süßigkeiten beim Hausmeister oder am Kiosk?*
Eltern können entscheidend dazu beitragen, dass den Kindern ein ebenso schmackhaftes wie gesundes Pausenfrühstück angeboten wird. Verkauft der Hausmeister Getränke und Süßigkeiten, sollten Sie durch Elternbeirats- und Konferenzbeschluss das Verkaufsangebot regeln. Noch besser: Eltern organisieren ein Pausen-Frühstücks-Buffet, das sie selbst täglich bestücken und (natürlich abwechselnd) betreuen.

6. *Wie schwer darf ein Schulranzen sein – aus welchem Material und wie innen ausgestattet?*
Es gibt verschiedene Empfehlungen, z. B. nicht mehr als 15–20 Prozent des Körpergewichts. Auf alle Fälle sollte der Ranzen so leicht wie möglich und nur mit so viel Utensilien bepackt sein wie unbedingt nötig. Sprechen Sie mit der Klassenlehrerin, was die

Kinder an bestimmten Tagen unbedingt mitbringen müssen. Manche Lehrerinnen richten Regale oder Schränke zum Aufbewahren von Malsachen, Bastelmaterial, Büchern usw. ein, die zum häuslichen Üben nicht notwendig sind. Ranzen aus Leder sind sehr schwer und außer Mode gekommen. Schultaschen, die mit einer Hand getragen werden, führen zu Haltungsschäden; bei Ranzen verteilt sich das Gewicht auf beide Schultern. Ranzen aus Stoff oder Plastik sollten innen unterteilt sein, damit sie übersichtlich eingeräumt werden können – am besten ein großes Fach und zwei Halbfächer. Leuchtende Farben und Rückstrahler erhöhen die Sicherheit im Straßenverkehr.

7. Wann soll mein Kind abends ins Bett gehen, wie viele Stunden Schlaf braucht ein Schulanfänger ungefähr?
Für Schulanfänger sollte abends um 19:30, spätestens um 21:00 Uhr Schluss sein. Die meisten in diesem Alter brauchen ca. 10 Stunden Schlaf. Morgens das Kind rechtzeitig wecken, damit es langsam zu sich kommen und in Ruhe frühstücken kann. Unausgeschlafene und »gehetzte« Kinder sind in der Schule unaufmerksam und können dem Unterricht nicht folgen. Etwa eine halbe Stunde Mittagsruhe nach dem Unterricht ist sehr zu empfehlen.

8. Was kann ich tun, wenn mein Kind schlecht schläft oder einschläft (möglicherweise aus Angst vor der Schule) oder mit Schulbeginn andere gesundheitliche Störungen zeigt?
Auf alle Fälle abends nichts Aufregendes im Fernsehen sehen lassen und vor allem nicht dabei allein lassen. Kinder müssen das Gesehene im Gespräch mit anderen verarbeiten können, sonst gibt es böse Träume. Wenn Angst vor der Schule oder gewalttätigen Mitschülern den Schlaf oder die Gesundheit stören, mit dem Hausarzt, der Lehrerin, der Erziehungsberatung oder dem zuständigen schulpsychologischen Dienst sprechen. Hier kann frühzeitig etwas getan werden. Oft kann ein Gutenachtlied oder eine Gutenachtgeschichte am Bett des Kindes helfen; lesen Sie dazu das Kapitel über »Vorlesen – Erzählen – Gutenachtgeschichten«.

9. Welche Kleidung und welches Schuhwerk empfiehlt sich – besonders bei schlechter Witterung; was können Eltern für die sichere Aufbewahrung der Garderobe in der Schule tun?

Die Kleidung der Schulanfänger sollte wegen der guten Sichtbarkeit auf dem Schulweg in lebhaften, auffallenden Farben gehalten sein. Allzu aufwendige,»protzige« Kleidung erregt Neid und ggf. Aggressivität weniger gut gestellter Mitschüler/innen. Die Kleidung muss der Witterung angepasst sein; beim Schuhwerk sind Größe, Passform und genügend»Spielraum« für die Füße wichtiger als modisches Aussehen; davon haben die Füße nichts. Die Aufbewahrung der Garderobe in der Schule ist oft ein Problem: Die Mäntel, Anoraks oder Jacken etc. sollen einerseits gut auslüften können, andererseits nicht im Klassenraum»verdunsten«, auf dem Flur aber können sie gestohlen werden. Besprechen Sie das Problem mit anderen Eltern, der Klassenlehrerin oder dem Elternbeirat, wenn nicht schon eine gute Lösung gefunden ist.

10. Wann kann oder muss ich mein Kind bei einer Erkrankung zu Hause lassen – soll ich es mit einem heftigen Schnupfen oder fieberlosen Halsschmerzen in die Schule schicken? Wann brauche ich ein ärztliches Attest, wenn mein Kind in der Schule fehlt?

Sicher müssen Sie Ihr Kind nicht wegen jeder Kleinigkeit zu Hause lassen; aber bei einer ansteckenden Erkrankung sollte man schon Rücksicht auf die Mitschüler/innen oder auch die Lehrerin nehmen. Schwierig wird es, wenn zu Hause wegen Berufstätigkeit der Eltern oder des Elternteils niemand zur Betreuung da ist. Besprechen Sie das mit anderen Eltern – privat oder bei einer Elternzusammenkunft in der Schule. Gemeinsam lässt sich vieles regeln. Nach wie vielen Tagen des Fehlens in der Schule Ihr Kind ein ärztliches Attest braucht, sagt Ihnen die Klassenlehrerin. Auf alle Fälle sollten Sie der Lehrerin spätestens nach drei Tagen eine schriftliche Entschuldigung schicken oder einem Kind mitgeben.

11. Was ist zu tun, wenn mein Kind unruhig, zappelig ist und sich nicht konzentrieren kann?

Einige Antworten finden Sie schon weiter oben: Ein ruhiger, ausreichender Schlaf und ein entspanntes Aufstehen morgens sind wichtig. Dann muss Ihr Kind spielen, sich bewegen und austoben, andererseits aber auch ausruhen, entspannen und zur Besinnung kommen können. Keinen voll gestopften»Terminplan« in diesem Alter! Lesen Sie die entsprechenden Beiträge in diesem Kapitel. Wenn das alles nicht hilft, suchen Sie Rat und Hilfe bei einer Erziehungsberatungsstelle. Nicht genug gewarnt werden muss vor angeblichen Wunderwirkungen auf der Welle des Bio-Esoterik-Booms (siehe den betreffenden Beitrag in Kapitel 6).

12. Schaden längere Auto- oder Bahnfahrten meinem Kind?

Wenn Autofahrten am Wochenende oder in den Urlaub sehr lang und langweilig sind und zudem von Streitereien zwischen Erwachsenen begleitet sind, mit Sicherheit. Wenn aber die Fahrt von den Kindern als abwechslungsreich und anregend erlebt wird, wenn es genügend Pausen mit Bewegung und Luftschnappen gibt, kann es nichts schaden.

13. Was kann man gegen Haltungsschäden tun?

Unter ihnen leiden immer mehr Kinder, die gesundheitlichen Beeinträchtigungen sind nicht zu unterschätzen. Ursachen sind Bewegungsmangel, z. B. durch zu langes Sitzen vor dem Fernseher, einseitiges Tragen von Schulmappen (siehe oben) oder auch Veranlagung oder Folge von Krankheit; dann ist ärztliche Krankengymnastik oder Therapie nach ärztlicher Verordnung unumgänglich. Vorbeugen können Sie durch genügend Bewegungsmöglichkeiten, einen geräumigen Arbeitsplatz (für Hausaufgaben oder auch Malen, Basteln und freies Schreiben etc.) mit richtiger Tisch- und Stuhlhöhe, eine Wandtafel für »großräumig« bewegungsfördernde Schreib- und Malbewegungen, Beitritt zu einem Turn- oder Sportverein, Gymnastik- oder Ballettstunden – und vor allem: frühes Schwimmen lernen! Verlangen Sie über den Elternbeirat und/oder die Schulkonferenz genügend tägliche Spiel- und Bewegungszeit! Tauschen Sie mit anderen Eltern Erfahrungen aus.

14. Wie sieht ein »gesunder« Tagesablauf meines Kindes aus?

Nach dem Aufstehen muss genügend Zeit zum Waschen, Anziehen und Frühstücken da sein (siehe oben). Auf dem Weg von und zur Schule sollte weder gehetzt noch gebummelt werden. Mittag- und Abendessen sollte es immer zur gleichen Zeit geben – Regelmäßigkeit ist wichtig für ein Kind. Nicht mit vollem Bauch Hausaufgaben machen, lieber eine halbe Stunde ruhen und für die Hausaufgaben im 1. und 2. Schuljahr nicht mehr als ca. 30 Minuten aufwenden. Braucht Ihr Kind wesentlich mehr Zeit, sprechen Sie mit der Lehrerin und ggf. dem Klassenelternbeirat. Schulanfänger sollten sich täglich bis zu einer halben Stunde im Haushalt nützlich machen (Aufräumen, Besorgungen, Abtrocknen, Schuhe putzen etc.). Nach dem Abendessen sofort ins Bett gehen ist ungesund, mindestens eine Stunde Pause dazwischen einplanen. Und wie lange fernsehen oder am Computer spielen? Fachleute empfehlen für dieses Alter höchstens 30 Minuten täglich – wenn Sie das durchsetzen und durchhalten können, Bravo!

15. Ist Legasthenie eine Krankheit?

Nein, zunächst handelt es sich bei Lese-Rechtschreib-Schwierigkeiten (LRS) um eine verzögerte Entwicklung der Schriftsprache, die sehr unterschiedliche Ursachen haben kann, aber nicht um eine Krankheit im medizinischen Sinn, die man an bestimmten Symptomen erkennt. Alle Kinder machen in ihrer Lese-Rechtschreibentwicklung Buchstabenvertauschungen oder schreiben Wortruinen (vgl. den Beitrag »Lesen- und Schreibenlernen« in Kapitel 5). Lese-Rechtschreibschwierigkeiten verstärken sich und dauern an, wenn die Lernangebote nicht an den jeweiligen Entwicklungsstand eines Kindes angepasst sind. Manche Kinder brauchen mehr Zeit, Zuwendung und verschiedenartige Lernhilfen, um erfolgreiche Leser und Schreiber zu werden. Je früher geholfen wird, desto weniger droht Gefahr, dass sich aus dem Entwicklungsrückstand ein ernstes umfassendes Lern- und Verhaltensproblem entwickelt.

Dieter Haarmann

✎ Tipps fürs Gespräch mit der Lehrerin oder dem Lehrer

Für einen erfolgreichen Start Ihres Kindes ins schulische Lernen ist die vertrauensvolle Zusammenarbeit zwischen Elternhaus und Schule sehr wichtig. Sie als Eltern müssen lernen, dass Ihr Kind ohne Ihre Anwesenheit und Schutz in einer Gruppe von sehr verschiedenartigen Gleichaltrigen zurechtkommen muss und vielfältige, interessante, aber zum Teil auch schwierige neue Dinge lernt, die auch Ihnen aus Ihrer Schulzeit unbekannt sein können. Die Klassenlehrerin erlebt Ihr Kind als eines unter vielen, sie braucht Zeit, um es mit seinen Stärken und Schwächen kennen zu lernen. Um Ihr Kind besser verstehen zu können und es richtig einzuschätzen, muss die Lehrerin über eventuell vorliegende Krankheiten, Krisen oder besondere aktuelle Ereignisse informiert sein. Vermeiden Sie im Beisein Ihres Kindes negative Kritik an der Lehrerin. Ihr Kind gerät sonst in einen Interessenkonflikt, da es zum Lernen in diesem Alter ein positives Verhältnis zur Lehrperson braucht.

✎ Suchen Sie von Anfang an Kontakt zur Schule. Besuchen Sie die Elternabende sowie Sprechstunden regelmäßig, damit Sie das Unterrichtskonzept der Lehrerin kennen lernen, auch wenn keine akuten Probleme vorhanden sind.

✎ Unterstützen Sie die Bemühungen der Schule, wenn es um sinnvolle pädagogische Maßnahmen geht. Arbeiten Sie, soweit es Ihre Zeit erlaubt, aktiv mit, dann entstehen weniger Missverständnisse und Misstrauen.

✎ Elternabende sind ungeeignet für Gespräche über einzelne Kinder. Diese erfolgen am besten nach Voranmeldung in der wöchentlichen Sprechstunde, damit sich die Lehrerin auf das Gespräch vorbereiten kann und genügend Zeit vorhanden ist.

✎ Schreiben Sie sich zu Hause Ihre Fragen auf und belegen Sie, falls Sie Kritik äußern wollen, diese möglichst mit konkreten Unterlagen (z. B. Notizen über die Dauer der Hausaufgaben, Auffälligkeiten).

150

✎ Versuchen Sie zunächst die positiven Aspekte zu loben und nach der Einschätzung der Lehrerin von Ihrem Kind zu fragen, bevor Sie Ihre Beobachtungen und Sorgen vortragen.

✎ Lassen Sie die Lehrerin ausreden und fragen Sie nach, falls Sie etwas nicht verstehen.

✎ Bemühen Sie sich um sachliche Darstellung, vor allem von Vorfällen, die Sie nur aus der Sicht Ihres Kindes kennen.

✎ Haben Sie das Gefühl, dass die Lehrerin Ihre Ängste und Sorgen um Ihr Kind nicht ernst nimmt oder Ihre Beobachtungen z. B. zu bestimmten Lernschritten als ungewünschte Einmischung sieht, so sprechen Sie zunächst mit anderen Eltern der Klasse und bringen Sie, falls diese ähnliche Probleme haben, das Thema auf die Tagesordnung beim nächsten Elternabend.

✎ Auseinandersetzungen und Beschwerden sollten Sie im Interesse Ihres Kindes vermeiden. Sind sie aber begründet, so sollten sie zunächst im persönlichen Gespräch sachlich geklärt werden. Erst wenn keine positive Veränderung erfolgt, sollten Sie den Weg durch die Instanzen gehen: Schulleitung, Schulamt, Kultusministerium. Oft können auch die Mitarbeiter/innen der schulpsychologischen Dienste oder öffentliche und private Erziehungsberatungsstellen vermitteln helfen. Bei großen Konflikten zwischen Eltern und Klassenlehrer/in hilft manchmal nur ein Klassen- bzw. Schulwechsel.

Ingrid M.Naegele

Notizen:

Anfangsunterricht ist heute etwas anders

Frage: »Wo gefällt es dir denn besser – im Kindergarten oder in der Schule?« Antwort: »Im Kindergarten.«
– Gegenfrage: »Und warum?« –
Antwort: »Weil wir da mehr gelernt haben!«

Die moderne Grundschule hat es sich
zu Herzen genommen.

Lernen soll Spaß, Leistung soll Freude machen

Nichts ist für einen guten Schulanfang so wichtig wie der Spaß am Lernen, gerade wenn Ihr Kind ernsthaft mit Wörtern, Buchstaben, Zahlen und Mengen zu arbeiten beginnt. Alles prägt sich doppelt so schnell und gut ein, wenn Ihr Kind mit Vergnügen lernt. Denn die Freude fördert das Lernen wie die Sonne das Wachsen im Garten. Der Geist wird wach und beweglich. Er registriert nicht nur, was die Sinne wahrnehmen, sondern er saugt es begierig auf und bewahrt es wie einen Schatz. Und – unabhängig vom Erfolg – ein vergnügtes Lernen ist unmittelbarer Lebensgenuss.

Nun wird das Singen, Basteln und Turnen weit leichter zum Vergnügen als das Lesen, Schreiben und Rechnen. Wenn ein Kind Seite für Seite das Rechenbuch und die Fibel durcharbeitet, kann ihm der Spaß schon vergehen, auch wenn es sich auf die Schule gefreut hat. Das passiert besonders dann, wenn es im Lehrgang vorwiegend darum geht, nichts falsch zu machen und alle Aufgaben zu schaffen. Der Leistungsdruck macht vielen Kindern Angst und hemmt sie beim Lernen. Darum versuchen heute immer mehr Lehrerinnen und Schulbuchautoren bzw. -autorinnen, die Lehrgänge aufzulockern, zu differenzieren, den Leistungsdruck zu verringern und den Spaß am Lernen zu vergrößern.

Als Mutter und Vater können Sie diese Bemühungen sehr unterstützen – nicht durch noch mehr Belehrung, sondern einfach durch elterliche Anteilnahme. Im Folgenden möchte ich dafür einige Anregungen geben.

Sich freuen über jeden Lernschritt

»Du, weißt du eigentlich, dass ich schon ganz viel lesen kann?« Mit diesen Worten lädt Ihr Kind Sie vielleicht schon bald zu einer Leseführung ein. Da geht es vom »Spar«-Geschäft zum **Postamt** , beim **STOP** - Schild über die **Einbahnstraße** und weiter zu anderen Schildern und Aufschriften. Am nächsten Tag wird womöglich vor Ihren Augen die Oma zusammengefaltet, und Sie rufen je nach Faltung A oder O. Am Ende wird noch die Oma mit wenig Uhu zum Opa verzaubert. Ist das nicht ein Grund zum Staunen und Mitfreuen? Auch wenn Ihr Kind nicht jeden Tag solche Kunststücke vorführt – Sie brauchen Ihrer Neugier nur ein wenig nachzugeben, dann erfahren Sie sicher etwas Schönes von der Schule.

Ihre Fragen können den Spaß am Lernen außerordentlich fördern, besonders wenn Sie sich mehr auf erfreuliche als auf unerfreuliche Neuigkeiten einstellen. Das bedeutet nicht, dass Sie belastende Erlebnisse überhören und Ihr Kind mit seinem Kummer allein lassen. Aber wenn Sie die positiven Erlebnisse Ihres Kindes hervorheben, können Sie auch seine Einstellung zur Schule positiv beeinflussen.

Zudem gewöhnt das Kind sich daran, zu Hause immer noch einmal über seinen Schulvormittag nachzudenken. Es sieht ihn sozusagen auf Erzählenswertes hin durch. Dabei wiederholt und festigt es zugleich, was es gelernt hat, und es lernt, ganz nebenher, das Erzählen. Zudem stellt Ihr Kind auf diese Weise selbst eine Verbindung zwischen Schule und Elternhaus her.

Auskosten, was am Lernen Spaß macht

Die tägliche Frage »Was habt ihr denn heute gemacht?« kann aber für das Kind belastend werden, wenn Ungeduld darin mitklingt. Vielleicht haben Bekannte erzählt, dass die Parallelklasse im Rechenbuch schon um Seiten weiter ist oder viel mehr Buchstaben kennt. Dann liegt der Gedanke nahe: »Wird unser Kind in seiner Klasse schnell genug vorankommen?« Gar so viel ist heute zu lernen, um Zugang zu einer guten Ausbildung zu erhalten. Man kann gar nicht früh genug damit beginnen. Gerade am Schulanfang ist jedoch Ruhe, nicht Eile geboten. Ganz allgemein lernen die Kinder heute oft zu viel in zu kurzer Zeit – und können schließlich alles nicht richtig. Wenn Sie an Ihre eigene Schulzeit zurückdenken, wird Ihnen auffallen, dass Sie vor allem die Dinge behalten haben, mit denen Sie sich intensiver befassen konnten. Im Anfangsunterricht ist die Intensität des Lernens das Wichtigste, nicht Tempo und Stoffpensum. Denn hier werden Grundlagen gelegt – wenige, aber außerordentlich wichtige.

Wird auch in dieser Woche wieder mit »vier« gerechnet? Diesmal mit Kastanien, Trommelschlägen und Streichhölzern? Dann ist es gut.

Ihr Kind mag schon bis neununddreißig zählen – es muss dennoch die Menge »vier« wieder und wieder durchgliedern, um einen stabilen Zahlenbegriff aufzubauen, mit dem es später rechnen kann. Wiederholung ist das erste Gebot – aber sie sollte von den Kindern ausgehen. Was ihnen am meisten Spaß gemacht hat beim Rechnen, ob nun das Würfelspiel oder das Hüpfquadrat, sollten sie wiederholen dürfen, sooft sie mögen, nicht nur in der Schule, sondern auch zu Hause. Wenn Sie mit Ihrem Kind ganz bewusst Rechnen üben, wird das leicht anstrengend – für alle Beteiligten. Akzeptieren Sie stattdessen, dass es eine Zeit lang jeden Tag das Mensch-ärgere-dich-nicht-Spiel auf den Tisch legt und im Bett »Rotkäppchen« hören will, so kann es das Gelernte dort vertiefen, wo es dazu die größte Bereitschaft und davon den größten Nutzen hat.

Handelndes Lernen quer durch alle Schulfächer

Will die Oma einmal genau wissen, was Ihr Kind in der Lese-, Schreib- und Rechenstunde getan hat, so hört sich das vielleicht so an: »Im Lesen haben wir der Frau von der Fibel einen Brief geschrieben, in Schreiben haben wir Tanzmusik gehört und dazu mit Kreide Kringel gemalt, in Mathe haben wir Häuser gezeichnet.«

Sind hier die Schulfächer durcheinander geraten? Nein, sie sind nur wieder so weit zusammengerückt, dass sie sich gegenseitig unterstützen können. Die Kinder lesen einen Fibeltext viel genauer, wenn sie der Autorin dazu ihre Meinung schreiben (bzw. der Lehrerin diktieren). Das Musikmalen fördert das harmonische und schwungvolle Schreiben, und beim Häuserzeichnen wird klar, was Dreiecke und Rechtecke sind.

Je mehr Sinne beim Lernen angesprochen werden, desto mehr nimmt das Kind wahr und desto plastischer wird das Bild, das es sich macht. Am stärksten prägt sich das ein, was es unmittelbar anwenden kann. Darum ist es so wichtig, das Lesen, Schreiben und Rechnen mit sinnvollem Handeln zu verbinden, z. B. mit dem Keksbacken: Da sind Aufschriften auf den Tüten zu lesen, Rezepte zu schreiben, Mengen abzuwiegen.

Handelndes Lernen macht so viel Spaß, weil dabei etwas entsteht oder geschieht. Es geht weniger um formale Schulleistungen als um Dinge und Menschen. Dies ist allemal die natürlichere Art des Lernens und die vertrautere. Zu Hause hat Ihr Kind das meiste so gelernt. Sie können nichts Besseres tun, als ihm weiter möglichst viel Gelegenheit dazu zu geben: Möchte es gern beim Autoreparieren helfen, das Telefon bedienen, mitreden bei der Frage, wohin Sie am Sonntag fahren und was Sie kochen wollen? Das sind alles auch Lernimpulse. Sie können Ihr Kind mit Schraubenschlüsselgrößen bekannt machen, ihm Telefon-Zettel schreiben, mit ihm in die Wanderkarte und ins Kochbuch gucken. Die Mühe und die Zeit, die Sie das kostet, dankt Ihnen Ihr Kind bald. Je mehr es sich ernst genommen und in die Angelegenheiten der Familie eingeweiht fühlt, desto mehr fühlt es sich auch mitverantwortlich und handelt entsprechend einsichtig.

Über alles miteinander reden

Wie der Spaß am Lernen dem Motor gleicht, der den Geist in Bewegung bringt, haben negative Gefühle Bremswirkung. Hat ein Kind Angst zu versagen, fühlt es sich allein oder von den Nachbarn bedroht, so kann es sich nicht konzentrieren. Der Geist ist nicht nur mit dem Stoff beschäftigt, sondern auch mit der Frage:»Warum bin ich nicht so gut wie Anja?« oder»Was tu ich, wenn Udo mich wieder mit dem Bleistift piekt?«

Nun gehören Auseinandersetzungen ebenso zum Leben in der Klasse wie Freundschaften. Aber die Konflikte müssen angesprochen und aufgearbeitet werden. Unerkannte und unverstandene Probleme lähmen die Freude am Lernen. Dagegen ist das Erlebnis, gemeinsam ein Problem gelöst zu haben, nicht nur sehr beglückend, sondern auch ein starker Ansporn, noch mehr miteinander zu tun.

Allerdings – ein bloßes»Udo, das darfst du nicht« löst kein Problem. Die Kinder können ihr Verhalten erst ändern, wenn sie es verstehen. Und dazu bedarf es vieler Gespräche in angstfreier, akzeptierender Atmosphäre: Gespräche in kleinen und großen Gruppen und mit der ganzen Klasse. Es ist viel zu lernen:

- ✣ Gefühle zu äußern statt sich zu rechtfertigen,
- ✣ zu fragen statt anzuklagen,
- ✣ einander zuzuhören und zu achten statt zu verurteilen.

Wenn die Lehrerin sich Zeit nimmt für solche Gespräche, wann immer es nötig ist, ist das ein Glück für Ihr Kind. Es gewinnt dabei unendlich viel für seine persönliche Entwicklung und seine Beziehungen zu anderen.

Lehrpläne und Didaktiken betonen seit langem den Wert dieses sozialen Lernens. Doch erst allmählich wird erkannt, wie wichtig es schon in der ersten Klasse ist. Viele Jahre standen hier die Lehrgänge im Lesen, Schreiben und Rechnen im Vordergrund. Für gemeinsame Vorhaben und Gespräche blieb wenig Zeit. Die vielen Lese- und Rechtschreibschwierigkeiten in unseren Schulen haben uns aber gelehrt, dass man die so genannten »Kulturtechniken« nicht als isolierte Techniken vermitteln kann.

Eine Kultur des Lesens und Schreibens entwickeln die Kinder nur, wenn sie ihre Fähigkeit für die Verständigung mit anderen nutzen können, z. B. für die Kommunikation in der Klasse. Das Gespräch über einen Streit kann Anlass zum Schreiben von »Ich-Blättern« werden. Jedes Kind informiert die anderen über seine Vorlieben und Empfindlichkeiten: »Ich habe es gern, wenn …«, »Mich stört es, wenn …« Zugleich erkennen die Kinder in solchen Gesprächs-Zusammenhängen den Sinn richtigen Lesens und Schreibens und erlernen es leichter.

Als Mutter und Vater können Sie viel tun, um die Lehrerin bei einem kommunikativen Anfangsunterricht zu unterstützen. Er ist ja, leider, noch keine Selbstverständlichkeit. Darum ist es für die Lehrerinnen und Lehrer, die lebendiger und kinderfreundlicher unterrichten wollen, wichtig, dass auch die Eltern ihrer Klasse diese Entwicklung bejahen und nicht nur darauf sehen, wie schnell die Kinder in den Büchern weiterkommen. Wenn Ihr Kind Spaß am Lesen-, Schreiben- und Rechnenlernen hat, ist das die beste Gewähr dafür, dass es darin auch vorankommt: zuerst langsam und dann immer schneller und leichter. Zugleich gewinnt es eine positive Einstellung zum Lernen in der Schule überhaupt. Und das ist für seine weitere Entwicklung vielleicht noch wichtiger.

Marion Bergk

»Freiarbeit« – was ist das?
Neue Begriffe aus der Schule

Immer mehr Klassenzimmer erinnern stärker an Lernwerkstätten als an herkömmliche Unterrichtsräume. Da findet man offene Regale mit vielfältigem Material, thematische Ecken wie kleine Küchen, eine Druckerei oder eine Leseecke, da stehen Stühle und Tische scheinbar ohne Ordnung im Raum, da findet man den Lehrertisch nicht mehr vor der Tafel. Mitunter helfen Pflanzen und Tiere das Klassenzimmer zu einem Erlebnisraum zu gestalten und laden zum Beobachten ein. Wer solche Räume betritt, verspürt nicht Angst und Ernüchterung, sondern Neugierde und Betätigungslust.

Das Lernen wird von den Lehrkräften für die Kinder vielfältig strukturiert. Offene Lernformen, während deren Kinder Entscheidungen darüber treffen müssen, mit wem sie lernen, welche Aufgabe sie erfüllen oder wann und wie sie sie erfüllen, wechseln mit geschlossenen Phasen, in denen Lehrerinnen und Lehrer erzählend, erklärend und fragend neues Wissen vermitteln, Fakten erläutern und Kenntnisse der Kinder abfordern.

Freiarbeit

Eine offene Lernform ist die Freiarbeit.Unter diesem Begriff werden Lernprozesse zusammengefasst, bei denen Kinder ihre Tätigkeiten (mit-)bestimmen und dadurch erleben, selbst ihre Verstehens- und Arbeitsprozesse zu lenken. Praktizierte Freiarbeit kann sich auf unterschiedliche Zeiträume erstrecken – z. B. täglich zwei Stunden oder einmal pro Woche einen ganzen Tag lang – und hat verschiedene Gesichter: Lehrerinnen und Lehrer »schenken« den Kindern Zeit, in der sie vollkommen selbstständig entscheiden können, womit sie sich beschäftigen, mit wem sie zusammen sein wollen, wo sie spielen oder lernen wollen oder ob sie »nur« anderen bei deren Tätigkeiten zuschauen (und dabei von ihnen lernen).

Eine häufig anzutreffende Form freier Arbeit ist der Tagesplan.

Hier stellen Lehrerinnen/Lehrer für alle Kinder den gleichen oder auf einzelne Kinder »zugeschnittene« Arbeitsplätze aus Pflicht- und Wahlaufgaben zusammen. Die gestellten Aufgaben widmen sich unterschiedlichen Lernbereichen und enthalten meist auflockernde Akzente: Bewegungsaufforderungen, mögliche Zusammenarbeit mit anderen oder Aufgaben mit spielerischem oder gestaltendem Charakter. Die Kinder entscheiden dann, in welcher Reihenfolge sie die Aufgaben erledigen, mit wem sie arbeiten wollen und welche Hilfen sie nutzen. Erledigte Aufgaben streichen sie auf ihren Plänen ab, die Arbeitsergebnisse werden gesondert abgelegt und von den Lehrkräften überprüft. Zusätzliche Spiel-, Forschungs- oder Gestaltungsanregungen (»Wahlaufgaben«, »Angebot«, »Zusatz«) ergänzen die Pflichtaufgaben des Arbeitsplanes und fördern die individuellen Interessen des Kindes sowie die Freude am Lernen. Für Unterricht in Freiarbeit sind ansprechend gestaltete Lernräume mit vielfältigem Material, einer Klassenbibliothek und Rückzugsmöglichkeiten besonders wichtig. Der große Aufforderungscharakter von einigen Lernspielen, von Montessori-Material oder ansprechenden Büchern hilft oft motivationsschwachen Kindern, sich in selbstständige Arbeit zu versenken. Ähnlich motivationsfördernd ist das Lernen mit anderen Kindern, z. B. das Interesse von Freunden an einem bestimmten Thema.

Schülerinnen und Schüler reagieren auf die Möglichkeit des Lernens in Freiarbeit sehr unterschiedlich. Kinder, die innerhalb ihrer Familie Sorgen haben, können sich häufig nicht oder nur schwer auf die Beschäftigung mit Themen konzentrieren. Sie können sich während der Freiarbeit jedoch zurückziehen oder auf individuelle Art ihre Probleme bearbeiten. Kinder, die das selbstständige Spielen und Fragen oder das Zusammensein mit anderen nicht gewöhnt sind, stehen »freier« Zeit oft hilflos gegenüber und müssen durch unterstützende Begleitung der Lehrkräfte schrittweise an Freiarbeit herangeführt werden. Für Schülerinnen und Schüler mit Lernschwierigkeiten bietet die Freiarbeit Gelegenheit, sich von anderen Kindern helfen zu lassen und ihnen andererseits Dinge zu zeigen, die sie besonders gut können. Lehrerinnen und Lehrer haben während der Freiarbeit die Möglichkeit, sich Problemkindern besonders intensiv zu widmen und leistungsstarke Schülerinnen und Schüler durch kleine Impulse oder besonderes Material zu fördern.

Zu den offenen Lernformen gehört auch das Lernen nach Wochenplan. Die Lehrkräfte stellen hier für jeweils fünf Tage Aufgabenblätter mit freien und festgelegten Aufgaben aus den unterschiedlichen schulischen Lernbereichen zusammen. Darauf kann es dann heißen: »Rechne aus, wie alt alle Kinder in unserer Klasse zusammen sind!« oder: »Schreibe auf, welches Buch du am liebsten hast und warum du es so magst. Hänge deinen Buchtipp in der Leseecke auf!« oder als freie Aufgabe: »Beschäftige dich mit Regen. Du kannst ein Bild malen, dir ein Buch aussuchen und lesen, eine Geschichte schreiben oder ein Experiment vorbereiten. Du kannst am Freitag den anderen Kindern zeigen, was du gemacht hast.« Innerhalb der Schulwoche gibt es festgelegte Zeiten, in denen die Kinder sich der Erfüllung der Aufgaben ihres Planes widmen können, z. B. die jeweils ersten zwei Stunden des Schultages. Oft sind Hausaufgaben auf dem Wochenplan enthalten und als solche ausgewiesen.

An derart verantwortungsvolles Lernen werden die Schülerinnen und Schüler nach und nach – z. B. indem mit Tagesplänen begonnen wird – herangeführt und durch eine Vielzahl von Regeln gestützt. Die Kinder lernen, was die einzelnen Zeichen mit Wiedererkennungswert auf den Lernplänen bedeuten, bei wem und wie sie sich Hilfe holen können, mit welchen Lern- und Arbeitsmaterialien sie wie umgehen sollen, wohin sie während der Wochenplanarbeit gehen dürfen, wie sie sich ihre Zeit und ihre Kraft einteilen können und welche Umgangsformen das eigene Lernen und das anderer Kinder fördern oder behindern. Eine Rückkoppelung über ihre Arbeit erhalten sie, nachdem die Lehrkraft die erfüllten Aufgaben angeschaut und ihre Beobachtungen ausgewertet hat. Dabei kann sich die Lehrerin oder der Lehrer nicht nur ein Bild darüber machen, wie gut das einzelne Kind z. B. lesen, rechnen und schreiben kann, sondern gleichfalls, ob seine Selbstständigkeit gewachsen ist, ob die Ausdauer zugenommen und sich seine Fähigkeit der Zeitplanung verbessert hat. Auch das Verhältnis zwischen der Geschwindigkeit des Arbeitens an einzelnen Aufgaben und der Qualität der Ergebnisse wird dann ausgewertet werden.

Manchmal bringen Kinder ein Thema mit in den Unterricht, das sie gerade beschäftigt, oder stellen Fragen, die für andere Kinder ebenfalls interessant sind. Aufmerksame Lehrerinnen und Lehrer greifen diese auf und rufen für die Klasse Projektarbeit aus. Dann werden alle Fragen, die die Kinder zum Thema haben, gesammelt und nach und nach bearbeitet. Es werden Pläne erstellt, welche Kinder sich womit beschäftigen wollen und mit wem sie arbeiten möchten. Es wird nach Material wie Büchern, Zeitschriften, Gegenständen und Filmen zum Thema gesucht und überlegt, wen man in die Schule einladen kann, um Hilfe bei der Beantwortung von Fragen zu bekommen. Es werden unter den einzelnen Schülergruppen Erkenntnisse ausgetauscht und abschließend überlegt, wie man die Arbeitsergebnisse anderen präsentiert: in einer Ausstellung in der Klasse, in der Schule, gar in einem Museum? Als Expertenvortrag durch die Kinder? Als Arbeitskassette für andere? Projektunterricht birgt mit seiner hier kurz umrissenen Arbeitsweise vielfältige Potenziale: Die Kinder bearbeiten ein Thema über Fächergrenzen hinweg und üben sich gleichzeitig in den Kulturtechniken (z. B. Informationen lesend aufnehmen, Arbeitsergebnisse aufschreiben). Sie sind gefordert, Neugierde zu entwickeln, Fragen zu stellen und gemeinsam mit anderen Lösungen zu suchen. Sie erlernen planmäßiges Handeln und das Darstellen von Erkenntnissen.

Alle drei genannten Formen geöffneten Unterrichts (Freiarbeit, Wochenplanarbeit, Projektunterricht) ermöglichen bzw. benötigen Partner- und Gruppenarbeit. Zu zweit oder in kleinen Gruppen werden die Kinder aufgefordert, gemeinsam nach Lösungsmöglichkeiten für Aufgaben zu suchen, sich untereinander Hilfe zu gewähren und sich zu beraten. Dabei sind nicht »Vorsagen« und »Abschreiben« gemeint, sondern gegenseitige Förderung und Bereicherung der Kinder. Dazu lernen sie themenorientierte Gespräche zu führen, sie erwerben erste didaktische Fähigkeiten und erleben, dass mehrere gemeinsam mehr schaffen können als ein Kind allein. Kinder haben eine der Erwachsenenwelt mitunter sehr verschiedene Sprach- und Gedankenwelt und können in ihrem Miteinander deshalb bessere Erklärungen und Hilfestellungen geben, als dies den Lehrkräften möglich ist. Und: Was ein Kind einem anderen erklärt, das hat es selbst verstanden und kann darüber als gesichertes Wissen verfügen. Die sozialen Kompetenzen, die Kinder in der Partner- und Gruppenarbeit erwerben, gehören in der Grundschule von heute zu ebenso wichtigen Lernergebnissen wie die Beherrschung der Kulturtechniken. Lernen mit diesen Formen des Unterrichts macht Spaß, Wissenserwerb und Erbringen von Leistungen macht Freude. Kinder können ihre Freude und ihr Wissen mit anderen teilen, erarbeiten sich aus eigenem Antrieb Ergebnisse und erleben erfolgreiche Arbeit vor allem in dem Wachsen der eigenen Handlungsmöglichkeit. Wer lesen kann, kann seinen Wochenplan verstehen und ihm eröffnen sich immer mehr Inhalte interessanter Bücher, Artikel usw. Wer sicher addieren kann, kann über eine wachsende Zahl von mathematischen Spielen verfügen, wer multiplizieren und dividieren kann, kann die Angaben in Kochrezepten auf die Anzahl der Kinder der Klasse übertragen.

Manchmal fordern Eltern eine »Schließung« von Unterricht, weil Kinder sich während offenen Lernens verändern – sie werden aktiver, selbstständiger, stellen mehr in Frage –, wogegen sich einige Eltern wehren. Hinzu kommt, dass die Eltern das Lernen in der Schule zu Hause nicht mehr ohne weiteres verfolgen können, indem sie die Hefte kontrollieren. Sie möchten jedoch die Entwicklungen des Kindes ebenso nachvollziehen können, wie sie die gegenwärtigen Themen der Schularbeit interessieren, um gegebenenfalls zu Hause weiter mit den Kindern über diese ins Gespräch zu kommen. Außerdem haben viele Eltern Angst, dass ein »verspielter« und freier Unterricht die Kinder nicht ausreichend fordert und fördert und z. B. Wege zu weiterführenden Schulen verbaut werden. Diese Bedenken sollten die Eltern im Gespräch mit den Lehrkräften thematisieren und – vor allem – sich selbst geöffneten Unterricht anschauen.

Anja Durdel

Lesen- und Schreibenlernen

So war es früher ...

»So, nun sprecht mir alle nach: A, Bee, Cee« – er wies auf die nächsten Buchstaben –»Dee, E, Ef«. Er kehrte zum ersten Buchstaben zurück: –»Das ist ein A, das ist ein Bee, das ist ein Cee«. – Wir sprachen sogleich jeden Buchstaben mit singender Stimme nach. Ein jeder wollte, dass seine Stimme auch gehört würde, und wir gerieten nach und nach in einen solchen Eifer, dass aller Anstand dabei verloren ging.«

Mit diesen Worten schildert der russische Schriftsteller Morosow, wie er vom Grafen Leo Tolstoi in der Schule für Bauernkinder 1859 unterrichtet wurde.

Jahrhundertelang wurde diese Buchstabiermethode für das Lesenlehren verwendet. Später trat das Sinnlautverfahren an ihre Stelle. Dabei wird nicht mit den Buchstaben, sondern mit den Einzellauten begonnen, die häufig als Sinn- oder Empfindungslaut eingeführt wurden: MMM – wie schmeckt der Kuchen gut! UUU – wie ist es kalt!

Heute aber ...

Heute wissen wir, dass das Lesen- und Schreibenlernen ein sehr viel komplizierteres Geschäft ist und dass es nicht ausreicht, den Kindern nur das Alphabet oder die Einzellaute beizubringen. Zu Schulbeginn wissen Kinder noch nicht, was ein Wort ist und wie Sätze in Wörter gegliedert werden und dass in unserer Schrift jedes gesprochene Wort aufgeschrieben wird. Diese Kenntnisse und Einsichten werden nicht schlagartig von heute auf morgen erworben. Vielmehr lassen sich beim Lesen- und Schreibenlernen charakteristische Stufen beobachten, die alle Kinder durchlaufen.

Beim Schreibenlernen handelt es sich um die folgenden Stufen:
- Kritzeln
- Aneinanderreihen von Buchstaben (Pseudo-Wörter): Die Kin-

der schreiben einzelne Buchstaben (meist in Blockschrift, d. h. in großen Druckbuchstaben) oder malen buchstabenähnliche Zeichen, aber ohne jeglichen Bezug zur Lautung der Wörter.

❧ Skelettartige Schreibungen: Die wichtigsten Laute werden nun wiedergegeben, häufig wird auch zumindest jede Silbe durch wenigstens einen Buchstaben markiert, z. B. MS (Maus) oder VOG (Vogel).

❧ Schreiben nach dem Prinzip »Schreibe, wie du sprichst«: Die Kinder orientieren sich dabei vorwiegend an ihrer eigenen Aussprache, d. h. an ihrer häufig dialektal gefärbten Umgangssprache.

❧ Erste Verwendung orthografischer Regelungen: Viele Fehler entstehen durch falsche Verallgemeinerung orthografischer Regelungen, z. B. er vragt (fragt), mier (mir) oder Einführung von Dehnungs-h.

❧ Übergang zur entwickelten Rechtschreibfähigkeit. Eine völlig fehlerfreie Rechtschreibung gelingt heutzutage den wenigsten Erwachsenen, es ist immer ratsam, auf den »Duden« als Hilfsmittel zurückzugreifen.

Beim Lesenlernen lassen sich ähnliche Stufen erkennen:

❧ Als-ob-Lesen: Kinder ahmen die äußerlich sichtbaren Verhaltensweisen geübter Leser nach und tun so, als ob sie lesen (z. B. ein Buch vor die Nase halten und murmeln).

❧ Naiv-ganzheitliches Lesen: Die Kinder haben noch keine Einsicht in die Buchstaben-Laut-Beziehung und erraten Wörter, wobei sie sich an einzelnen Buchstaben, gelegentlich auch Einzelheiten von Buchstaben, orientieren (Coca-Cola). Nur selten können Kinder dieser Stufe den Buchstaben einem Lautwert zuordnen.

❧ Benennen einzelner Laute: Die Kinder haben ansatzweise erkannt, dass Buchstaben Laute darstellen, und erraten Wörter häufig aufgrund des Anfangsbuchstabens, wobei sich allerdings häufig Verwechslungen ergeben (Telefon statt Toilette).

❧ Buchstabenweises Erlesen: Das Kind kennt inzwischen die meisten Buchstaben und deren Laute und versucht nun, jedes Wort buchstabenweise zu lesen. Vielen Kindern gelingt dabei aber noch nicht die Bedeutungsentschlüsselung. So liest Katja: Gar-teen, erkennt aber das Wort nicht.

❧ Fortgeschrittenes Erlesen: Nutzen von größeren Einheiten: Das Kind lernt allmählich, größere Einheiten als den Einzelbuchstaben zu verwenden. Es erkennt mehrgliedrige Schriftzeichen und beginnt, Silben und Wortbausteine zu nutzen (Spa-zier-gang).

Entwicklungsmodell für das Lesen- und Schreibenlernen

Stufe	Fähigkeiten und Einsichten des Kindes	Lesen	Schreiben
1	Nachahmung äußerer Verhaltensweisen	»Als-ob«-Lesen	Kritzeln
2	Kenntnis einzelner Buchstaben	Naiv-ganzheitliches Lesen	Malen von Buchstabenreihen, Malen des eigenen Namens
3	Beginnende Einsicht in den Buchstaben-Laut-Bezug, Kenntnis einiger Buchstaben/Laute	Benennen von Lautelementen, häufig am ersten Buchstaben orientiert	Skelettschreibungen (Hs für Hose)
4	Einsicht in die Buchstaben-Laut-Beziehung	Buchstabenweises Erlesen (G-a-r-t-e-n), gelegentlich ohne Sinnverständnis	Nach dem Prinzip »Schreibe, wie du sprichst« (Rola – Roller/hoite – heute/mia – mir)
5	Verwendung orthografischer Muster	Fortgeschrittenes Erlesen: Verwendung größerer Einheiten (z. B. mehrgliedrige Schriftzeichen, Silben, Endungen wie -en, -er)	Verwendung orthografischer Muster (Auslautverhärtung, Umlaute), gelegentlich auch falsche Generalisierungen (Oper statt Opa)
6	Automatisierung von Teilprozessen	Entfaltete Lesefähigkeit	Dudenschreibweise

◈ Entfaltete Lesefähigkeit: Das Kind gelangt zu flüssigem Lesen und zur Sinnentnahme.

Die hier beschriebenen Stufen lassen sich beim Schreiben oder Lesen unbekannter Wörter beobachten. Daneben verfügen Kinder über einen allmählich anwachsenden Bestand an gelernten Wörtern. Diese werden zunächst auswendig gelernt, und der Wortschatzumfang ist begrenzt. Manche Kinder bleiben aufgrund ihres guten Gedächtnisses für Wortbilder bis zum Ende des ersten Schuljahres völlig unauffällig, da sie die Fibeltexte auswendig kennen und beim Abschreiben keine Schwierigkeiten haben. Den tatsächlichen Entwicklungsstand kann man folglich nur feststellen, wenn ihnen unbekannte Wörter oder Sätze zum Lesen vorgelegt oder diktiert werden.

Was leistet das »Stufenmodell«?

Das Stufenmodell veranschaulicht, dass alle Kinder zunächst Schwierigkeiten haben und dass diese »Fehler« natürliche Entwicklungsschritte anzeigen. Fast alle Kinder schreiben zunächst gelegentlich in Spiegelschrift oder vertauschen spiegelbildliche Buchstaben, wie d und b, weil sie die Form, nicht jedoch die Lage im Raum als bedeutungsunterscheidend wahrnehmen. Derartige Fehler wurden früher als Anzeichen für eine spätere Legasthenie oder Lese-Rechtschreibschwäche angesehen. Heute wissen wir, dass alle Kinder ein solches Stadium durchlaufen. Ebenso haben zunächst alle Kinder Schwierigkeiten, ein Wort vollständig in Laute aufzugliedern, ohne dass es sich hierbei um auditive Wahrnehmungsmängel handelt.

Aus dem Stufenmodell ergibt sich auch ein neues Verständnis von Fehlern: Fehler sind notwendige und häufig auch sinnvolle Annäherungen an den Lerngegenstand. Sie können paradoxerweise auch Fortschritte in der Entwicklung schriftsprachlicher Fähigkeiten anzeigen. (Ein Kind, das das Wort Roller zunächst mechanisch richtig schreibt, wird – angelangt auf der Stufe »Schreibe, wie du sprichst« – Rola schreiben.)

Gut ausgebildete Lehrer/innen wissen von dieser Schwierigkeit der Kinder und versuchen, durch einen sorgfältig geplanten Lehrgang den Kindern behutsam die Einsichten, die beim Erlernen der Schriftsprache notwendig sind, zu vermitteln. Einige Lehrer/innen verwenden heutzutage eine Eigenfibel, d. h., sie stellen gemeinsam mit den Kindern Lesematerialien her. Die überwiegende Mehrheit benutzt allerdings eine Fibel, jedoch häufig kombiniert mit der Herstellung eigener Materialien.

Grundsätze eines guten Unterrichts

Das Kind dort abholen, wo es steht

Mit Hilfe des Stufenmodells können Lehrer/innen Stärken und Schwächen von Kindern beim Lesen- und Schreibenlernen erkennen und geeignete Fördermöglichkeiten zur Hinführung zur »Zone der nächsten Entwicklung« wählen.

Lesenlernen mit einer sinnvollen Methode

Wir wissen heute, dass Kinder am besten lernen nach einer Methode, die »analytisch-synthetisch« genannt wird. Die Kinder prägen sich einfache Wortbilder (»Schlüsselwörter«) ein, die von Anbeginn an voll durchgegliedert werden, und zwar mit allen Sinnen: visuelles Erfassen und Gliedern, lautliches Unterscheiden, Mitartikulieren und Nachsprechen, Hantieren mit Buchstaben und Wortkarten, Legen, Nachfahren und Schreiben von Buchstaben und Wörtern.

Verzahnung von Lesen- und Schreibenlernen von Anfang an

Die Verzahnung von Lesen- und Schreibenlernen unterstützt das Erlernen der Form der Buchstaben und das Erkennen der alphabetischen Struktur unserer Schrift. Das Schreiben, gekoppelt mit gedehntem Sprechen, lenkt die Aufmerksamkeit auf die Abfolge der Buchstaben und die genaue Durchgliederung des Wortes. Zudem sind viele Kinder sehr motiviert und wollen von Beginn an auch schreiben bzw. Buchstaben, Wörter und Texte abmalen. Damit dies ermöglicht wird, beginnen viele Lehrerinnen mit der Druckschrift und gehen erst gegen Ende des Schuljahres zu der verbundenen Schrift über. Viele Lehrkräfte bevorzugen etwas vereinfachtere Schriftarten: entweder die Schulausgangsschrift oder die Vereinfachte Ausgangsschrift.

Schulausgangsschrift	Vereinfachte Ausgangsschrift
a b c d e f g h i j k l m n o p q r s ß t u v w x y z ä ö ü A B C D E F G H J J K L M N O P Q R S T U V W X Y Z Ä Ö Ü	a b c d e f g h i j k l m n o p qu r s r t u v w x y z ä ö ü sch st ß ſs tz A B C D E F G H J J K L M N O P Qu R S T U V W X Y Z Ä Ö Ü

Gute Erfahrungen wurden auch gemacht, wenn in den ersten Schulwochen oder -monaten die Blockschrift (also große Druckbuchstaben) angeboten werden. Die meisten Kinder können zu Schulbeginn
ihren eigenen Namen in Blockschrift schreiben. Große Druckbuchstaben sind leichter zu erlernen, weil sie leichter voneinander zu unterscheiden sind.

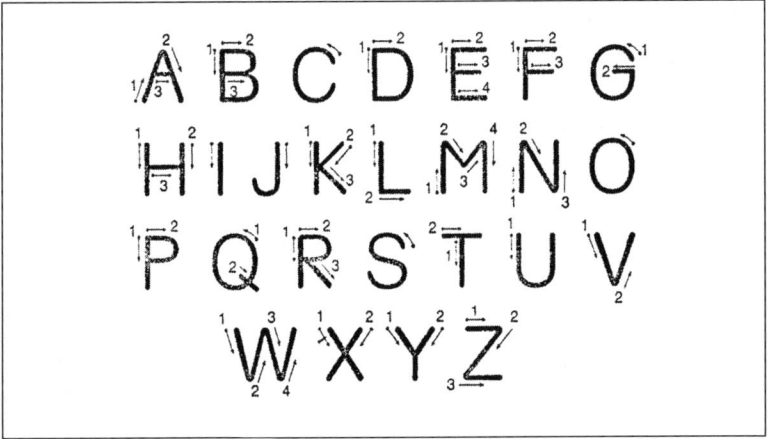

Blockschrift (aus FARA und FU. Handbuch für Lehrer und Lehrerinnen, Schroedel-Verlag, Hannover 1997, S. 6)
Die richtige Folge der Schreibschrift kann das Kind aus dem Rich-
tungszeichen entnehmen.

Das Erlernen der Schriftsprache wird für Kinder erleichtert, wenn sie sich in eigenen spontanen Schreibversuchen erproben können. Die auftretenden Fehler sind im Sinne des obigen Stufenmodells als wichtige Entwicklungsschritte zu deuten und zu respektieren.

Hilfreich ist beim freien Schreiben auch eine Anlauttabelle, wie sie in verschiedenen Formen vorliegt. Mit Hilfe dieser Tabellen kann das Kind zu einem Laut den entsprechenden Buchstaben finden, indem es den Anlaut eines gesprochenen Wortes mit den Anlauten bildlich dargestellter Wörter vergleicht. Während manche Kinder schon in kurzer Zeit den selbstständigen Gebrauch der Anlauttabelle erlernen und zu ganz erstaunlichen Schreibergebnissen gelangen, bedürfen andere langfristiger und intensiver Übung mit der Lehrerin.

Motivation zum Schriftspracherwerb schaffen

Nicht alle Kinder sind zu Schulbeginn motiviert, lesen und schreiben zu lernen. Eine wichtige Motivation erfahren die Kinder, wenn sie sich gegenseitig kleine Briefe schreiben, sich Geschichten vorlesen oder vorlesen lassen, Poster und Bücher erstellen. Vor allem durch eine »Veröffentlichung« der kindlichen Produkte – und seien sie noch so bescheiden – wird die Motivation zum richtigen Schreiben geweckt: Zeichnungen, Bilder, Lieblingswörter, kleine Sätze oder auch ganze Geschichten werden an der Klassenwand aufgehängt oder zu Lesebüchern für die Klasse zusammengestellt.

Neben dem gemeinsamen Unterricht sollten die Kinder Zeit erhalten, in der sie sich allein oder mit einem Partner Aufgaben und Materialien auswählen und ihr Lerntempo selbst bestimmen können. Die Einrichtung einer gemütlichen »Leseecke« im Klassenzimmer eröffnet den Kindern die Möglichkeit, sich zu bestimmten Zeiten zurückzuziehen, sich Bilderbücher anzuschauen, eine Geschichte zu lesen oder vorlesen zu lassen oder sich mit einem Leselernspiel zu beschäftigen. In vielen Klassen hat sich die Einrichtung einer kleinen Sammlung (z. B. in einem »Lesekasten«) bewährt, aus der die Kinder selbstständig Materialien auswählen können. Der Kasten enthält Leseaufgaben, kurze Texte, Witze, Rätsel, aus verschiedenen Fibeln, Büchern und Zeitschriften herausgeschnittene geschichten oder von der Lehrerin oder von Kindern selbst gefertigte Materialien. Manche Verlage bieten auch kleine Klassenbibliotheken an mit Büchlein, die nur ein einfaches Wortmaterial enthalten.

 ## Was können Eltern tun?

Eltern können den Prozess des Lesen- und Schreibenlernens bei ihren Kindern fördern, indem sie

✎ Kindern vorlesen oder gemeinsam mit ihnen Bücher anschauen oder lesen (nur in Druckschrift!),

✎ bei Spaziergängen auf Buchstaben- oder Wörterjagd gehen. Dabei ist zunächst allerdings das Buchstabieren zu vermeiden, es sollte nur der Laut gesprochen werden (also nicht ha, sondern hhh). Leider wird dies in der »Sesamstraße« nicht beherzigt, was bei einigen Kindern zur Verwirrung führt.

✎ ein Vorbild sein: mit Kindern Zettel und Briefe austauschen, Merkzettel schreiben, Fotoalben kommentieren …,

✎ Fehler des Kindes als Entwicklungsschritte respektieren (bevor das Kind nicht die Stufe der »Schreibe-wie-du-sprichst«-Schreibungen erreicht hat, sollten die Fehler möglichst nicht verbessert werden),

✎ Geduld und Verständnis aufbringen, denn Lesen- und Schreibenlernen ist ein langwieriger Prozess, bei dem Kinder unterschiedlich lange Lernzeiten brauchen. Manche Lehrkräfte sind stolz darauf, wenn

Schulanfänger zu Weihnachten schon lesen können. Die schulischen Richtlinien besagen aber, dass man den Kindern bis zum Ende des zweiten Schuljahres Zeit lassen soll, um das Lesen zu erlernen.

Wie sagte schon Goethe am 15. 1. 1830 zu Eckermann: »Die guten Leutchen ... wissen nicht, was es einen für Zeit und Mühe kostet, um lesen zu lernen. Ich habe 80 Jahre dazu gebraucht und kann noch jetzt nicht sagen, daß ich am Ziele wäre« (S. 635, Gespräche mit Goethe. J. P. Eckermann. 2. Band. Insel, Wiesbaden 1955).

LESE-TIPPS

Sprachförderung

📖 Gela Brüggebors: So spricht mein Kind richtig. Rororo, Reinbek 1987

Diese Sammlung vielfältiger spielerischer Übungen für Kinder zur Sprachförderung, vor allem bei Rückstand in der mündlichen Sprachentwicklung, wird ergänzt durch Hintergrundinformation und nützliche Tipps für Eltern.

Lesen/Schreiben

📖 Ingrid Naegele: Lese-Rechtschreib-Schwierigkeiten. Vorbeugen – Verstehen – Helfen. Ein Elternhandbuch. Beltz, Weinheim 1995

Sammlung erprobter Hilfen, Spiele, Lese- und Schreibtipps, damit Kinder möglichst erfolgreich lesen und schreiben lernen können und Informationen für Eltern und Lehrer/innen zum Komplex Lese-Rechtschreib-Schwierigkeiten.

Renate Valtin

Brauchen Linkshänder Hilfe beim Schreibenlernen?

Ja: Linkshänder sind auf besondere Anleitungen zur richtigen unverkrampften Schreibhaltung angewiesen, damit später Probleme nicht dadurch entstehen, dass das Kind seine eigene Schrift verwischt oder das Handgelenk durch falsche Stifthaltung verkrampft.

Die Annahme, dass Linkshändigkeit Lese-Rechtschreibprobleme (Legasthenie) verursachen würde, gehört zu den zwar langlebigen, aber falschen Gerüchten. Die Vertreter dieser Behauptung meinen, dass die Verarbeitung von Sinneseindrücken im Gehirn bei Linkshändern komplizierter sei als bei Rechtshändern. Diese Vermutung konnte bis heute nicht bewiesen werden. Ebenso ungeklärt ist, ob die Händigkeit angeboren oder in früher Kindheit erworben wird.

Eine erzwungene Umstellung eines ausgeprägten Linkshänders auf rechts kann allerdings erhebliche Lern- und Orientierungsschwierigkeiten bewirken und sollte keinesfalls versucht werden. Allen Erkenntnissen zum Trotz gibt es leider immer noch Lehrer/innen und Eltern, die glauben, dass sie einem Kind dadurch helfen, dass sie es auf rechts umzutrainieren versuchen, weil unsere Umwelt auf Rechtshänder ausgerichtet ist und das Kind dann im Leben weniger Probleme habe. Dem kann entgegengehalten werden, dass es immer mehr Informationen und Hilfen für Linkshänder gibt.

Bei frühen Lernproblemen fallen eher die Beidhänder auf, bei denen sich noch keine Seitendominanz entwickelt hat, so dass der ständige Seitenwechsel zu Orientierungsproblemen mit Zahlen und Buchstaben führen kann. Hier ist eine frühzeitige Festlegung der Schreibhand förderlich.

Überprüfen kann man die Händigkeit mit einfachen Dingen:
- Ball werfen und fangen,
- schneiden und malen,
- Finger mit der Bürste schrubben oder Zahnbürste benutzen lassen,
- Perlen einfädeln u. a.

Problem Schreibhaltung

Die Unwissenheit vieler Eltern und Lehrer/innen kann allerdings zur Folge haben, dass sich ein linkshändiges Kind zunächst eine Schreibhaltung »von oben« angewöhnt, bei der die Schreibhand über das Geschriebene geführt wird. Dies hilft zwar beim Lesen, dabei verwischt jedoch die Hand das Geschriebene. Da Tinte meist erst ab dem zweiten/dritten Schuljahr benutzt wird, taucht das Problem erst dann auf. Wenn es akut wird, ist aber der Schreibablauf bereits so automatisiert, dass er später kaum zu verändern ist und zudem bei ansteigender Schreibgeschwindigkeit Verkrampfungen des abgeknickten Handgelenks zusätzlichen Stress bewirken. Hier sind dann nur noch kleine Korrekturen möglich: das Kippen der Schreibunterlage nach links sowie der Ersatz des Füllers durch einen Kuli, Faserstift oder Bleistift oder neuerdings einen speziell für Linkshänder entwickelten Tintenroller!

Wie alle Schulanfänger sollten gerade linkshändige Kinder, bevor sie zur Schule kommen, die Handmuskulatur durch Lockerungsübungen, Malen/Kneten/Falten und/oder Reißen stärken. Frühzeitig sollte auch darauf geachtet werden, dass Linkshänder, denen oft Spiegelschrift von rechts leichter fällt, Kreise, Zahlen und später Buchstaben, in der »richtigen Form« einüben, damit sich später ein durchgehender ökonomischer Schreibfluss entwickeln kann.

Weitere Tipps:

- Dicke Wachsstifte, Schwamm oder Straßenkreide sind geeignete Malgeräte.
- Ihr Kind benötigt spezielle Schreib- und Schneidegeräte für Linkshänder. Ein dicker Dreiecksstift eignet sich besonders, da er auf dem Mittelfinger flach aufliegen kann.
- In der Klasse ist unbedingt darauf zu achten, dass Linkshänder an der linken Kante sitzen, damit sich die Arme beim Schreiben nicht stören.
- Das Licht sollte möglichst immer von rechts kommen.
- Das Blatt oder Heft sollte schräg nach rechts liegen und die Hand unter der Zeile so, dass der Stift nach oben führt.
- Immer wieder sollte Zeit für Lockerungsübungen eingeplant werden, damit die Schreibhaltung nicht verkrampft.
- Eltern sollten darauf achten, dass ihr Kind beim Abschreiben den Text rechts hingelegt bekommt, da er sonst von der schreibenden Hand verdeckt wird.

 Weiterführende Hinweise:

Eltern und Lehrer/innen sehr zu empfehlen sind die Veröffentlichungen von Johanna Barbara Sattler, die die Beratungs- und Informationsstelle für Linkshänder und umgeschulte Linkshänder in München leitet (Sendlinger Str. 17, 80331 München), z. B.:

- Johanna B. Sattler: Übungen für Linkshänder. Schreiben und Hantieren mit links. Auer, Donauwörth 1997, 2. Auflage
- Rolf W. Meyer u. a.: Linkshändig? Ein Ratgeber. Humboldt Tb. München 1991
- Rik Smits: Alles mit der linken Hand. Geschick und Geschichte einer Begabung. Rowohlt, Berlin 1994

Ein Kinderbuch, das Linkshändigkeit aus der Sicht einer Betroffenen zum Thema hat:

- Doralies Hüttner: Die linke Pinke. rororo Tb. Reinbek 1988

Ingrid M. Naegele

Wissenswertes über Linkshänder

Wissenschaftler schätzen, dass etwa die Hälfte aller Menschen aus Linkshändern besteht. Weil aber nach wie vor viele Kinder zum Gebrauch der rechten Hand gezwungen werden, ist statistisch nur ein Anteil von 22,2 Prozent festzustellen. Viele »Pseudorechtshänder« leiden unter gesundheitlichen Schäden oder Problemen, deren Ursache in der Zwangsumschulung liegt. Immerhin waren so berühmte Menschen wie Goethe, Beethoven, Mozart, Leonardo da Vinci »offene« Linkshänder, ohne dass es ihrer Genialität Abbruch getan hätte. Prominenter Linkshänder unserer Tage mit vorbildlicher Schreibhaltung ist US-Präsident Bill Clinton.

Spezielles Schreibgerät und Werkzeug für Linkshänder kann bezogen werden vom Linkshandversand Höhn, Tel. 06247/7424.

aus: J. B. Sattler, »Übungen für Linkshänder«, Donauwörth 1997

Mathematik am Schulanfang

$$1 + 1 = 2$$

Warum der Anfang so wichtig ist

Die erste Begegnung mit Mathematik stellt für lange Zeit entscheidende Weichen. Sie kann Liebe auf den ersten Blick sein, vielleicht sogar der Beginn einer dauerhaften Freundschaft, aber auch ein Schock für das weitere (Schul-)Leben.

Es geht daher im »Erstrechenunterricht« nicht nur darum, dass die Kinder addieren und subtrahieren lernen, sondern vor allem, wie sie diese erste Begegnung erleben.

Zu einem guten Anfang können Schule und Elternhaus beitragen.

Das Lernen beginnt nicht in der Schule

Die Kinder bringen bereits eine Fülle von Vorkenntnissen in die Schule mit. Die meisten können bis 20, viele schon bis 100 zählen. Sie können einfache Rechenaufgaben lösen, insbesondere, wenn sie in vertrauten Sachsituationen wie beim Einkaufen vorkommen. An diese Erfahrungen muss der Unterricht anknüpfen. Allerdings sind die Vorerfahrungen sehr unterschiedlich. Daher wäre es falsch, den Schluss zu ziehen, dass im Mathematikunterricht des ersten Schuljahres eine behutsame Erarbeitung der Zahlen bis 20 nicht mehr notwendig ist. Zum einen zeigt sich auch, wie viele Kinder über einfache Kenntnisse noch nicht verfügen. Zum anderen stützen sich die Kinder bei ihrem Umgang mit Zahlen oft noch sehr stark auf das Zählen. Dies ist eine schwache Basis für das Rechnen.

Ein Kind, das die Zahlwortreihe etwa bis 10 beherrscht, weiß noch lange nicht alles über die Zahlen bis 10. Dass 8 größer als 5, um 2 kleiner als 10, das Doppelte von 4 ist, dass sich 8 als $7 + 1$ oder $4 + 4$ oder $10 - 2$ oder $2 + 2 + 2 + 2$ schreiben lässt – dies alles sind wichtige Einsichten, die nicht durch schlichtes Zählen gewonnen werden. Um solche Zusammenhänge zu verstehen und mit Zahlen nicht nur zu

177

rechnen, sondern denken zu lernen, brauchen Kinder konkretes Material und geeignete bildliche Darstellungen.

Das Zählen ist ein wichtiger Zugang zu den Zahlen und es sollte darum nicht vernachlässigt werden, aber es ist nicht die einzige Wurzel, aus der sich der Zahlbegriff entwickelt. Je mehr Gelegenheiten Kinder haben, in der Schule und außerhalb des Unterrichts Zahlen zu entdecken, desto tragfähiger wird die Basis für ihre Zahlvorstellungen. Helfen Sie den Kindern bei diesen Entdeckungen.

Jedes Kind lernt anders

Das eine Kind kommt in kleineren Schritten voran, das andere in größeren, das eine schneller, das andere langsamer. Das eine braucht mehr Stützen für sein Lernen, das andere kann sich schneller davon lösen. Daher gibt es so viele Lernwege, wie es Kinder gibt. Das Entscheidende spielt sich immer im Kopf des einzelnen Kindes ab. Jedes Kind muss in seinem Kopf seine Vorstellungen aufbauen, sich sein Bild machen und so seinen Weg finden.

Dies gelingt nicht dadurch, dass dem Kind etwas von außen beigebracht, eingeprägt oder gar eingetrichtert wird, bis »es sitzt«. Lernen ist ein Prozess, bei dem das Kind die entscheidende Rolle spielt. Lehrer und Eltern können ihm dies nicht abnehmen. Wohl aber können sie dabei helfen, indem sie Anregungen geben, ermutigen, auf Fehler eingehen. (Wenn die Lehrerin sich mit dieser neuen Rolle noch etwas schwer tut, haben sie Geduld mit ihr. Sie wissen als Eltern ja selbst, dass es gar nicht so einfach ist, Ihr Kind nicht in kleinen Schritten zu »gängeln«, sondern ihm Freiraum zu lassen und ihm dennoch bei seiner Entwicklung zu helfen.)

In der Schule werden die unterschiedlichen Vorerfahrungen und Lernwege dadurch berücksichtigt, dass der Unterricht nicht mehr nur in gleicher Front voranschreitet, sondern die Lehrerin einen Wochenplan für jedes Kind erstellt, der individuelle Angebote, dabei auch Phasen für Freiarbeit vorsieht, in denen die Kinder selbst entscheiden können, womit sie sich beschäftigen.

Lernen mit anderen Sinnen

Bei jedem Lernen ist das ganze Kind beteiligt mit allen seinen Sinnen, mit Kopf, Herz und Hand, auch mit seinen Hoffnungen und Ängsten. Lernen muss daher ganzheitlich sein und darf sich nicht nur auf den Kopf beschränken.

Dazu einige Stichworte:

- ↝ Zum einen lernt man besser, wenn Informationen über verschiedene »Kanäle« aufgenommen werden. Was man nur hört, ist schnell wieder vergessen. Etwas besser schon, wenn Hören und Sehen beteiligt sind. Am besten aber bleibt etwas im Gedächtnis, wenn es handelnd gelernt wird: er»fasst« und be»griffen«.

- ↝ Zum Glück kann man Mathematik konkret-handelnd lernen wie bildhaft-anschaulich. Zeichen und Formeln stehen keineswegs am Anfang.

So ist z. B. die »5« viel mehr als ein Zeichen auf dem Papier. Man kann sie sehen, hören und fühlen: 5 Punkte auf einem Würfel erkennen und 5 Felder beim Mensch-ärgere-dich-nicht vorrücken; dem Nachbarn eine 5 in die Hand tippen oder schreiben; eine 5 durch Licht- oder Klopfzeichen mitteilen; 5 Kastanien mit verbundenen Augen aus einem Beutel holen; 5 in Knete eingedrückte Löcher ertasten; 5 Schritte weitergehen.

- ↝ Alle diese Möglichkeiten, Mathematik mit allen Sinnen zu lernen, müssen im Anfangsunterricht genutzt werden. Dabei spielen gute Lernmaterialien eine entscheidende Rolle. Sie helfen, Zahlen, Rech-

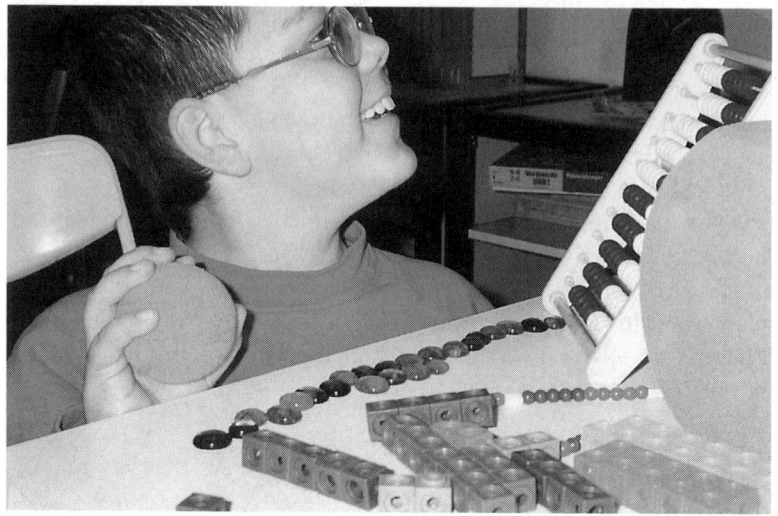

nungen und Beziehungen zu er»fassen« und zu be»greifen«. Daher sind Plättchen, Würfel, »Rechenmaschinen« mit Perlen, der Zahlenstrahl u. v. a. nicht Ablenkungen vom »eigentlichen Rechnen«, sondern erlauben es, Zahlen mit Händen und Augen zu erfassen. Geben Sie Ihrem Kind solche Materialien in die Hand, vor allem dann, wenn es mit dem formalen Rechnen Schwierigkeiten hat. Noch mehr »Päckchen« helfen nicht weiter.

> Und endlich: Lernen ist nicht nur etwas für den Verstand! Wenn es keinen Spaß macht, wenn das Selbstvertrauen fehlt, wenn es gar von der Angst vor Fehlern besetzt ist – dann wird auch nichts Gutes herauskommen.

Spiele mit Formen und Mustern: Geometrie

Was am Beispiel Zahlen angesprochen ist, gilt – in fast noch stärkerem Maße – für Geometrie. Sie kommt in der Grundschule oft zu kurz. Dabei ist doch die Umwelt voll von geometrischen Erscheinungen. Man würde eine große Chance versäumen, wenn man an ihnen vorbeigehen und sie erst in den späteren Schuljahren aufgreifen würde. Dort werden sie allzu leicht von Konstruktionen und Formeln verdrängt.

180

Schon im Anfangsunterricht können Kinder eine Fülle von geometrischen Einsichten gewinnen – im Spiel mit Formen, Mustern und Symmetrien. Selbstverständlich kann dies nicht dadurch gelingen, dass über Geometrie geredet wird. Alle wichtigen Ideen sind beim Malen, Falten, Schneiden, Kleben, Spiegeln zu entdecken. Ein Quadrat etwa lernen Kinder nicht dadurch kennen, dass sie ein paar Sätze über Seiten und Winkel lernen. Gründlicher werden sie mit ihm vertraut, wenn sie Quadrate aus Streichhölzern legen, ausschneiden, falten, zerlegen, aus anderen Figuren zusammensetzen, mit schönen Mustern ausmalen usw.

Gemeinsam lernen

Lernen ist immer auch ein soziales Geschehen. Aber soziales Lernen kann man nicht mit allgemeinen Forderungen und großen Worten umsetzen, sondern nur geduldig im Unterrichtsalltag. Ein ideales Feld sind Spiele. Man kann miteinander und gegeneinander spielen, gewinnen und auch verlieren lernen, das Glück und Geschick mitbringen, dabei auf die anderen Rücksicht und sich selbst nicht so übermäßig wichtig nehmen. Dazu machen gute Spiele Spaß – und lernen lässt es sich dabei auch noch. Die Zeit, die in der Schule (und zu Hause) mit Spielen verbracht wird, ist sicher keine verlorene Zeit. Im Gegenteil: Gerade für unsere mit Medien und Erfahrungen aus zweiter Hand aufwachsenden Kinder ist Spielen wichtiger denn je.

Die Umwelt »erschließen«

Endlich soll ein Ziel, das sich durch den gesamten Mathematikunterricht zieht, nicht vergessen werden: Die Mathematik soll den Kindern helfen, die Welt (ein wenig) besser zu verstehen, als es ohne sie möglich wäre.

Kommen wir noch einmal auf unsere Zahlen zurück. Auf Schritt und Tritt begegnen Kinder ihnen: »Annette ist 8 Jahre alt. In ihrer Klasse sind 20 Kinder. Heute ist sie beim Sportfest Vierte geworden. Im Weitsprung hat sie zweimal mehr als 3 Meter geschafft. Am Nachmittag will sie zu Inges Geburtstag. Um 6 Uhr fährt sie mit dem Bus der Linie 9 dorthin. Sie selbst hat erst in 8 Tagen, am 14. Mai, Geburtstag.«

Zahlen begegnen den Kindern hier in ganz unterschiedlichen Situationen, werden zu verschiedenen Zwecken verwendet und zeigen eine Vielzahl von Aspekten. Sie können angeben, wie viele Gegenstände oder Personen es sind, an wievielter Stelle etwas steht, wie oft eine Handlung ausgeführt wird oder eine Maßeinheit in einer Länge oder Zeitspanne vorkommt.

Diese unterschiedlichen Erfahrungen sind die Wurzeln des Zahlbegriffs. Es ist nicht das Ziel des Unterrichts, sie möglichst schnell abzuschneiden, um dann nur noch formal zu rechnen, sondern sie behutsam zu pflegen und aus ihnen kräftige Pflanzen werden zu lassen.

Je besser dies gelingt, umso größer sind andererseits die Chancen, dass die Zahlen den Kindern an vielen Stellen helfen, sich in ihrer Umwelt zurechtzufinden. »Fehler« sind dabei nicht Stellen, an denen das Kind »versagt«, sondern Anstöße, noch einmal genauer nachzudenken. Nur so kann man aus »Fehlern« lernen und Vertrauen in die eigenen Fähigkeiten gewinnen.

 Wie können Sie Ihrem Kind helfen?

Die Frage kann man nicht in wenigen Sätzen beantworten, vor allem nicht, ohne das einzelne Kind zu kennen. Dennoch: Jede Gelegenheit, die Kindern hilft, mit Zahlen vertraut zu werden, sollte genutzt werden. Dies kann bei vielfältigen Erfahrungen mit Zahlen in der Umwelt ebenso geschehen wie im Spiel. Es kommt dabei nicht darauf an, den Umgang mit Zahlen in ein Schema zu pressen, sondern zum Fragen, Vermuten und Entdecken zu ermutigen – und keine Angst zu haben, etwas falsch zu machen (was gleichermaßen für die Kinder wie für die Erwachsenen gilt).

Jürgen Floer

SPIEL-LESE-TIPP

Äpfelchen-Spiel, Ravensburger Spiele

Sachunterricht und Umwelterkundung

Mit dem Sachunterricht verfolgt die Grundschule von Anfang an drei Ziele:
   (1) die Kinder bei dem Verstehen ihrer Mit- und Umwelt zu begleiten;
   (2) die Erfahrungswelten der Kinder zu erweitern;
   (3) und die Kinder zur aktiven Mitgestaltung ihrer Mit- und Umwelt anzuleiten und dabei zu unterstützen.

1. Alle Kinder setzen sich von klein auf mit allem auf ihre eigene Weise auseinander, was um sie herum existiert: Sie eignen sich die Welt aktiv an.

Bei dieser Auseinandersetzung mit und Aneignung von Welt entstehen jeweils eigene, individuelle Erfahrungswelten, die eigenen »Weltbilder« der Kinder. Vieles von dem, was sie alltäglich erleben und erfahren, bleibt ihnen aber unklar, verschwommen ... sie suchen weiter nach Erklärungen und wollen alles verstehen.

Im ersten Schuljahr treffen diese – unterschiedlichen – »Weltbilder« der Kinder und das des Lehrers oder der Lehrerin zusammen und entwickeln sich miteinander, aneinander und auch gegeneinander weiter.

2. Die Erfahrungswelt vieler Kinder bleibt begrenzt. Zwar bieten die Medien vielfältige »Einblicke« und Informationen und Erfahrungen aus »dritter Hand«, auch zeitlich und räumlich entfernte, können aber unmittelbare Erlebnisse und Erfahrungen »aus erster Hand« nicht ersetzen.

Deshalb arrangiert die Grundschule mit Sachunterricht und Umwelterkundung neue Erfahrungsfelder für die Kinder, in denen sie ihre bisherigen Erfahrungen erweitern, Zusammenhänge erkennen und auch völlig neue Erfahrungen gewinnen können. Der Horizont wird erweitert.

3. Durch die genannten Bezüge zur Mit- und Umwelt, zum Alltag und zu den Erfahrungswelten der Kinder wurde schon deutlich, dass Sachunterricht nicht beim Verstehen, Erklären, Wissen und Kennen stehen bleibt, sondern auf Handeln und Bewirken zielt.

Wenn Anfangsunterricht dazu führt, dass sich ein für Kinder unmittelbar sinnvolles Ergebnis ergibt, etwas für die Kinder Vorweisbares und Brauchbares zustande kommt, dann verbinden sich Alltag, Leben und Grundschule auch für Kinder auf vernünftige Weise.

Die Suche nach Orientierung und Sinn vollzieht sich jedoch nicht gleichmäßig, nicht gleichzeitig und nicht in gleichen Schritten, d. h. eher unstetig und bei jedem Kinde anders. Außerdem vollzieht sie sich ganzheitlich, d. h. zunächst und am Schulanfang nicht nach Fächern aufgegliedert.

Die Kinder erlernen anhand von interessanten Sachen und Situationen miteinander zu reden, einander zuzuhören, aufeinander einzugehen.

Es ist ein mühsamer Prozess, der nicht anhand bearbeiteter Seiten eines Lehrbuches abgezählt werden kann.

Der Aufbau dieser Gesprächskultur im ersten Schuljahr zeigt sich z. B. daran, dass

- ein Stuhlkreis/Gesprächskreis mit festen Ritualen und Regeln eingerichtet und eingeübt wird;
- ein Erzählkreis/Erzählteppich eingerichtet und eingeübt wird;
- die Lehrerin oder der Lehrer den Kindern das Wort gibt und ihnen interessiert zuhört;
- ein Klassenbriefkasten für erste Briefe zwischen den Kindern und dem Lehrer oder der Lehrerin eingerichtet wird u. a.

Was gibt es dabei für Eltern zu tun?

Eltern können den Aufbau der Gesprächskultur unterstützen, indem sie sich nach den Inhalten, den »Sachen« erkundigen, bei ihren Kindern Interesse zeigen, ihnen aktiv zuhören und vor allem die Gedankengänge ihrer Kinder akzeptieren und nicht als »Kinderkram« abtun. Außerdem könnten Eltern sich nach den eingeführten Gesprächsregeln erkundigen und sie mit ihren Kindern praktizieren.

Die neu zusammengesetzte »kleine Gesellschaft« der Schulanfänger in ihrer Klasse muss sich gut kennen lernen. Deshalb hat auch und besonders im Sachunterricht Kennenlernen Vorrang.

Aus der Sicht der Eltern zeigt sich das daran, dass in der Schulanfängerklasse

- Ich-Bögen von jedem Kinde, aber auch vom Lehrer (oder der Lehrerin) hergestellt werden, die genau Auskunft über alle geben, so dass jeder und jede weiß, mit wem er und sie es zu tun hat;
- große Schautafeln gemeinsam zusammengestellt werden, auf denen alle Kinder zu sehen sind: »Wir in unserer Klasse« – Aus den vielen »Ichs« wird ein »Wir«!
- die Kinder kleine Erzählschachteln (Leporellos) mit Bildmaterial und kleinen Texten zu ihrem Lebenslauf (Biografien der Neulinge) herstellen;
- ein großer Klassenkalender mit allen Geburtstagen zusammengestellt wird etc.

Außerdem wird für Eltern erkennbar, dass das soziale Lernen der Kinder, d. h. der Umgang miteinander, die notwendigen Regeln und guten Ordnungen im Mittelpunkt stehen.

Neue Kontakte zwischen den Kindern, überhaupt friedliche Kontaktaufnahme sowie ebensolche Beziehungen und Interaktionen werden durch Kontakt- und Interaktionsspiele angebahnt und eingeübt.

Was gibt es dabei für Eltern zu tun?

Alle Eltern können soziales Lernen in der Schulklasse aktiv unterstützen und dabei auch den Unterschied zwischen den familiären und den öffentlichen Tugenden akzeptieren.

Sie können die Kinder beim Beschaffen von Material unterstützen.

Sie können sich nach den in der Klasse gebräuchlichen Interaktions- und Kontaktspielen erkundigen und sie mit ihren Kindern durchführen.

Für den Sachunterricht ist im Klassenzimmer eine anregungsreiche Lernumgebung notwendig, in der es

- viel zu sehen,
- viel zu handeln,
- zu greifen und zu be-greifen und
- viel zu erkunden gibt,

d. h. reizvolle Angebote zu »gemeinsam interessierenden Sachen«, eine für Sachunterricht und Umwelterkundung »vorbereitete Lernumgebung«.

Für Eltern wird das u. a. daran sichtbar, dass beispielsweise im Klassenzimmer

- ein »Entdeckungstisch« eingerichtet wird, auf dem Kinder ihre »Mitbringsel« aus ihrem Alltag, aus ihrer Umwelt deponieren können;
- ein »Forschertisch« eingerichtet wird, auf dem Lehrer oder Lehrerin gezielt Anregungen geben und Aufgaben stellen und für Kinder interessant machen;
- Erkundungen und »Monatsgänge« in die nähere Umgebung der Grundschule unternommen werden, um Kinder z. B. für einen »Patenbaum« und seine jahreszeitlichen Veränderungen, für Wettererscheinungen etc. zu interessieren;
- Erinnerungsschachteln mit gesammelten Belegen von den Erkundungen eingerichtet werden;
- Jahreszeitenuhr und Umweltkalender Eindrücke aus Um- und Mitwelt dokumentieren und systematisch zusammenfassen u. a.

Eltern können die Lern- und Lebensstätte, das »Haus des Lernens«, in dem Kinder aktiv handeln können, daran erkennen, dass dort

- Sammlungen von »Kinderhand« entstehen;
- eine klasseneigene Lesekiste mit Sachbüchern entsteht;
- eine selbst gestaltete Leseecke entsteht;
- die Klassentüre von den Kindern gestaltet wird;
- der Flur vor der Klasse von den Kindern gestaltet wird;
- ein klasseneigenes Sach-Lexikon entsteht;
- vielfältige Klassendienste organisiert werden;
- Pflanzen auf der Fensterbank gepflegt werden;
- eine Klassenchronik mit den wichtigsten Ereignissen geführt wird u. a. m.

Was gibt es dabei für Eltern zu tun?

Sie sollten sich kundig machen und die Aktivitäten der Grundschule interessiert und aktiv unterstützen. Es gibt nach dem Schulanfang im Sachunterricht zahlreiche Anlässe, die auch der zusätzlichen materiellen Unterstützung durch Eltern bedürfen.

Sachunterricht und Umwelterkundung, die den Kindern neue Erfahrungen – vor allem aus erster Hand – erschließen wollen, lassen sich damit Zeit und drängeln sie nicht!

Nicht von »Vielem ein bisschen«, sondern »Weniges gründlich« heißt die Devise.

In der modernen Grundschule gilt, dass jedes Kind seine Zeit braucht!

Lehrerinnen und Lehrer wissen, dass sich Lernen nicht beliebig beschleunigen lässt.

Was gibt es dabei für Eltern zu tun?

Zum einen ist es wichtig, innerlich zu akzeptieren, dass Kinder beim Lernen ihre Zeit brauchen, dass jenes notwendige Fundament an Lernzuversicht und Selbstvertrauen nicht durch Drängeln und seine Folgen und Nebenwirkungen erreicht werden kann, sondern nur dadurch, dass man ihnen Zeit lässt.

Zum anderen erscheint es lebensnotwendig, dass Eltern ihren Kindern genügend Zeit widmen, und zwar auch dann, wenn sie wähnen, eigentlich keine Zeit zu haben.

Investierte Zeit ist gut investiertes Kapital!

Claus Claussen

Sport und Bewegungserziehung
am Schulanfang

Kinder sind durch eine natürliche Bewegungsfreude geprägt. Ihr »Bewegungsdrang« ist auf allen Stufen der kindlichen Entwicklung zu erkennen und umso stärker ausgeprägt, je jünger das Kind ist. Auch das Schulkind im jüngeren Schulalter hat noch eine auffällige Mobilität. Mit der Freude an körperlichen Bewegungen und dem Bedürfnis, diese umzusetzen, sind zwei grundlegende Voraussetzungen für eine gesunde körperliche und motorische Entwicklung der Kinder gegeben. Indessen hat sich die Lebens- und Bewegungsumwelt der Kinder in den letzten Jahren eher zum Nachteil dieser natürlichen Entwicklung verändert. Kinder beschäftigen sich zunehmend mit bewegungsarmen Tätigkeiten. Sie suchen sich nach dem Vorbild der Erwachsenen in ihrer Freizeit häufig konsumorientierte Abwechslung wie Fernsehsendungen oder Videos anschauen. Kinder spielen zunehmend mit weniger Spielkameraden, oft allein.

Eine Bildung und Erziehung, die diese Entwicklungen nicht beachtet, lässt vorhandene Anlagen verkümmern oder nimmt gar Entwicklungsstörungen in Kauf. Der Sportunterricht in der Grundschule und eine insgesamt »bewegungsfreudige Schule« erhält damit den wichtigen Auftrag, vielfältige Angebote für Bewegungsspiele und zum motorischen Lernen zu gestalten.

Sport im Anfangsunterricht

Was kann dementsprechend das Kind im Anfangsunterricht-Sport erwarten? Schüler erleben Sportunterricht anders als Unterricht in anderen Fächern. Sie empfinden ihn als besonders »erlebnisreich«. Man zieht sich extra um, ist in der Sporthalle statt im Klassenraum, im Freien, vielleicht auf einer Wiese oder im Park; man benutzt Geräte, bewegt sich, ist aktiv, spielt, übt etwas allein oder gemeinsam, und es gibt keine Bücher- und Heftbenutzung, vor allem keine Hausaufgaben.

Das alles führt zu einer grundsätzlich positiven Gestimmtheit. Sie wird meist von allen Kindern als Abwechslung, Spaß und Freude erlebt. Wegen der einfachen emotionalen Zugangsmöglichkeiten bei Bewegung, Spiel und Sport erhält der Sportunterricht in der ersten Klasse die wichtige Aufgabe, jedem Kind, trotz häufig unterschiedlicher körperlicher und motorischer Voraussetzungen, einen erfolgreichen Beginn seiner Schulsport»karriere« zu sichern.

Eine solche pädagogische Arbeit verlangt, Anfangsunterricht als Bewegungserziehung zu gestalten. Körperliche Bewegungen, Spielen, aber auch anstrengendes Üben können aus sich heraus Empfindungen auslösen, die Kinder als aufregend, sensationell, fantastisch und lustvoll erleben. Bei einem Konzept der Bewegungserziehung können sich die Kinder auf dem Weg zu einer Zielübung oder einfach »nur so« ihren Körper und dessen Befindlichkeit wahrnehmen, erfahren und auch begreifen lernen. Im Schwingen oder Schaukeln, im Rennen oder Springen, beim Balancieren oder Klettern erleben Kinder ihren Körper besonders intensiv und erweitern ihren Lebensraum. Oder: Im Tasten und Greifen, im Werfen und Fangen, im Heben und Tragen entdecken Kinder die Eigenarten von Geräten, erproben ihre Kraft und Schnelligkeit und vergleichen sich auch untereinander.

In einem solchen Verständnis von Bewegung, Spiel und Sport kann der Anfangsunterricht auch Sportarten in ihren Grundformen anbahnen.

Es geht dabei um eine hinführende Spielerziehung, um das Spiel miteinander und auch gegeneinander und es geht um die Förderung des Koordinationsvermögens zur Bewältigung motorischer Aufgaben für zukünftiges Erlernen von Sportarten. Leichtathletische Grundformen lassen sich besonders gut mit kleinen Spielformen kombinieren. Aber auch Themen wie »Wir spielen mit der Hand und dem Ball« oder »Rollen, Abrollen, Rollen übernehmen« sind geeignet.

»Schule in Bewegung«

Immer mehr Schulen eröffnen für ihre Kinder über den Sportunterricht hinausreichende zusätzliche Bewegungsräume und Bewegungsmöglichkeiten. Für den Anfangsunterricht sind zum Beispiel Bewegungszeiten im Unterricht bewegungsarmer bzw. »sitzender« Fächer von besonderer Bedeutung. Das Interesse von Schulanfängern am Unterricht, ihre Konzentrationsfähigkeit und ihr geistiges Leistungsvermögen lässt sich nicht in die vorgegebene 45-Minuten-Unterrichtseinheit pressen. Wenn Kinder unaufmerksam, lustlos und dazu motorisch unruhig werden, sind für den Lehrer andere Aktionsformen angezeigt. Hier bieten sich oft Bewegungspausen an. Einfache Bewegungsübungen bei geöffneten Fenstern im Klassenraum sind ebenso wohltuende und lohnende Unterbrechungen wie der Gang in den Pausenraum, auf den Schulhof oder zu einer Spielfläche, um dort durchzuatmen, ein Kreis- oder Singspiel zu spielen oder einfach nur umherzulaufen.

Andere Bestandteile eines Bewegungsprogrammes im Schulleben, an denen Grundschüler teilhaben können, sind: Spiel und Sport in den Pausen, Schulsportfeste, Wanderungen, Sport in Arbeitsgemeinschaften und Neigungsgruppen, Wettkämpfe in Jahrgangsstufen.

Ein freudvoller und erfolgreich erlebter Schulsport ist auch von der Selbstständigkeit der Kinder abhängig. Das trifft besonders für die Vorbereitung auf das Üben und Spielen im Sportunterricht zu. Das regelmäßige Mitbringen der richtigen Sportbekleidung, das rasche selbstständige Umkleiden und das unfallfreie Verhalten beim Sporttreiben bedarf der Gewöhnung und Übung. Manche der Aufgaben können davon mit Hilfe der Eltern bereits vor dem Schuleintritt gelöst werden.

 Dazu folgende Empfehlungen:

Richtige Sportbekleidung

ist unerlässlich: Sportkleidung für das Sporttreiben in der Halle sollte aus einem T-Shirt (kurzer Arm), einer Sporthose/Gymnastikanzug und geeigneten Sportschuhen bestehen. Für das Sporttreiben im Freien sind – abhängig von den Lufttemperaturen – eher ein Jogginganzug oder Leggins und Sweatshirt geeignet (keine Sportbekleidung mit schwierigen Verschlüssen; bequeme, hautfreundliche Kleidung, aber ohne zu weite Ärmel und Hosenbeine).

✎ Richtige Sportschuhe dienen der Sicherheit, Gesundheit und dem Übungserfolg: Der Sportschuh sollte rutschfest sein, er muss den Fuß stützen, führen und dämpfen können sowie ausreichende Bewegungsfreiheit für die Zehen erlauben. (Im Fachgeschäft beraten lassen; Universalschuhe – nicht unbedingt Markenschuhe – eignen sich sowohl für die Halle als auch für Sport im Freien; Gymnastikschlappen sind nur für Turnen/Gymnastik geeignet; für die 1. Klasse sind Klettverschlüsse praktischer als Schnürsenkel.)

Richtiges Verhalten

fördert die Sicherheit, Gesundheit und Hygiene: Schulsport sollte nicht (auch nicht bei vergessener Sportbekleidung) im Unterhemd, barfuß oder mit Strümpfen/Strumpfhosen betrieben werden. Wegen der gegenseitigen Verletzungsgefahr dürfen keine Schmuckstücke und Uhren getragen werden. Kinder mit langen Haaren sollten diese zusammenbinden. Für Brillenträger wird das Tragen von Sportbrillen empfohlen. Sportsachen und Waschzeug gehören in eine Sporttasche bzw. in einen Sportbeutel.

Hinweise zur Befreiung vom Sportunterricht

Eine Befreiung vom Sportunterricht bei Verletzungen oder Krankheit wird formlos von den Eltern beantragt und begründet. Eltern sollten verantwortungsbewusst eine Sportbefreiung beantragen, denn nicht jede Unpässlichkeit muss zum körperlichen Aktivitätsentzug führen. Manchmal genügt ein Hinweis für eine nicht volle Belastbarkeit oder das Kind kann als Helfer bzw. als Beobachter am Sportunterricht teilnehmen. Wenn die Befreiung mehr als vier Wochen überschreitet, ist eine schulärztliche Bescheinigung vorzulegen. Die Befreiung soll höchstens für ein halbes Jahr ausgesprochen werden.

Gesetzlicher Unfallschutz

Wie bei allen schulischen Veranstaltungen und auf dem Schulweg ist das Kind auch beim Schulsport gesetzlich gegen Unfälle versichert. Sollte es trotz der Sicherheitsbemühungen zu einem Unfall kommen, werden alle Kosten vom zuständigen Unfallversicherungsträger übernommen.

Ob und wie man körperliche Bewegung und Sport zu Hause erörtert und bewertet, hat Einfluss auf die kindliche Entwicklung in den ersten

Schulwochen. Dabei geht es natürlich um die Meinungen von Mutter und Vater, aber auch die bereits mit Sport aufwachsenden älteren Geschwister oder der mit Sport »jung« gebliebene Großvater können wichtige Orientierungen sein.

Eine solche bewegungsbezogene Atmosphäre hat ihre Quellen vor allem in gemeinsamen Aktivitäten. Unternehmungen wie Urlaubsreisen, Spaziergänge und Wanderungen, Kinderfeiern und Gartenfeste können immer auch zu Ereignissen mit Bewegungs-, Spiel- und Sportsituationen werden. Beim gemeinsamen Baden und Schwimmen, Ski-, Eislaufen und Rodeln, Fuß- und Radwandern, bei Ball- und Geschicklichkeitsübungen, Wettlaufen und Seilspringen haben Kinder wohl ihre glücklichsten Bewegungs- und Spielmomente, weil sie mit ihnen eng vertrauten Personen ein Bewegungstreiben ohne Vorbehalte und Ängste erleben. Das allein schon kann zur erwünschten positiven Grundstimmung als Voraussetzung für Sport in den ersten Schulwochen führen. Bewegung, Spiel und Sport werden so zu selbstverständlichen Elementen des kindlichen Alltags.

Helmar Priesemuth

aus: betrifft:erziehung, 11/1984

Singen, Tanzen, Malen – das brauchen Kinder!

Kinder leben noch mehr aus dem Gefühl heraus als aus dem Verstand, mehr »aus dem Bauch« als aus dem Kopf. Deshalb drücken sie das, was sie bewegt, bedrängt oder auch begeistert, besser in Bewegungen, in Tönen und in Bildern als durch Worte aus. Tanzen, sich rhythmisch bewegen, Singen, Malen sind Urbedürfnisse, ursprüngliche Ausdrucksformen, sich mit der Welt und den eigenen Gefühlen auseinander zu setzen und dabei gleichzeitig bestimmte Ausdrucksgesetze zu finden: Tonfolgen und Lieder, Schritte und Tänze, Formen und Farben. Wenn man Kinder – etwa durch zu langes Stillsitzen vor dem Fernseher, dem Computer oder bei Hausaufgaben – die Möglichkeit vorenthält, sich durch Singen, Tanzen, Malen auszudrücken, nimmt man ihnen so etwas wie die Luft zum Atmen, man erstickt ihre geistig-seelische Entwicklung. Hier gilt Ähnliches, was Bruno Bettelheim über das Spiel gesagt hat (vgl. Ingrid Naegele: »Spielend lernen – Lernen im Spiel« in Kapitel 6):

»Viele Kinder, die nur wenig Möglichkeiten zum Spiel haben und mit denen nur selten gespielt wird, leiden unter schweren intellektuellen Entwicklungshemmungen ...«

Denn wie das Spiel dienen dem Kind Singen, Musizieren, Tanzen, Malen, Zeichnen, Modellieren nicht nur dazu, seine Gefühle und Empfindungen auszudrücken, sondern es klärt und ordnet damit gleichzeitig sein Verständnis von Umwelt und Mitmenschen – es »lernt« auch intellektuell. Es gilt wieder Ähnliches wie für das Spielen der Kinder:

»Denn im Spiel und durch das Spiel übt das Kind seine Denkprozesse. Ohne diese Übung kann sein Denken oberflächlich und unterentwickelt bleiben« (Bettelheim, siehe oben).

Erst wenn Gefühl und Sinne zu ihrem Recht gekommen sind, können sich aus ihnen heraus Verstand und geistige Fähigkeiten entwickeln. Leider haben die Grundschul-Lehrpläne der 70er- und 80er-Jahre zu stark diese intellektuelle Seite des »ästhetisch-motorischen

Lernens« betont: Auch die musisch-künstlerischen Fächer wurden zusehends »verkopft«, Spontaneität und Gefühl der Kinder wurden zu früh der Ausbildung geistiger Leistungsfähigkeit aufgeopfert. Der hat man aber gerade dadurch den Boden entzogen. Unterdrückte Gefühle und »unterentwickeltes Denken« (Bettelheim) könnten die Erklärung für manche beängstigenden und bedrohlichen Erscheinungen unter der heutigen Jugend liefern: Der Sinn für höhere Werte erschließt sich zuerst durch die Sinne, und wenn diese verkümmern, verkümmern auch Moral und Mitmenschlichkeit. Das hatte als einer der ersten Friedrich Schiller erkannt und in seiner Abhandlung über die »Ästhetische Erziehung« zum Ausdruck gebracht. Deshalb liefern Musik-, Kunst- und Bewegungserziehung gerade heute ganz entscheidende Beiträge zur Gesamterziehung des jungen Menschen, sofern sie ihm auch Raum geben zur Entfaltung eigener Produktivität und Kreativität. Die ästhetische Aufnahmefähigkeit im Genuss und Verständnis der schönen Künste zu fördern ist gut, eigene schöpferische Tätigkeit anzuregen ist noch besser. Wer selbst malt, musiziert und tanzt, versteht auch die Meisterwerke auf diesen Gebieten besser.

Erfreulicherweise rücken dies die Grundschullehrpläne der 90er-Jahre wieder deutlicher in den Mittelpunkt. Noch 1994 betonte ein angesehenes pädagogisches Wörterbuch ziemlich einseitig die intellektuelle Seite, die geistige Erkenntnisfunktion der »Ästhetischen Erziehung«; das folgende Zitat zeigt, wie abstrakt und akademisch »abgehoben« diese Auffassung wirken musste:

»Allen neueren Konzepten von Ästhetischer Erziehung liegt mehr oder weniger ausgeprägt die Auffassung zugrunde, dass das Ästhetische ein Rationalitätstypus unter anderen sei, ein Modus von Rationalität … Diese Betrachtungsweise findet primär in Konzepten für die Primarstufe, wie z. B. ›Mit allen Sinnen lernen‹, Aufmerksamkeit.« (R. W. Keck/U. Sandfuchs, Hrsg.: Wörterbuch Pädagogik, Bad Heilbrunn 1994, S. 9)

Dagegen heißt es in dem »Vorläufigen Lehrplan für die Grundschule« des Landes Thüringen aus dem Jahr 1993 für die einzelnen »musischen« Fächer:

Musik: »Für viele Kinder ist die Grundschule der einzige Ort, an dem sie ihre Musikfähigkeit erfahren und entwickeln können ... Der Musikunterricht spricht vor allem die Emotionen und die Phantasie der Kinder an ... Durch die Entwicklung und Ausprägung der Empfindungs-, Wahrnehmungs- und Ausdrucksfähigkeit beim Singen, Musizieren, rhythmischen Bewegen, Darstellen und Musikhören sollen die kreativen Fähigkeiten im Kind geweckt, weiterentwickelt sowie grundlegende Kenntnisse entwickelt werden ...«

Künstlerisches Gestalten: »Das Fach Künstlerisches Gestalten ist wie kein anderes Fach geeignet, die sinnliche Wahrnehmung und das Erkenntnisstreben ganzheitlich zu fördern. Es knüpft ... an ästhetische Alltagserfahrungen an und entwickelt subjektive Ausdrucksweisen behutsam weiter ... Hierbei sollte es gelingen, den ursprünglichen Drang des Kindes, sich auf vielfältige Art und Weise mitzuteilen, zu nutzen und dem Kind neue Ausdrucksweisen zu erschließen.«

Sport: »Mit dem Sportunterricht in Klassenstufe 1 beginnen viele Kinder, erstmals regelmäßig Sport zu treiben. Ihre Bewegungserfahrungen sowie ihr geistiges, körperliches und soziales Ausgangsniveau sind sehr verschieden ... Beim Spielen erkunden und gestalten die Kinder ihre Welt. Durch das gemeinsame Spielen, als vorwiegende Form des Sportunterrichts in der Grundschule, lernen sie sich untereinander zu verständigen, zu einigen und zu vergleichen.«

Und im jüngsten Lehrplan für die Grundschule, dem des Landes Schleswig-Holstein aus dem Jahre 1997, heißt es unter fächerübergreifenden Gesichtspunkten:

Singen, Spielen und Tanzen: »Der Mensch erlebt beim Singen Freude und Selbstbestätigung, und so liegt schon im Singen selbst ein besonderer Wert. Das Kind im Vor- und Grundschulalter begleitet seine Lieder gern mit Bewegungen wie Gestik, Mimik, Spiel und Tanz. Es ist daher eine der wichtigen Aufgaben des Musikunterrichts, sinnliches Wohlbehagen zu entfalten und zu entwickeln. Im Lied verbinden sich Wort, Tun und kulturelle Tradition eng miteinander.«

Kunst: »Schülerinnen und Schüler im Grundschulalter haben Freude am Malen, Zeichnen, Formen, Bauen, Drucken, Spielen und Fotografieren sowie am Umgang mit verschiedenen Materialien. Gesehenes und Erlebtes wird gestaltend verarbeitet. Die Freude am praktischen Tun und phantasievollen, kreativen Gestalten soll durch das Fach Kunst erhalten und verstärkt werden.«

Sport: »Bei ganzheitlicher Auffassung … ermöglicht Schulsport eine umfassende Förderung der Sinne und der gesamten Persönlichkeit … Er ist durch folgende Ziele gekennzeichnet: Gesundheitserziehung (Fitness, Wohlbefinden) – Stärkung des Selbstwertgefühls (Wettkampf, Erfolg) – Sozialerziehung (Miteinander, Geselligkeit) – Entwicklung der Wahrnehmungsfähigkeit (Eindruck, körperliche und materielle Erfahrung) – Ästhetische Erziehung (Ausdruck, Darstellung, Gestaltung) – Erlebnis (Spannung, Risiko, Abenteuer).«

Besonders viel Freude macht es den Kindern und besonders viel lernen sie auch dabei, wenn sich diese – für Kinder ja nur künstlich getrennten – Fächer in bestimmten »Projekten« oder Vorhaben vereinigen, wobei auch noch andere Fächer hinzukommen können, zum Beispiel:

↷ Ein Theaterstück einstudieren und aufführen: Texte werden entworfen und gelernt (Deutsch), »Rollen« studiert und dargestellt (soziales Lernen), Kulissen gemalt (Kunst), Lieder und Tänze, ggf. auch ausländische, dargeboten (Musik, Bewegungserziehung, interkulturelle Erziehung).

↷ Einen Klassen- oder Schulzirkus veranstalten: Zu den für ein Theaterstück genannten Tätigkeiten kommen noch – je nach Fähigkeiten und Talenten der Kinder – besondere »Attraktionen«, wie Clown-Nummern, Akrobatik, »Tierdressur« etc.

↷ Ein Klassen- oder Schulfest ausrichten: Hier sind Fantasie und Einfallsreichtum keine Grenzen gesetzt, Darbietungen wie bei einer Theater- oder Zirkusaufführungen können ergänzt werden durch Geschicklichkeitsspiele, musikalische Aufführungen (instrumental und/oder gesanglich) – und auch kulinarische Zubereitungen mit Hilfe der Eltern.

Außerdem kann auch in den meisten anderen Fällen gesungen und musiziert, getanzt und gesprungen, gemalt und gezeichnet werden: Im Deutschunterricht lassen sich vertonte Kinderreime und Gedichte singen und im Religionsunricht Kirchenlieder, im Sachunterricht kann man einfache Musikinstrumente bauen und darauf spielen, in Mathematik gibt es geometrische Figuren und Flächen zu zeichnen und in Sozialkunde kann man Rollenspiele einsetzen, in der Verkehrserziehung schnell laufen und den »Bremsweg« messen usw.

Für Eltern eröffnet sich vor allem für Vorhaben des »Schullebens«, aber auch für den Fachunterricht ein breites Feld der Anregung, Mitwirkung – aber auch des Einspruchs und Protests, wenn unter dem Vorwand fehlender Lehrerstunden oder des drückenden Stoffpensums in anderen Fächern die sowieso immer als »Nebenfächer« behandelten musischen Tätigkeiten zu kurz kommen. Denn erst ihre vielseitige Entfaltung bereitet beim Kind den Boden sowohl für dauerhafte seelische Gesundheit und Strapazierfähigkeit als auch für geistige Entwicklung und Leistungsfähigkeit. Darauf sollten Sie immer wieder hinweisen und hinwirken. Aber machen Sie auch Vorschläge und geben Sie Anregungen, helfen Sie, Schulleben und Unterricht aus Ihren eigenen künstlerischen, musikalischen oder sportlichen, gymnastischen etc. Erfahrungen und Talenten mitzugestalten und zu bereichern (vgl. Tab. 4: »Eltern gestalten mit …«).

Im folgenden Beispiel eines fächerübergreifenden »musischen« Projekts gehen die Aktivitäten von einem literarischen Thema aus, denn auch und gerade das Lesen regt die Sinne an und reizt zu weitergehendem Tun.

Dieter Haarmann

»Die wilden Kerle auf dem Boot«

Ein Projekt der Klasse 1B der Grundschule Widukindland in Osnabrück

Beim ersten Vorlesen des Buches »Wo die wilden Kerle wohnen« von Maurice Sendak im morgendlichen Klassenstuhlkreis reagierten die Kinder sofort begeistert. Andächtig lauschten sie der Erzählung und verschlangen die Bilder. Einige Kinder schlüpften unvermittelt in die Rolle der wilden Kerle und versuchten, möglichst Furcht erregend zu wirken. Der Vorschlag, dieses Buch selbst zu verändern bzw. eine eigene Wilde-Kerle-Geschichte zu erfinden, stieß auf große Begeisterung.

Die Geschichtenentwürfe wurden in Kleingruppen erarbeitet. Die Fantasie der Kinder war fast grenzenlos. Nach Tonbandmitschnitten protokollierte ich dann die einzelnen Geschichten und stellte sie in den folgenden Stuhlkreisarbeitsphasen dem Klassenplenum vor. Hier wurden alle verschiedenen Geschichten (Die wilden Kerle auf der Burg, Die wilden Kerle im Raumschiff, Die wilden Kerle in der Schule …) ausgiebig gewürdigt.

»Die wilden Kerle auf dem Boot« fanden dabei die größte Zustimmung. Der Text wurde von mir in einzelne kleine Abschnitte geteilt und dann jeweils einem Schülerpaar zum Setzen überreicht.

Die Arbeit mit Lego-Buchstabensetzkästen hat sich in unserer Schule als so vorteilhaft erwiesen, dass jede Klasse über zwei Setzkästen verfügt. Auf einfache Lego-Steckplatten werden die entsprechenden Buchstaben gesteckt. Nach der Korrektur eines gesetzten Textes wird die gesamte Platte einfach mit dem normalen Schulkopiergerät vervielfältigt. Vergrößerungen oder Verkleinerungen sind so möglich. Das Heraussuchen der alphabetisch sortierten Buchstaben bei der Textlegung und die Zurücksortierung nach dem Kopiervorgang haben einen nicht zu unterschätzenden Wert für die Hinführung zum sicheren Umgang mit der Schrift.

Parallel zum Text entstanden die Bilder – unterstützt von Herrn Manfred Blieffert, einem Kunstpädagogen des Städtischen Konservatoriums für Kunst in Osnabrück. Im ersten Schritt legten die Kinder aus unbearbeiteten Sperrholzresten ihre Figuren und Motive. Korrekturen oder Hilfestellungen seitens der Erwachsenen waren überflüssig. Die Holzrestmotive wurden anschließend auf Karton geklebt, sodass unterschiedliche Druckvorlagen entstanden. Jedes Kind der Klasse ist mindestens an einem Bild mit einer eigenen Druckvorlage beteiligt.

Das eigentliche Drucken folgte nun in mehreren Arbeitssitzungen. Dabei konnten die Kinder die Farben auf die Druckvorlagen bringen und anschließend die Papierblätter gegen die Vorlagen walzen.

Da alle Kinder ein eigenes Wilde-Kerle-Buch erhalten sollten, wurde der Umgang mit dem Druckverfahren immer routinierter.

Mit der Fertigstellung unseres ersten »Wilde-Kerle-Buches«, das gleichzeitig auch unser Exemplar für den Wettbewerb »Das lesende Klassenzimmer« wurde, war ein feierlicher Moment erreicht. Wir bestaunten gemeinsam unser Werk und bei allen war eine große Zufriedenheit zu spüren. Das Buch wurde gemeinsam zur Post gebracht.

Einige Wochen später erreichte uns endlich ein Schreiben des Börsenvereins des Deutschen Buchhandels. Da wir gerade beim Sportunterricht in der Turnhalle waren, konnten die Kinder ihrer Freude über den Gewinn eines Preises sofort freien Lauf lassen. Zur Preisverleihung gestalteten wir einen Elternnachmittag. Unser selbst gebasteltes Boot aus Pappe und Holzlatten, ausgestattet mit einem Segel und einem Fischernetz, stellte das entsprechende Ambiente für die Vorstellung unseres Buches her. Voller Stolz präsentierten die Kinder das Buch und nahmen die Urkunde (die inzwischen über der Klasseneingangstür angebracht wurde) und unseren Buchpreis entgegen.

Die zweite »große« Vorstellung »Der wilden Kerle auf dem Boot« folgte dann in unserer Schulversammlung, zu der jeden Freitag alle Kinder unserer Schule zusammenkommen.

Insgesamt hat die Arbeit an diesem Projekt viel Freude bereitet und gleichzeitig große Lernfortschritte initiiert, unterstützt durch eine intensive Elternmitarbeit und die Kooperation zweier Lehrkräfte in einigen Wochenstunden.

Martin Steinbrede

DIE WILDEN KERLE AUF DEM BOOT

Als wir mit allen Kindern der Klasse 1B

auf einem Schiff waren und Fische fangen wollten,

kamen die wilden Kerle auf einem anderen Schiff.

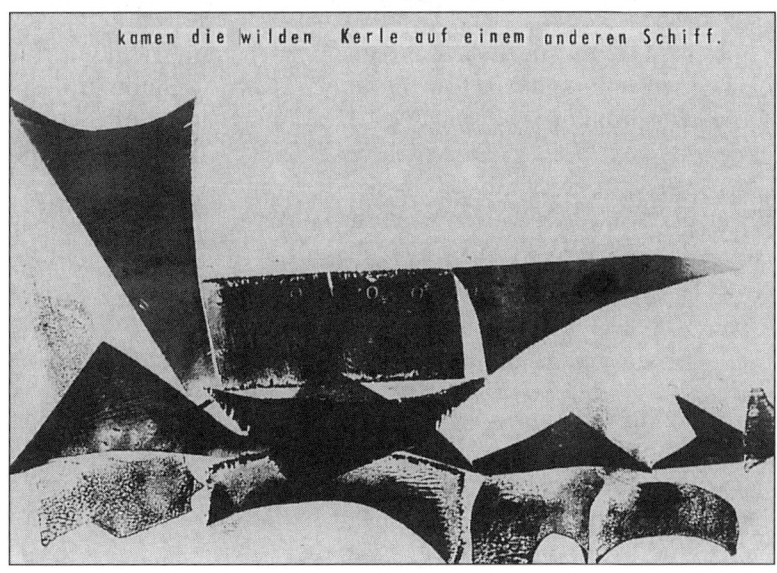

Hausaufgaben – überflüssig oder notwendig?

Die Diskussion um den Wert von Hausaufgaben wird seit vielen Jahren von Wissenschaftler/innen, Lehrer/innen und Eltern kontrovers geführt und wird sicherlich auch Thema bei Elternabenden Ihres Kindes werden. Für Hausaufgaben spreche, sagen die einen, dass in deutschen Schulen zu wenig Unterricht stattfinde und damit zu wenig Zeit zum Üben und Festigen der neuen Erfahrungen im Lesen und Schreiben zur Verfügung stehe. Außerdem würden sich so die Kinder frühzeitig an eine systematische Arbeitshaltung gewöhnen. Die Gegner verweisen auf Untersuchungen, nach denen den Hausaufgaben kein leistungssteigernder Wert beigemessen werden könne, die Umstellung auf das schulische Leben mit dem langen Stillsitzen behutsam erfolgen solle und der Nachmittag für Spiel und Bewegung frei bleiben solle. Zudem würden die Kinder, denen nachmittags kein Elternteil helfen könne, Nachteile erleiden. Außerdem würden Hausaufgaben von den Eltern ernster als beabsichtigt genommen und ihr Üben eher schädlich als förderlich sein (z. B. buchstabieren statt lautieren, überfordernde Lese- oder Rechenaufgaben, falsche Didaktik). Ausländische Eltern würden sie zudem als Strafe oder Disziplinierungsmaßnahme missverstehen (vgl. Beitrag von Ucar).

Und was sagen die Schulgesetze?

Ich zitiere aus dem Wörterbuch Pädagogik (H. Schaub und K. G. Zenke, dtv München 1997, 2. Aufl.), S. 173: »Die H(ausaufgaben)praxis ist in den einzelnen Bundesländern teils durch Schulgesetze und Rechtsverordnungen, teils durch Richtlinien und Erlasse geregelt. Dabei enthalten die Bestimmungen meist Sollforderungen und Anleitungen (z. B. Umfang, Schwierigkeitsgrad und Differenzierung … Richtwerte für H.zeiten …) bzw. Vorschriften, die sich auf Probleme einer unangemessenen H(ausaufgaben)praxis beziehen.«
Die Richtwerte für das erste Schuljahr liegen überall zwischen 15

und 30 Minuten, da sich Kinder in diesem Alter kaum länger als 15 Minuten am Stück konzentrieren können.

Was ist nun der Stein der Weisen?

Er liegt, denke ich, in der Mitte. Nach einer ersten Gewöhnungszeit in die neue Rolle als Schulkind ohne Hausaufgaben erscheint es mir bei der hierzulande im internationalen Vergleich sehr geringen Unterrichtszeit hilfreich, wenn auch Erstklässler nachmittags

- kurze, insgesamt 15 Minuten nicht übersteigende
- Wiederholungsübungen im Lesen, Schreiben und/oder Rechnen
- möglichst selbstständig erledigen.

Wann sollten Sie wachsam werden?

Beobachten Sie, dass Ihr Kind häufiger

- nicht weiß, was es machen soll,
- die Hausaufgaben verschweigt,
- sie nicht selbstständig lösen will/kann und Sie braucht,
- zu viel Zeit benötigt,
- sich leicht ablenken lässt
- oder weint,

so sollten Sie wachsam sein. Schreiben Sie zunächst der Lehrerin eine Notiz ins Mitteilungsheft und suchen Sie bald das persönliche Gespräch mit ihr, um den Gründen für die offensichtliche Überforderung nachzugehen und gemeinsam Lösungen zu finden, damit Ihr Kind wieder mit Freude und Erfolg lernen will (vgl. Tipps für das Gespräch mit der Lehrerin).

Ein paar Tipps:

✎ Loben Sie Ihr Kind für seine Leistung und halten Sie sich mit Kritik zurück!

✎ Schaffen Sie einen ruhigen Arbeitsplatz ohne Ablenkungen (Musik, TV, Computer, spielende Geschwister)!

✎ Brechen Sie nach 15 Minuten ab oder sorgen Sie für eine kurze Bewegungs-/Esspause!

✎ Bieten Sie Ihrem Kind gemeinsame Spielzeit an, damit es nicht das Gefühl haben muss, nur über das Lernen bekomme es Ihre Aufmerksamkeit!

✎ Geben Sie, falls erwünscht, die notwendigen Hilfestellungen, aber erledigen Sie nicht die Hausaufgaben für Ihr Kind und verbessern Sie nicht, sonst bekommt die Lehrerin ein falsches Bild!

✎ Versuchen Sie nicht, Ihrem Kind andere Methoden als die der Lehrerin zu vermitteln!

✎ Erscheinen Ihnen die Hausaufgaben zu schwer oder komplex, so soll Ihr Kind bei einem Mitschüler oder einer Mitschülerin nachfragen oder mit einer klärenden Notiz von Ihnen ohne Aufgaben zur Schule gehen!

✎ Haben Sie das Gefühl, dass die Lehrerin zu viel aufgibt, so sprechen Sie sie an! Führen Sie ggf. Buch, sprechen Sie sich mit anderen Eltern ab und bringen Sie das Thema auf den nächsten Elternabend!

LESE-TIPP

✎ Britta Kohler: Hausaufgaben. Helfen – aber wie? Beltz, Weinheim 1997, 4. aktualisierte Aufl.

Informationen für Eltern und Schüler/innen zu vielen Aspekten des Lernens und der Hausaufgaben. Mit kleiner Einschränkung (veraltete Sicht über Ursachen von Lernproblemen) sehr empfehlenswert!

Ingrid M. Naegele

Nichts geht ohne Eltern –
Mitbestimmungsrechte und -gremien

Gedanken einer Mutter vor Schulbeginn:

Mein Kind kommt in diesem Sommer in die Schule. Neben Freude und Stolz bewegen mich viele Fragen, auch Ängste stellen sich ein. Ich denke an die eigene Schulzeit zurück, an meinen ersten Lehrer. Viel Zeit ist seitdem vergangen. Unser Kind beginnt mit dem Schuleintritt einen neuen Lebensabschnitt. Dabei möchte ich es unterstützen. Es muss sich doch an so vieles gewöhnen: an die neue Umgebung, an die Lehrerin und an die Kinder in der Klasse. Auch wird es jetzt lesen und schreiben lernen, mit dem Rechnen beginnen. Da frage ich mich immer wieder: Wird mein Kind das alles bewältigen? Bisher ist ihm alles gut gelungen. Geholfen hat dabei auch die Kindergärtnerin, mit der ich viele Gespräche geführt habe. Welche Möglichkeiten habe ich dazu in der Schule? Ob Eltern einen rechtlichen Anspruch darauf haben den Unterricht ihrer Kinder zu besuchen? Wie bekommen Eltern überhaupt Einblick in die Arbeit der Schule?

Dr. Wilfried Größel, Potsdam

Die Fragen zeigen, dass sich Eltern für ihr Kind einen guten Start in der Schule wünschen und diesen auch unterstützen wollen. An jeder Schule gibt es eine Vielzahl an Möglichkeiten für die gemeinsame Arbeit von Schulbeginn an. Gegenseitige Beratung und der Erfahrungsaustausch mit den Lehrerinnen/Lehrern und anderen Eltern helfen, die Entwicklung jedes Kindes voranzubringen.

Als Ausgangspunkt für die Zusammenarbeit sind die aus dem im Grundgesetz abzuleitenden Mitwirkungsmöglichkeiten anzusehen. Diese bestehen im Wesentlichen in dem Recht der Eltern, den Bildungsweg ihres Kindes zu bestimmen, dem Recht auf Unterrichtung, Mitsprache und Anhörung und dem Recht, über die Teilnahme ihres Kindes an wissenschaftlichen Erhebungen und Befragungen zu entscheiden. Die einzelnen Bundesländer regeln die Mitwirkungsrechte der Eltern über das Schulgesetz und weitere Rechts- und Verwaltungsvorschriften. Diese Dokumente können Sie über die Schule erhalten bzw. dort einsehen.

Um diese Rechte wahrzunehmen, ist es notwendig:
- über die Vorhaben der Schule informiert zu sein,
- den Erfahrungsaustausch über den Entwicklungsstand des Kindes mit dem Lehrer zu suchen,
- über erzieherische und unterrichtliche Sichtweisen gemeinsam zu beraten,
- sich gemeinsam für eine gelungene Schulzeit und Schullaufbahn verantwortlich zu fühlen.

Formen der Zusammenarbeit

Elternabende	Beratungsgespräche
Elternsprechstunde	Telefonsprechstunde
Elternsprechtage	Elternbriefe
Elternbesuche	Eltern-Lehrer-Stammtisch
Tage der offenen Tür	Elternseminare

Sicher erinnern Sie sich noch an das unbehagliche Gefühl, das die Ankündigung eines Elternabends bei Ihnen als Kind auslöste. Nun werden Sie selbst bald als Eltern dieser Einladung der Schule und der Klassenlehrerin/des Klassenlehrers Ihres Kindes folgen.

Elternabende

Elternabende, und sicher ganz besonders der erste Elternabend überhaupt, werden dazu genutzt, Fragen und Probleme des Schulanfangs zu beraten, aber auch Unsicherheiten und Ängste, die eventuell noch aus der eigenen Schulzeit stammen, abzubauen. Das gegenseitige Kennenlernen von Eltern und Lehrer/innen, aber auch der Eltern untereinander, steht im Mittelpunkt dieses ersten Elternabends. Nur dann ist es möglich, über die konzeptionellen Vorstellungen der Klassenlehrerin/des Klassenlehrers und die Interessen der einzelnen Eltern zu diskutieren und damit die Voraussetzungen für eine gemeinsame Arbeit zu schaffen. Dabei ist die freie Meinungsäußerung von Ihnen als Eltern ebenso wichtig, wie das Vertrauen in die Kompetenz der Lehrer/innen Ihres Kindes.

Auch in der Folgezeit nutzen die Klassenlehrer/innen diese Abende dazu, um Eltern über Vorhaben der Klasse und der Schule zu informieren, ihre Ziele und Ansprüche für die nächste Zeit zu formulieren und auch bestimmte Themen, wie zum Beispiel Fragen der Erziehung, mit den Eltern zu diskutieren. Der Aufbau einer kontinuierlich-begleitenden Unterstützung kann so angebahnt werden.

Während zum ersten Elternabend im Schuljahr der Klassenleiter einlädt, sehen die Schulmitwirkungsgesetze der meisten Länder vor, dass die weiteren Elternabende und Elterninitiativen in der Hand der Eltern selbst liegen. Ein Elternsprecher und ein Stellvertreter werden als Ansprechpartner für alle Eltern einer Klasse und die Klassenleiter/in zu Beginn jedes Schuljahres gewählt.

Sie haben die Aufgabe, die Aktivitäten innerhalb der Klasse zu koordinieren, bei Klassenkonferenzen das Mitspracherecht der Eltern zu sichern und sind gleichzeitig Vertreter der Klassenelternschaft im Schulelternrat der Schule.

Schulelternrat

Aus dem Schulelternrat werden Eltern gewählt, die bei Schulkonferenzen und bei Fachkonferenzen in der Schule die Interessen aller Eltern vertreten. In Klassenkonferenzen/Schulkonferenzen haben die Elternvertreter die Möglichkeit, Wünsche und Kritiken der Elternschaft einzubringen und sich unter anderem an der Beratung von Unterrichtskonzeptionen/Schulkonzeptionen, Bewertungsfragen und Finanzierungsproblemen zu beteiligen. Somit wird gesichert, dass bei wichtigen Entscheidungen die Interessen der Eltern Berücksichtigung finden.

Die Vorsitzenden aller Schulelternräte wählen aus ihrer Mitte Eltern für übergeordnete Gremien. Das sind der Elternrat der Gemeinde/Stadt, des Kreises, des Landes und des Bundes. Diese Gremien wirken mit bei der Entscheidungsfindung auf politischer Ebene. Sie haben ein Mitspracherecht bei der Schulgesetzgebung, der Veränderung von Schulstrukturen und Schulorganisation, Schulneubauten und vieles mehr.

Klassenelternrat
Schulelternrat
Stadt/Gemeinde-Elternrat
Kreis-Elternrat
Landes-Elternrat
Bundes-Elternrat

Lehrer/innen wünschen sich aktive Eltern, mit denen sie partnerschaftlich zusammenarbeiten können. Selbst wenn Sie nicht Elternvertreter/in sein können, ist es notwendig, die gewählten Vertreter/innen nicht allein zu lassen. Diese können nur in Ihrem Interesse und damit auch im Interesse Ihres Kindes wirken, wenn sie Ihre Unterstützung bekommen. Über die Begegnungen am Elternabend hinaus müssen daher weitere Möglichkeiten für eine kontinuierliche Zusammenarbeit gefunden werden. Elterninitiativen leben von der Beteiligung aller Eltern.

Da es bei Elternabenden vor allem um Fragen geht, die die ganze Klasse betreffen, gibt es Elternsprechtage, wo in kleinen Gruppen oder auch in Einzelgesprächen mit der Lehrerin/dem Lehrer über die schulische Entwicklung Ihres Kindes gesprochen werden kann. Dabei können häusliche, aber auch andere Probleme zur Sprache gebracht werden.

Tag der offenen Tür

Tage der offenen Tür sind in der Schule ein Angebot für Eltern, sich in der Schule genauer umzuschauen und mit der Schulleitung oder auch einzelnen Lehrer/innen ins Gespräch zu kommen. Hier sind in der Regel alle Lehrer/innen Ihres Kindes anzutreffen. Die Bitte um Anmeldung oder Terminvereinbarungen dient dazu, Ihnen längere Wartezeiten zu ersparen.

> Missverständnisse, Fragen und Probleme zur schulischen Arbeit lassen sich oft erst lösen, wenn man sich selbst einen Einblick in die tägliche Arbeit in der Schule verschafft hat. Unterrichtsbesuche lassen die Regelungen in fast allen Bundesländern zu. Dabei bedarf es jedoch einer Zustimmung durch die Schulleitung, die Lehrer/innen und in einigen Ländern sogar die Eltern.

Das für eine Zusammenarbeit notwendige Vertrauensverhältnis kann nur wachsen, wenn Eltern konkret erleben, wie sie mit ihren Erfahrungen und Kompetenzen einbezogen werden. Für beide Seiten kann es daher nutzbringend sein, wenn Sie sich selbst mit Ihren vielfältigen Ideen in den Unterricht einbringen. Als Experte auf bestimmten Gebieten, als Übungsleiter oder auch durch die Unterbreitung von Angeboten bei freier Arbeit oder in Projekten ist dies möglich. Letztlich entscheiden die Lehrer/innen, wann und in welchem Maße Mitwirkung im Unterricht möglich und sinnvoll ist.

Aber auch über den Rahmen der Klasse hinaus ist Ihre Beteiligung am Schulleben wichtig. Dies kann durch die Unterstützung bei der Vorbereitung von Schulfesten geschehen, durch die Mithilfe bei der

Schulausgestaltung, aber auch die Übernahme von Arbeitsgemeinschaften. Hierfür gibt es vielfältige Ansatzpunkte. Für Angebote und
Anregungen von Eltern sind Lehrer/innen und die Schule offen. Durch
Ihre Mitwirkung kann das Leben an der Schule interessant und lebensnah gestaltet werden. Das Sammeln von außerschulischen Erfahrungen erhöht die Lebendigkeit des Unterrichts und erweitert die
Lebenswelt der Kinder.

Beispiele für die gemeinsame Gestaltung von Klassen- und Schulleben	
Begleitung bei	Wanderungen, Schülerfahrten, Exkursionen
Mithilfe bei	Schulfesten, Schulsportfesten, Feiern
Ausgestaltung	des Klassenraumes/des Schulhauses
Unterstützung durch	Projektangebote im Unterricht und in der Freizeit
Übernahme von	Schulwegsicherungen, Hausaufgabenhilfe u. v. m.

Da das Grundgesetz Ihnen als Eltern die Pflicht und das Recht sichert,
Ihre Kinder zu erziehen, können Sie neben den bereits aufgezeigten
Möglichkeiten auch selbst Elterninitiativen anregen. Viele Elterninitiativen sind in der Bundesrepublik schon gestartet worden. Sie bieten die Chance, festgefahrene Strukturen, Selbstverständlichkeiten
und Gewohnheiten im pädagogischen Alltag in Frage zu stellen. Veränderungen, die in solchen Initiativen ihren Ursprung haben, sind in
vielen Bundesländern der gemeinsame Unterricht von behinderten
und nichtbehinderten Kindern und »Tempo 30« im Nahschulbereich.
Als Eltern haben Sie die Möglichkeit, auf der Grundlage Ihrer gesetzlich verankerten Rechte und Pflichten, mit entsprechendem Druck auf
Missstände aufmerksam zu machen und in der Öffentlichkeit offensiv
für Veränderungen im Interesse Ihres Kindes einzutreten.

Um das Wohlbefinden Ihres Kindes und aller Grundschüler/innen,
ihre Bildungs- und Freizeitmöglichkeiten zu fördern, bietet sich die
Mitarbeit bzw., wenn noch nicht vorhanden, die Gründung eines För-
dervereins für die Schule an. Dadurch stehen der Schule auch zusätzliche finanzielle Mittel und Sachmittel zur Verfügung.

Sie selbst als Eltern erwarten von der Schule/von der Lehrerin/dem Lehrer vor allem beste Lernbedingungen, eine individuelle Förderung, faires Verhalten, gute Betreuung und die Gewährleistung einer soliden Schulbildung für Ihr Kind. Nichts anderes wollen Lehrer/innen durch ihre Arbeit erreichen. Dass es trotzdem zuweilen zu Spannungen zwischen Elternhaus und Schule kommen kann, liegt nicht zuletzt daran, dass in der Schule und in der Klasse Ihres Kindes eine Vielzahl unterschiedlicher Kinder sind. Sie unterscheiden sich in ihren Lern- und Arbeitsvoraussetzungen, aber auch in ihren Interessen und Bedürfnissen. Alle Eltern der Klasse haben ein Recht darauf, dass sich ihr Kind in der Schule wohl fühlt und dass es schnell heimisch wird. Wichtig ist daher, dass Sie:

✦ regelmäßig mit der Lehrerin/dem Lehrer über die Entwicklung der Gesamtpersönlichkeit Ihres Kindes ins Gespräch kommen,

✦ akzeptieren, dass Kinder verschieden sind, und Ihrem Kind zur Entwicklung Zeit geben,

✦ der Kompetenz der Lehrerin/des Lehrers vertrauen und gemeinsam mit ihr/ihm einen Weg zur Lösung von Problemen suchen,

✦ Gelegenheiten und Rechte zur Elternmitwirkung wahrnehmen, durch die Teilnahme an Elternabenden und anderen Schulveranstaltungen,

✦ das Mitwirkungsrecht nicht gleichsetzen können mit der Verpflichtung von Lehrer/innen, Schule, Schulbehörde usw., allen Anregungen und Hinweisen zu entsprechen, wobei es dennoch wichtig ist, Ihr Recht auf Mitwirkung wahrzunehmen.

Anneliese Felger-Pärsch und Barbara Wegner

LESE-TIPPS

📘 Dietze, L.: Elternrecht macht Schule. Düsseldorf 1987

📘 Hepp, G. (Hrsg.): Eltern als Partner und Mit-Erzieher in der Schule. Metzler, Stuttgart 1990

📘 Staupe, J.: Schulrecht von A – Z. dtv, München, 3. Aufl. 1991

📘 Zeidler, M.: Wie geht man mit der Schule um? Eltern und ihre Rechte in der Schule. Reha Bonn 1992

Müssen Noten sein?
Vom Problem
gerechter Leistungsbeurteilung

Was heißt hier: Befriedigend?

Angenommen, Sie gehen zur Vorsorgeuntersuchung. Anschließend sagt Ihnen der Arzt »Befriedigend«. Vermutlich stellt Sie diese Auskunft nicht zufrieden. Sie möchten es gern genauer wissen. Was ist in Ordnung, was vielleicht nicht? Worauf müssen Sie achten? Was müssen Sie tun, um gesund zu bleiben oder auch zu werden, um Risiken zu vermeiden? Wo gibt es in der Diagnose vielleicht auch noch Unsicherheiten? Wann sollen Sie wiederkommen?

Angenommen, Ihr Kind erhält in der Schule im Rechtschreiben die Note Befriedigend. Zufrieden? Nein, etwas mehr an Information sollte es doch schon sein: Wie hat sich Ihr Kind entwickelt, ist es auf gutem Wege? Wo gibt es Schwierigkeiten? Bei geübten Wörtern oder bei ungeübten? In diktierten Texten oder in Aufsätzen? Beim Abschreiben oder beim freien Aufschreiben? Noch wichtiger: Wie können Sie Ihrem Kind bei seinem Rechtschreiblernen helfen? Vielleicht das Kind in Ruhe lassen oder doch regelmäßig üben? Und wenn schon üben, welche Übungen braucht Ihr Kind?

Die Note Befriedigend kann zwar beruhigen, wenn Sie Sorge haben, dass Ihr Kind das Rechtschreiben nicht »packen« könnte. Das Befriedigend kann Sie auch enttäuschen, wenn Sie mehr von Ihrem Kind erwarten. Alles eigentlich Wichtige (siehe die Fragen oben) ist aus der Note aber nicht ersichtlich. Noten sind deshalb für viele Pädagoginnen und Pädagogen ein ungeeignetes Informationsmittel, weil sie nichts Genaues über den Lernweg und den Lernstand des Kindes aussagen.

> Also: Noten und zusätzlich Gespräche mit der Lehrerin – wäre das nicht die Lösung?

Drei fatale Nebenwirkungen

Wir kennen das von Medikamenten: Sie helfen bei bestimmten Beschwerden, haben oft aber Nebenwirkungen. Da gehen die Kopfschmerzen zwar weg, dafür stellen sich Magenbeschwerden ein oder die Haut reagiert allergisch. Noten haben so tief greifende Nebenwirkungen, dass viele Pädagoginnen und Pädagogen sie ganz aus der Schule verbannen möchten:

Stefan schreibt gern und viel. Seine Aufsätze sind fantasiereich und er liest sie gern vor. Von den Kindern erhält er Applaus, von der Lehrerin meistens eine Eins und von den begeisterten Großeltern für jede Eins zwei Mark. Tatsächlich kostet Stefan das Schreiben keine Mühe. Eigentlich könnte er mehr leisten, zum Beispiel an seiner Sprache feilen, auch vielleicht einen Roman schreiben. Aber er ist mit der Eins bestens zufrieden. Psychologisch gesagt: Er entwickelt keine Anstrengungsbereitschaft. Das bringt ihn gut durch die Grundschuljahre, kann aber später zu Problemen führen.

Natalie hat Schwierigkeiten, ihre Gedanken zu Papier zu bringen. Sie erhält im Aufsatz ein Mangelhaft. Die Eltern sind unzufrieden, Natalie ist mit sich unzufrieden. Aber so schnell wird aus ihr keine gute Aufsatzschreiberin. Also bleibt es bei Mangelhaft, zwischendurch auch mal Ausreichend. Nun beginnt ein Teufelskreis. Natalie sagt sich: »Ich kann keine Aufsätze schreiben.« Damit erlischt ihre Motivation, sich besonders anzustrengen. Die nächsten Aufsätze werden entsprechend lustlos geschrieben. Psychologisch gesagt: Die Angst vor Misserfolg erzeugt die nächsten Misserfolge.

> Nebenwirkung 1:
> Gute Noten machen selbstzufrieden, schlechte Noten entmutigen.

Karen kommt mit einer Zwei in der Mathematikarbeit nach Hause. Erste Frage: »Was hat denn Carolin?« – »Nur eine Drei.« Die Freude über die Zwei von Karen steigert sich. Angenommen, auch Carolin hätte eine Zwei und außerdem noch zehn weitere Kinder der Klasse, dann wäre die Freude vermutlich doch etwas gedämpft. Denn eine gute Note ist umso mehr wert, je weniger Kinder sie haben. Das zeigt: Es geht nicht nur um die Note, sondern auch um die Verteilung der Noten in der Klasse. Viele Eltern möchten deshalb gern den Klassenspiegel sehen.

Dieser Vergleich der Kinder miteinander macht auf Dauer die Klasse zum Kampfplatz. Kinder bauen zum Beispiel vor sich Sichtschutz auf, damit nur der Nachbar nichts abgucken kann. Damit aber bleiben wichtige Ziele der Schule auf der Strecke: miteinander arbeiten, sich helfen und sich helfen lassen.

Nebenwirkung 2:
Statt Team-Geist zu entwickeln, entsteht im Klassenraum eine Ellenbogen-Gesellschaft.

Klar dass sich Eltern über gute Noten freuen, dass schlechte Noten enttäuschen. Und weil sich Noten leicht in Geld umrechnen lassen, gibt es oft auch Bares für Noten. Doch was lernen die Kinder dabei? Das eigentlich Wichtige an der Schule sind offenbar die Noten. Aber das eigentlich Wichtige an der Schule müsste doch sein, dass Kinder Interesse für viele Sachbereiche entwickeln, dass sie Aufgaben erkennen und lösen, Probleme bewältigen, Sachen zu Ende bringen ... alles lebenswichtige Fähigkeiten, die für den viel beschworenen »Standort Deutschland« neben der Entwicklung von Team-Fähigkeiten so wichtig sind.

Nebenwirkung 3:
Das Ziel von Schule verschiebt sich vom Lernen der Sachen hin zum Lernen wegen der Noten.

Da ist es kein Wunder, dass Pädagoginnen und Pädagogen fordern, die Noten zumindest in der Grundschule abzuschaffen.

Der Irrglaube von der gerechten Note

Sollte kein gutes Haar an den Noten gelassen werden? Sind sie nicht zumindest gerecht und objektiv? Gerade dies ist ein Mythos. Vielfach und seit Jahrzehnten wissenschaftlich nachgewiesen. Der gleiche Aufsatz zum Beispiel erhält von verschiedenen Lehrern alle Noten von Sehr gut bis Ungenügend. Mädchen werden oft wohlwollender zensiert als Jungen, aggressive Jungen schlechter als die »Stillen im Lande«, auch wenn sie objektiv das gleiche Ergebnis haben. Nur versteckt sich die ganze Ungerechtigkeit hinter den Notennamen, die so objektiv erscheinen. Noten sind eine Mogelpackung.

Sind denn Worte gerecht? Natürlich sind auch Worturteile subjektiv, natürlich können sich auch hier Lehrer irren. Was für Ihr Kind zählt, ist eine andere Frage: Welche Leistungsbeurteilung wird Ihrem Kind gerecht? Dafür gibt es für die ersten Schuljahre eine Faustregel: Das Kind selbst ist der Maßstab. Letzte Woche konnte es noch nicht über den Zehner rechnen. Jetzt kann es das. Anfangs konnte es nur seinen Namen schreiben. Nach zwei Monaten Schule schreibt es schon kleine Briefe. Worte und kleine Sätze kann es schon lesen, bei langen Sätzen weiß es aber beim letzten Wort nicht mehr, worum es eigentlich ging. Eine Leistungsbeurteilung wird also dann dem Kind gerecht, wenn sie das Kind an seiner Entwicklung und an seinen Möglichkeiten misst. Daraus erwachsen Fragen und Hinweise zur weiteren Förderung: Wie reagieren wir auf die Schreiblust? Was machen wir mit den Rechtschreibfehlern? Wie können wir das Lesen fördern?

Solche kindgerechte Leistungsbeurteilung kann man nicht in Noten fassen, sondern wirklich nur in Worte. Am besten im Gespräch – mit dem Kind, mit der Lehrerin. Dann kann nachgefragt und gemeinsam nachgedacht werden. Und am Ende des Schuljahrs gibt es ein Zeugnis, in dem dies hoffentlich verständlich noch einmal zusammengefasst ist.

Horst Bartnitzky

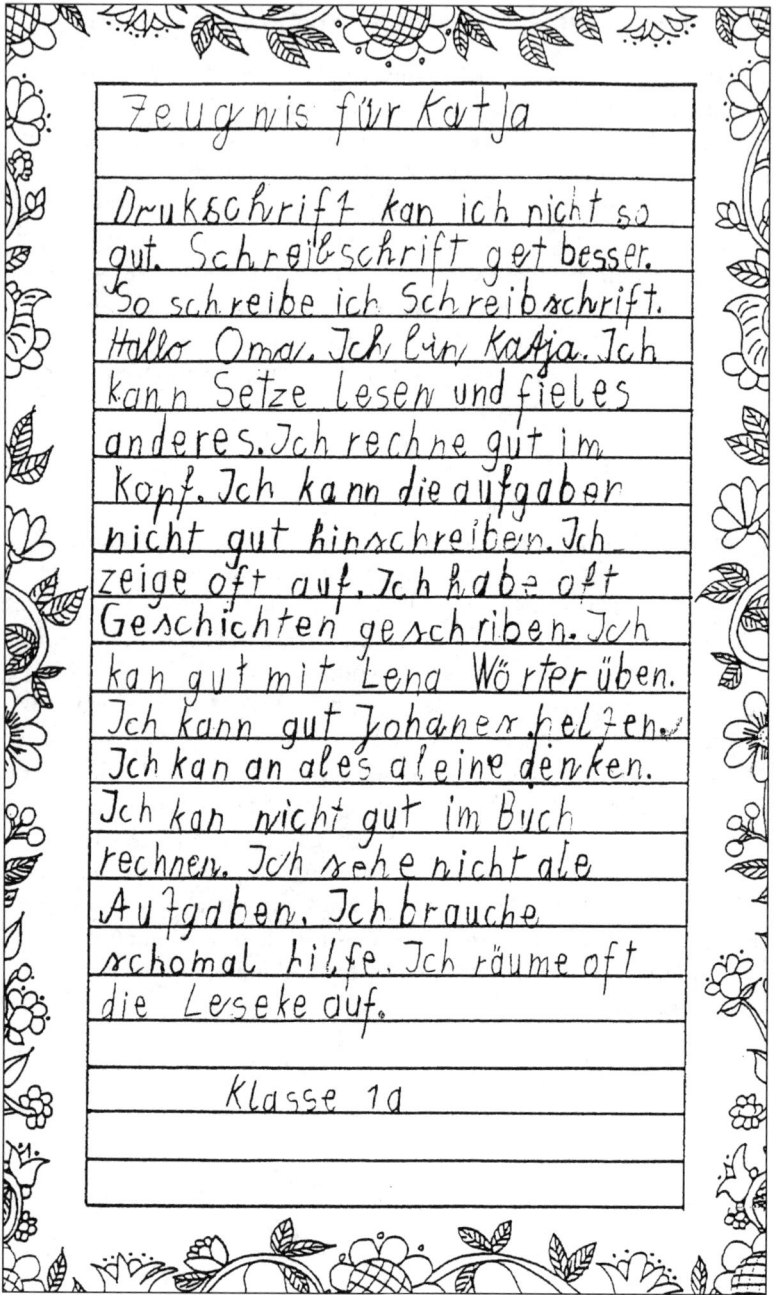

Zeugnis für Katja

Drukschrift kan ich nicht so gut. Schreibschrift get besser. So schreibe ich Schreibschrift. Hallo Oma. Ich bin Katja. Ich kann Setze lesen und fieles anderes. Ich rechne gut im Kopf. Ich kann die aufgaber nicht gut hinschreiben. Ich zeige oft auf. Ich habe oft Geschichten geschriben. Ich kan gut mit Lena Wörter üben. Ich kann gut Johaner helfen. Ich kan an ales aleine denken. Ich kan nicht gut im Buch rechnen. Ich sehe nicht ale Aufgaben. Ich brauche schomal hilfe. Ich räume oft die Leseke auf.

Klasse 1a

Und wenn es am Anfang Schwierigkeiten gibt?

»Mir gefällt es hier nicht mehr, ich möchte in die erste Klasse«
Gemeint ist die Vorklasse (aus einem Beschwerdebrief an die Lehrerin)

Missglückter Schulstart? –
Nicht wenige Kinder sind betroffen

Statistische Untersuchungen zeigen, dass ungefähr jedes sechste Kind am Beginn seiner Schullaufbahn Misserfolg erleidet:

- Gegenwärtig werden in der Bundesrepublik ca. 8 bis 12 Prozent der schulpflichtigen Kinder vom Schulbesuch zurückgestellt.
- Insgesamt werden ca. 4 Prozent der Kinder im Lauf der ersten beiden Klassen in die Sonderschulen überwiesen.
- Ein Teil der Kinder muss bereits die erste oder zweite Klasse wiederholen.

Ein missglückter Schulstart kann das Selbstbewusstsein der Kinder, ihre Lernfreude, ihre positive Einstellung zur Schule und damit möglicherweise die ganze Schullaufbahn beeinträchtigen. Deshalb sind die Sorgen der Eltern berechtigt. Außerdem brauchen solche Kinder besondere Unterstützung von Seiten der Erzieher, der Lehrer und der Gesellschaft.

Warum der Schulanfang zum Stolperstein werden kann

Wenn es Probleme bei der Einschulung gibt, sind die Eltern nicht nur besorgt, sondern auch meist enttäuscht über ihr Kind. Das Kind allerdings kann am wenigsten dafür.

Im Erleben der Kinder bedeutet Schulanfang: Abschied nehmen von den vertrauten Erzieherinnen, Kindern, Räumen, Lebensgewohnheiten des Kindergartens; sich in kurzer Zeit auf die Lehrerin als neue Bezugsperson, auf neue Kameraden und eine neue Gruppe, auf neue Wege, das fremde Schulgebäude und den Klassenraum einstellen; ebenso auf neue Lernmaterialien und Verhaltensregeln; gleichzeitig müssen die Kinder vorgeschriebene Aufgaben erfüllen, die nicht immer Spaß machen und schon bald bewertet werden. Nicht selten kommen dazu hohe Erwartungen oder ängstliche Ermahnungen der Eltern. Um all das Neue zu bewältigen, brauchen die Kinder innere

Stabilität und eine hohe Anpassungsfähigkeit, Rückhalt und Geborgenheit in der Familie.

Manche Kinder sind der Belastungssituation nicht gewachsen, die Anfangsfreude schwindet schon nach wenigen Tagen oder Wochen. In der Schule treten verschiedenste Probleme auf: Einige Kinder bleiben schüchtern und ängstlich in der neuen Situation. Das eine Kind hat vor der Lehrerin Angst, das andere will sie für sich alleine haben. Manche fühlen sich in der großen Gruppe nicht angesprochen, verstehen die Lehrerin nicht, träumen, spielen vor sich hin oder langweilen sich; andere möchten um jeden Preis im Mittelpunkt stehen. Im Unterricht traditionellen Stils fällt besonders das Stillsitzen schwer: Einige Kinder werden nervös und unruhig, stören oder ermüden. Nicht immer ist die Lehrerin in der Lage, auf die Probleme einzelner Kinder einzugehen. Nicht immer verlieren sich die Anfangsschwierigkeiten von selbst.

Zu Hause äußern sich die Nöte solcher Kinder z. B. in Schulangst, Unlust, Appetitlosigkeit, Bauchschmerzen, Müdigkeit, Schlafstörungen, Clownereien, Aggressivität, Bettnässen oder übermäßigem Kontaktbedürfnis. Am Schulanfang besonders gefährdet sind »verwöhnte« Einzelkinder und die Kinder aus bildungsmäßig und materiell einfachen Familien, z. B. auch aus ausländischen Arbeiterfamilien. Dass sie einen schweren Schulstart haben, ist nicht ihr persönliches Problem, sondern ein gesellschaftliches; denn die Schule ist für alle da.

Aber was können einzelne Eltern tun? Sie sollten sich bereits im Kindergarten um die Schulvorbereitung ihres Kindes kümmern und gleich am Schulanfang das Gespräch mit der Lehrerin suchen, ihr Interesse am Schulerfolg ihres Kindes zeigen, um Rat fragen, wenn die ersten Schwierigkeiten auftreten. Das Risiko, in der Schule zu versagen, gilt besonders für jene Kinder, deren Entwicklung im Vergleich zu den Altersgenossen verzögert oder belastet ist. Alle Fähigkeiten und Verhaltensweisen, die die »Schulfähigkeit« ausmachen, können davon betroffen sein. Die Ursachen sind vielfältig und reichen manchmal bis ins Säuglingsalter zurück: körperliche Beeinträchtigungen wie z. B. Seh- oder Hörstörungen, Krankheiten, zu wenig oder falsche Spielangebote, negative oder gefühllose Einstellung der Eltern oder Erzieher, zu wenig Zärtlichkeit, Geborgenheit, Lob in der Familie oder im Kindergarten; zu viel Leistungsdruck, Einschränkungen oder Strafen, lang dauernde Krisen in der Familie, fehlende Anregungen.

Vorbeugen ist besser als zurückstellen

Frau M. ist schon seit Beginn des Kindergartenjahres innerlich beunruhigt. Ihr Sohn Peter soll das nächste Jahr in die Schule kommen, aber sie hat das Gefühl, dass er »irgendwie noch nicht so weit ist« wie seine Altersgenossen. Soll sie Peters Erzieherin fragen?

Nach Weihnachten bittet die Erzieherin Frau M. zu einem Gespräch. Sie hat sich auch Gedanken um Peter gemacht: Er ist auffallend still und inaktiv, in vielem unselbstständig, malt ungern, vor allem sein sprachlicher Rückstand wird ihm in der Schule Probleme bringen. Es stellt sich heraus, dass es auch in Peters Familie ziemlich still und wortkarg zugeht.

Die Erzieherin will deshalb Peter gezielt Anregungen geben, um seinen Erfahrungs- und Sprachschatz zu erweitern. Der Mutter schlägt sie vor:

⟡ Sie möchte einmal in der Woche zum Eltern-Kind-Spiel-Nachmittag in den Kindergarten kommen. Dort kann sie Spiele kennen lernen, die Spaß machen und gleichzeitig die Kinder in ihrer Entwicklung fördern.

⟡ Die Eltern sollten mehr mit Peter sprechen. Gelegenheiten dazu gibt es ständig: beim Einkaufen, bei der Hausarbeit, bei Ausflügen, beim Spielen. Besonders geeignet sind Bilderbücher. Man kann sie nicht nur vorlesen, sondern auch Fragen dazu stellen. So werden nicht nur die Sprache, sondern auch die Konzentration, die Auffassung und das Gedächtnis geschult.

⟡ Großflächige Lockerungsübungen mit lustigen Reimen sollen Peter Spaß am Umgang mit Stiften machen und Problemen beim Schreiben in der Schule vorbeugen.

In den folgenden Monaten wird Peter zusehends aufgeweckter, hat mehr zu erzählen und wird lockerer. Vor der Schuleinschreibung spricht die Erzieherin mit Einverständnis der Eltern mit der zukünftigen Lehrerin von Peter. Sie wird ihm in bestimmten Bereichen in der Schule weitere Unterstützung geben. Bedenken gegen seine Einschulung hat sie nicht.

Das Beispiel zeigt, wie wichtig es ist, dass sich Eltern möglichst frühzeitig informieren und beraten lassen, besonders dann, wenn sie das Gefühl haben, ihr Kind sei weniger entwickelt als andere oder über längere Zeit auffallend schwierig. Es besteht dann die Chance, durch besondere Zuwendung und gezielte Förderung Entwicklungsrückstände abzubauen und Verhaltensschwierigkeiten so weit aufzubrechen, dass ein Schulstart ohne schwerwiegende Probleme vorauszusehen ist. Eine gute Zusammenarbeit mit dem Kindergarten, Offenheit im Gespräch, Vertrauen in die Hilfsbereitschaft und das pädagogische Engagement der Erzieherin sind dabei eine wichtige Voraussetzung.

Was fällt der Erzieherin im Kindergarten auf? Welche Schwierigkeiten zeigt das Kind zu Hause? Wo könnten die Ursachen liegen? Solche Fragen können nur im gemeinsamen Gespräch geklärt werden. Die Erzieherin wird das Kind dadurch besser verstehen und wirksamer fördern können. Sie kann auch Ratschläge geben, wie Eltern ihrem Kind zu Hause helfen können.

Wenn Verhaltensstörungen schwer sind und lange andauern, z. B. Bettnässen, schwere Sprach- und Kontaktstörungen, starke Ängste, gefährliche Aggressivität, brauchen Eltern und Kinder zusätzliche Hilfe. Das gilt auch für schwere familiäre Krisen, z. B. in einer Trennungssituation. Ob sie sich dann z. B. am besten an eine Erziehungsberatungsstelle, eine Ärztin oder Logopädin wenden sollen, hängt vom konkreten Problem ab. Auch hier wird die Erzieherin Rat geben können.

Die Zusammenarbeit, die im Kindergarten positiv war, sollte nicht an der Schultüre abgebrochen werden. Besonders bei Kindern mit einer schwierigen Entwicklung ist es wichtig, bald den Kontakt mit der Lehrerin aufzunehmen. Viele Lehrerinnen bemühen sich durchaus, vor allem »Sorgenkinder« hilfreich zu unterstützen.

Zurückstellung – eine Möglichkeit, Schulversagen zu verhindern?

Wenn aufgrund der körperlichen und geistigen Entwicklung eines Kindes zu erwarten ist, dass es nicht mit Erfolg am Unterricht teilnehmen kann, so kann es für die Dauer eines Schuljahres vom Schulbesuch zurückgestellt werden. Die Zurückstellung wird auf die Schulpflichtdauer nicht angerechnet.

  ↪ Bei der Schulanmeldung können die Eltern einen Antrag auf Zurückstellung stellen. Auch von Seiten der Schule kann aufgrund von Beobachtungen und Elterngesprächen eine Zurückstellung empfohlen werden.

⟡ Wenn die Eltern im Zweifel sind, sich noch weiteren Rat holen wollen, dann können sie ihren Antrag auch noch in dem Zeitraum zwischen der Schulanmeldung und dem Unterrichtsbeginn stellen.

⟡ Auch im Laufe des ersten Schulhalbjahres kann ein Kind noch zurückgestellt werden. Die genauen Termine sind in den Bundesländern verschieden.

Über die Zurückstellung entscheidet der jeweilige Schulleiter oder das Schulamt. Sind die Eltern nicht einverstanden, haben sie die Möglichkeit, Einspruch zu erheben.

Die Zurückstellung nach Wochen oder Monaten des Schulbesuchs erfolgt in der Regel auf Veranlassung der Erstklasslehrerin. Nach ihrer Erfahrung mit dem Kind besteht keine Aussicht, dass es dem Unterricht folgen kann bzw. es ist in der Klasse »nicht tragbar«. Für die betroffenen Kinder und Eltern ist diese Form der Zurückstellung am schmerzlichsten. Das Kind muss die Klassengemeinschaft verlassen, in die es sich gerade eingewöhnt hat. Es muss sich wieder auf eine neue Gruppe von Bezugspersonen, z. B. im Schulkindergarten, in der Vorklasse oder zurück im Kindergarten, einstellen. Obwohl die Befreiung vom schulischen Druck für viele Kinder letztlich eine Erlösung ist, werden sie meist doch in ihrem Selbstvertrauen erschüttert. Ehe Eltern sich mit einer Wieder-Ausschulung einverstanden erklären, sollten sie mit der Lehrerin sprechen, ob es nicht doch möglich ist, mit der in den Erlassen vorgesehenen pädagogischen Phantasie und Geduld von ihrer Seite und gezielter häuslicher Unterstützung – nicht Druck! – das Kind in der einmal begonnenen ersten Klasse zu belassen.

Nicht immer wird es gelingen, die Kinder in die Klasse zu integrieren und ans Klassenziel zu führen, das zeigen die Fälle von Wiederholungen des ersten Schuljahres.

Die Zurückstellung auch nach einem halben Jahr ist dann noch besser als ein Kind weiteren Misserfolgen auszusetzen.

Leichter für Kinder und Eltern ist es, wird die Zurückstellung bereits vor Unterrichtsbeginn ausgesprochen. Dabei ist das Risiko einer Fehlentscheidung allerdings viel höher. Vielleicht könnte es das Kind doch schaffen? In solchen Zweifelsfällen ist es am besten, wenn Eltern, Erzieherin und zukünftige Lehrerin gemeinsam eine Entscheidung suchen. Auch das Gespräch mit der Schulpsychologin kann eine zusätzliche Entscheidungshilfe sein.

Der Schulkindergarten, die Vorklasse – eine Alternative zur Einschulung

Eine Zurückstellung löst bei Eltern und Kind oft Schuldgefühle, auf jeden Fall aber Enttäuschung aus. Eltern sollten alles vermeiden, was das Erlebnis des Versagens beim Kind verstärken kann. Gerade jetzt ist es besonders auf ihre Bestätigung angewiesen, auf eine positive Perspektive, die »genauso interessant ist wie die Schule«.

Der – kostenlose – Schulkindergarten bzw. die Vorklasse, der Name ist in den einzelnen Bundesländern verschieden, ist für die Förderung zurückgestellter Kinder besonders geeignet. In einigen Ländern ist der Besuch sogar verpflichtend. Diese Einrichtungen sind eine Art Übergangsstufe zwischen Kindergarten und Grundschule. Die Gruppen sind in der Regel klein, 10 bis 20 Kinder, und werden von einer Sozialpädagogin, Heilpädagogin, manchmal auch von einer Lehrerin, geleitet. Außer zurückgestellten Kindern befinden sich dort in einigen Bundesländern auch »Kann«-Kinder. In den meisten Ländern können die Kinder auch den Schulbus benutzen. Die Unterbringung im Schulgebäude, die Benutzung der Turnhalle, der Kontakt zu den Schulkindern und Lehrerinnen lässt die Kinder die Enttäuschung über die Zurückstellung bald vergessen.

Die pädagogische Arbeit zielt darauf ab, die Entwicklungsrückstände einzelner Kinder aufzuholen, sie auf die Schule vorzubereiten, ohne den Stoff der ersten Klasse vorwegzunehmen. Die Förderung von Fähigkeiten im Bereich des Denkens, der Sprache, der Motorik, der optischen und akustischen Auffassung ist im Schulkindergarten genauso wichtig wie die Erziehung zu selbstständigem Handeln, zu konzentriertem und lustvollem Spielen, zu erfolgreichem Fertigstellen von Aufgaben, zum Befolgen von Regeln, zu Sicherheit und Kontaktfähigkeit in der Gruppe. Die besonders schwierige Aufgabe, Verhaltensauffälligkeiten abzubauen, sollte durch die enge Zusammenarbeit mit Eltern, Schulpsychologen, Ärzten, Beratungsstellen, Logopäden u. a. m. unterstützt werden.

Ist kein Schulkindergarten oder eine Vorklasse in der Nähe, sollte das Kind auf jeden Fall wieder einen Kindergarten oder eine ähnliche Einrichtung, bei starken Verhaltensauffälligkeiten auch eine heilpädagogische Tagesstätte besuchen. Wichtig dabei ist, mit der Erzieherin von Anfang an über die Gründe für die Zurückstellung und Möglichkeiten einer besonderen Förderung zu sprechen, damit das Kind in dem gewonnenen Jahr tatsächlich »schulfähig« wird.

Gertraud Krötz

Wie Marcus es trotzdem schaffte

Anfang November, zwei Monate nach Schulanfang, ruft Frau C. an: »Marcus will nicht mehr in die Schule gehen. Alle Kinder könnten lesen, nur er nicht. Was soll ich tun?« Die Lehrerin beklagt sich, er sei unruhig, kaspere herum und störe.

Ich bin überrascht, da ich Marcus schon aus einer Beratung kurz vor der Einschulung kenne, in der ich ihn als interessiert und neugierig erlebt habe. Wir vereinbaren einen Termin mit Mutter und Sohn.

Marcus zählt mit Muggelsteinen unaufgefordert bis 20, rechnet im Kopf 2 und 2 richtig zusammen, aber er will seine Schulsachen gar nicht zeigen. Der Ranzen bleibt verschlossen.

So hole ich ihm eine Magnettafel und Buchstaben. Er sucht zunächst die Buchstaben seines Vornamens sowie alle, die er bereits in der Schule kennen gelernt hat. Seinen Namen »Marcus« kann er richtig legen, erlesen und die Buchstaben einzeln lautieren. Ich frage ihn, ob er »Mama« legen könne. »Nie.« Ich wette mit ihm, dass er es kann, und siehe da, aus dem Ma von Marcus wird zunächst Ma a, dann – beim langsamen Mitsprechen von »Mama«, findet er allein das fehlende »M«. Das tut ihm gut und erstmals erscheint ein kleines Lächeln in seinem Gesicht. Der Bann ist gebrochen.

Obwohl er nun auf der Magnettafel sowie mit Schaumstoffbuchstaben ihm bekannte Fibelwörter wie »Oma, Umi, Omi, am, im, um« ohne Murren legt und die Lautfolge richtig benennen kann, hört sein Interesse schlagartig auf, als ich ihn bitte, die gleichen Wörter aus der Fibel vorzulesen. Da muss schon einiges im Unterricht gelaufen sein! Die Mutter berichtet, dass Marcus sehr frustriert heimkomme, weil die anderen Kinder die Texte schneller vorlesen könnten und er immer zu langsam sei. Sie übe stundenlang Lesen mit ihm mit dem negativen Ergebnis, dass das Üben in gegenseitigem Anschreien und Tränen ende.

Ich packe die Fibel weg, schreibe ihm große Karten in Großantiqua und Gemischtantiqua mit den wichtigen Füllworten »ist«, »im«, »am«, »mit«, die im Unterricht erwartet werden, obwohl die Buchstaben z. T. noch unbekannt sind. Somit benötigt er anstelle von 7 bereits 14 Buchstaben. Marcus stellt sich in einiger Entfernung auf. Ich zeige ihm die Wortkarten einzeln, spreche sie vor, deute auf die Laut-folge, lasse sie nachsprechen. Der Erfolg wird mit einem Luftsprung bestätigt. Das Spiel macht ihm Spaß, nach einigen Minuten sitzen die vier Wörter, verstärkt durch die körperliche Bewegung. Die Mutter, die interessiert zusieht, soll nun täglich zwei bis drei seiner Wörter fes-tigen, damit Marcus mehr Erfolgserlebnisse hat. Zur Erleichterung des Lesens schneide ich ihm zwei durchsichtige Lesepfeile aus blauer Folie, seiner Lieblingsfarbe. Sie werden mit je einem roten Herzaufkle-ber verziert, um die Richtung zu markieren, in der sie benutzt werden sollen.

Beim Hüpfen fällt mir auf, wie verkrampft sein Körper ist. Auf Nach-fragen erfahre ich, dass er wegen der Überei keinerlei Sport mache. Er probiert Seil zu springen, die Koordination von Armen und Beinen klappt noch nicht. Immerhin springt er ohne Nachfedern zweimal über das von mir gedrehte Seil. Da die Mutter selbst sieht, wie schwer ihm die Bewegungskoordination noch fällt, ist sie motiviert, nach ei-nem Sportverein zu suchen, der Turnen, Trampolin und/oder Ballspie-le ohne Wettkampfcharakter anbietet. Die Verkrampfungen zeigen sich auch beim Schreiben. Die Lockerungsübungen, die ich beiden vor der Einschulung gezeigt hatte, sind den viel zu kleinen Schreibübun-gen im Heft gewichen. Marcus »schreibt« seine Buchstaben in die Luft und es fällt auf, dass er sich den Schreibbewegungsablauf ein-zelner Buchstaben falsch angeeignet hat. So geht beim A der Strich von rechts nach links, das kleine a beginnt er mit dem Abstrich. Ge-meinsam malen wir mit Schwamm und Kreide an der Wandtafel und anschließend auf Papier mit Wachsmalstiften in vielen Farben die Buchstaben und Kreise im richtigen Bewegungsablauf, zum Teil un-terstützt von kurzen Reimen. Im Mäppchen sehe ich, dass er dicke Dreiecksstifte und Bleistifte hat, die viel besser in den Kinderhänden liegen und eine gute Schreibbewegung anbahnen helfen. Zusätzliches Kneten oder Modellieren kann spielerisch die Verkrampfungen der Hände lockern.

Mir fällt auf, dass Marcus ganz leicht schielt. »Der Augenarzt hat im Sommer gesagt, alles sei in Ordnung«, erwidert die Mutter. Sie will dies aber nochmals überprüfen lassen, da ich ihr zeige, wie ähnlich a, o, u sind und wie leicht man sie verwechseln kann, wenn man nicht genau unterscheiden kann.

Nach jeweils 10 Minuten ist seine Konzentration erschöpft und er zieht sich zu den Spielen »Looping Louie« und einem Fußballspiel zurück, während ich mit der Mutter rede und ihr Mut zu machen versuche. Die Unruhe ihres Sohnes, von der die Lehrerin im Unterricht berichtet, macht ihr zu schaffen. Ich rate ihr, einen Termin mit der Klassenlehrerin zu vereinbaren, um abzuklären, ob Marcus auch in seinem Lieblingsfach Rechnen unruhig sei, ob andere Kinder oder die Lehrerin vielleicht abwertende Anmerkungen gemacht haben könnten, die ihn verunsichern. Und vor allem soll sie sich bemühen, das Selbstwertgefühl ihres Sohnes aufzubauen, ihn viel loben für seine schulischen Anstrengungen, vor allem für alles, was er erliest und schreibt – ohne auf die Richtigschreibung zu achten, die erst viel später kommt.

LESE-TIPPS

📖 Dorothee Raab: Das große Lernen-macht-Spaß-Buch. Reihe: Lernen macht Spaß. Carlsen Verlag, Hamburg 1997

Das Übungsheft mit »Buchstaben-, Zahlen- und Denkspiele(n) für Schulanfänger« (so der Untertitel) ist als Begleiter für das erste Schuljahr gedacht, nicht als Trimmbuch für den Schulstart. Es gibt Hilfen zum richtigen Schreiben der Buchstaben und Zahlen und bringt einige Beispiele aus anderen Heften der Autorin im selben Verlag.

📖 Ingrid M. Naegele: Lese-Rechtschreib-Schwierigkeiten. Vorbeugen – Verstehen – Helfen. Ein Elternhandbuch. Beltz, Weinheim 1995

Oft sind es zunächst Kleinigkeiten, die dann zum großen Problem werden können: falsche Erwartungen von Eltern oder Lehrerinnen an das Kind, Kritik, fehlende Hilfen zum Lesen- und/oder Schreibenlernen, falsches Üben. Das Vorbeugen von Schwierigkeiten bildet einen Schwerpunkt dieses Elternhandbuchs.

Ingrid M. Naegele

Lernschwache oder behinderte Kinder – Besondere Förderung und Integration

Nicht alle Kinder, die in das Schulalter kommen, haben es beim Schulanfang leicht. Besondere Schwierigkeiten ergeben sich oft für lernschwache und für behinderte Kinder. Aber nicht alle behinderten Kinder sind lernschwach und nicht alle lernschwachen Kinder sind behindert.

Was ist »Lernbehinderung«?

Bezeichnungen wie Lernschwäche, Lernstörungen, Lernschwierigkeiten sind, da wir vom Schulanfang und der Grundschule sprechen, immer auf schulisches Lernen bezogen. Manche der davon betroffenen Kinder sind außerhalb der Schule, also beim Spielen in der Familie oder mit Gleichaltrigen, keineswegs »lernschwach«; beim schulischen Lernen haben sie jedoch große Schwierigkeiten in einigen oder fast allen Fächern. Andere lernschwache Kinder haben beim schulischen wie beim außerschulischen Lernen Schwierigkeiten. Das kann mit einer Entwicklungsverzögerung zusammenhängen, die auf ungünstige exogene (von außen kommende) und/oder endogene (von innen kommende) Entwicklungsbedingungen zurückzuführen ist.

Im deutschen Schulrecht hat sich in den 60er-Jahren durchgesetzt, schulische Lernschwächen von einem gewissen Schweregrad an als Lernbehinderung zu bezeichnen; die davon betroffenen Kinder werden traditionell als besondere Gruppe betrachtet. Damit wurde eine Behinderungsart geschaffen, die nicht durch organische Schädigung definiert ist. Die Abgrenzung zwischen so genannten lernbehinderten Kindern und sonstigen lernschwachen Kindern ist nicht eindeutig, sie wird daher in den schulrechtlichen Vorschriften der einzelnen Bundesländer etwas unterschiedlich bestimmt. Als herkömmliche Faustregel gilt: Ein Kind, das während der Grundschulzeit zwei Jahre Lernrückstand gegenüber seinen Gleichaltrigen aufweist, ist wahrscheinlich »lernbehindert« und deshalb sonderpädagogisch-diagnostisch zu überprüfen. Bei der Überprüfung wird in aller Regel auch ein Intelligenztest – trotz verbreiteter fachlicher Kritik an diesen Verfahren – mit dem Kind durchgeführt; Intelligenzquotienten zwischen 55–60 als unterer Grenze und 80–85 als oberer Grenze gelten als Bestätigung der Lernbehinderung.

Eine besondere Schule für Lernbehinderte

Im deutschen Schulwesen gibt es für Kinder, denen amtlich eine Lernbehinderung attestiert wurde, eine eigene Schule: die Schule für Lernbehinderte, in manchen Bundesländern auch Förderschule, Schule für Lernhilfe, Sonderschule L oder ähnlich genannt. Weil ein zweijähriger Lern- und Leistungsrückstand sich kaum bei Schulneulingen feststellen bzw. vorhersagen lässt, beginnen viele Lernbehindertenschulen erst mit der Klassenstufe 3. Einige Sonderschulen L, vor allem große Schulsysteme, haben jedoch auch Klassen der Stufen 2 und 1 und Sonderschulkindergartengruppen, sie nehmen also auch Schulanfänger und -anfängerinnen auf. In den meisten Bundesländern sind Kinder, die amtlich als lernbehindert diagnostiziert wurden, vom Gesetz her immer noch zum Besuch der Schule für Lernbehinderte verpflichtet; mit den zunehmenden Möglichkeiten zur »Integration« behinderter Kinder in Regelschulen wird diese Verpflichtung jedoch allmählich gelockert.

Integration in die Grundschule

Auch in den vergangenen Jahrzehnten hat es immer schon Fälle gegeben, in denen Schulneulinge trotz offensichtlicher Behinderungen – zum Beispiel Körperbehinderung – in reguläre Grundschulen aufgenommen wurden und am allgemeinen Unterricht erfolgreich teilnehmen konnten. Denn unter den organisch geschädigten Kindern sind viele nicht in ihrer kognitiven (geistigen) Lernfähigkeit beeinträchtigt, und einige von ihnen sind für schulisches Lernen besonders motiviert, weil es ihnen einen Ausgleich für ihre behinderungsbedingten Einschränkungen bedeutet. Diese Kinder lernen nach Aufnahme in die normale Grundschule mehr und schneller, als sie in einer ihrer Behinderungsart entsprechenden Sonderschule lernen würden. Behinderung ist also nicht immer gleichbedeutend mit schulischer Lernschwäche.

Andere Schulneulinge mit Behinderung können in der Grundschule am lehrplanmäßigen Unterricht nur dann erfolgreich teilnehmen, wenn sie zusätzlich individuell gefördert werden. Diese zusätzliche Förderung erfolgt meistens im Rahmen des Grundschulunterrichts durch eine zweite Lehrperson. Ist die zweite Lehrperson eine sonderpädagogisch ausgebildete Lehrkraft, handelt es sich um »sonderpädagogische Förderung« des Kindes. Von einigen behinderungsspezifischen Methoden und Techniken abgesehen verfügen Sonderpädagogen und -pädagoginnen in der Praxis über ganz ähnliche Unterrichts- und Erziehungskompetenzen wie Grundschullehrer und -lehrerinnen.

Individuelle Förderpläne

Sowohl die – relativ wenigen – behinderten Kinder, die in der Grundschule ohne besondere schulische Unterstützung mitkommen, als auch diejenigen, die in der Grundschule durch zusätzliche pädagogische oder durch sonderpädagogische Förderung mitkommen, lernen nach dem gleichen Lehrplan wie ihre nichtbehinderten Mitschüler und Mitschülerinnen. Sie werden »zielgleich« unterrichtet. Neuerdings können unter bestimmten Rahmenbedingungen aber auch »zieldifferent« zu unterrichtende Schulneulinge in die Grundschule aufgenommen werden; zieldifferenter Unterricht folgt für die nichtbehinderten Kinder dem normalen Grundschullehrplan, für das behinderte Kind jedoch einem individuell angemessenen Förderplan, der von den Zielen des Grundschullehrplans in einigen oder allen Fächern abweicht. Der individuelle Förderplan für ein zieldifferent zu unterrichtendes behindertes Kind orientiert sich an drei Vorgaben: an dem Lehr- und Stoffplan der betreffenden Grundschulklasse, an den individuellen Lernvoraussetzungen des betreffenden Kindes und an dem Lehrplan desjenigen Sonderschultyps, den das Kind besuchen müsste, wenn es nicht in die Grundschule aufgenommen würde. Bei zieldifferentem Unterricht braucht das behinderte Kind also nicht im Lerntempo der Klasse und bei jedem Lernstoff der Klasse »mitzukommen«, sondern es darf nach seinen Möglichkeiten lernen. Der dadurch erreichte Wegfall von unrealistischem Leistungsdruck kann und soll für das Kind, seine Lehrerinnen und auch seine Eltern eine erhebliche Erleichterung des Schullebens darstellen. Zieldifferent können auch so genannte lernbehinderte und geistigbehinderte Schulneulinge in Grundschulen aufgenommen werden, wenn sie dort die erforderliche zusätzliche sonderpädagogische Förderung erhalten. Die sonderpädagogische zusammen mit der grundschulpädagogischen Förderung muss es ermöglichen, dass das Kind im Bereich der Schulleistungen mindestens so viel lernt, wie es in der behinderungsspezifischen Sonderschule lernen würde, und dass es im Bereich des sozialen Zusammenlebens von der Klasse akzeptiert wird und sich akzeptiert fühlt.

Organisationsformen für Integration

Die besondere Förderung behinderter Kinder in der Grundschule erfolgt in unterschiedlichen Organisationsformen. Für die soziale Integration der Kinder sind vor allem die folgenden drei Organisationsformen geeignet:

Integrationsklassen

Integrationsklassen im engeren Sinne des Wortes; das sind Grundschulklassen, die von mehreren – meistens drei oder vier – unterschiedlich behinderten Kindern und im übrigen von nichtbehinderten Kindern besucht werden und ständig von zwei Lehrpersonen unterrichtet werden. Mit solchen Klassen fing die schulische Integrationsbewegung in Deutschland an, und auch heute sind Integrationsklassen noch sehr weit verbreitet. Ihr Schönheitsfehler ist, dass die behinderten Kinder meistens aus einem größeren Einzugsbereich als die nichtbehinderten Mitschüler und Mitschülerinnen kommen, was außerschulische Kontakte erschwert.

Einzelintegration

Einzelintegration erfolgt dadurch, dass das behinderte Kind in die für seinen Wohnort zuständige Aufnahmeklasse der Grundschule eingeschult wird und dort als – meistens – einziges behindertes Kind zusammen mit den anderen unterrichtet wird, wobei jede Woche für eine bestimmte Anzahl von Stunden eine Sonderschullehrkraft in die Klasse hinzukommt. Die Sonderschullehrkraft soll dann, wann immer sinnvoll, nicht mit dem Integrationskind alleine arbeiten, sondern auch für andere, insbesondere für lernschwache Kinder, zur Verfügung stehen. Die Organisationsform Einzelintegration nimmt in den letzten zehn Jahren in Deutschland stark zu. Ihr Schönheitsfehler: Während vieler Unterrichtsstunden ist die Grundschullehrerin ohne sonderpädagogische Unterstützung.

Integrative Regelklasse

Integrative Regelklasse, das ist jede Schulklasse einer Regelschule – hier: Grundschule –, die sich verpflichtet hat, alle Kinder ihres amtlichen Einzugsbereichs, ob behindert oder nicht, aufzunehmen und die dafür eine bestimmte Anzahl von sonderpädagogischen Fachkräften, eventuell auch von sozialpädagogischen Fachkräften, zusätzlich erhalten hat. Anders als in Integrationsklassen und Einzelintegration brauchen hier die behinderten Kinder nicht mehr individuell nachgewiesen und damit aktenkundig gemacht zu werden. Das zusätzliche Personal arbeitet in den Regelklassen mit, und zwar sowohl integrationsunterstützend für behinderte Kinder als auch präventiv (vorbeugend) bei anderen schulschwachen Kindern. Die Integrativen Regelklassen gelten unter Fachleuten als besonders fortschrittlich, sind in Deutschland aber noch selten.

»Schulanfang für alle«

Während die oben genannten Organisationsformen nicht auf den Schulanfang beschränkt sind, sondern für die gesamte Dauer des Schulbesuchs bestehen, bezieht sich das in mehreren Bundesländern zunehmend praktizierte Projekt »Schulanfang für alle« oder »Integrativer Schulanfang« nur auf die ersten Jahre der Grundschule. Dabei werden prinzipiell alle Sechsjährigen, auch die lernschwachen und behinderten Kinder, in die örtliche Grundschule aufgenommen und diejenigen mit besonderem Förderbedarf während der ersten und zweiten Klasse zusätzlich gefördert, die als pädagogische Einheit verstandenen Klassenstufen 1 und 2 können individuell verschieden in drei, zwei oder auch nur in einem Jahr durchlaufen werden. Die Unterschiedlichkeit der Schulanfänger und -anfängerinnen wird dabei also pädagogisch voll akzeptiert. Statt Zurückstellung oder Sonderschuleinweisung erfolgt hier individuelle Förderung »in der für alle Kinder gemeinsamen Grundschule nach den Grundsätzen integrativer Pädagogik« (Faust-Siehl u. a. 1996, S. 143). – Ein solcher Schulanfang für alle sollte natürlich nicht am Ende der Klassenstufe 2 durch separative Formen abgelöst werden, sondern er verlangt nach Fortsetzung in bewusst heterogenen (unterschiedliche Leistungsniveaus umfassenden) Klassen. In immer mehr deutschen Grundschulen entstehen seit einigen Jahren wieder jahrgangsübergreifende Klassen, und zwar nicht nur als Notbehelf wegen zurückgehender Schülerzahlen, sondern auch aus grundsätzlichen reformpädagogischen Überlegungen und Erfahrungen (vgl. Burk 1996); diese Klassen können auch einen Integrativen Schulanfang konsequent fortsetzen.

Die Rahmenbedingungen müssen stimmen

Gegenwärtig und in naher Zukunft kann noch nicht jedes behinderte Kind pädagogisch sinnvoll in eine Grundschule aufgenommen werden, weil es in vielen Schulen an den dazu erforderlichen Rahmenbedingungen mangelt; vor allem ist die Klassenfrequenz in vielen Grundschulklassen zu hoch und es fehlt an den zusätzlichen Sonderschullehrerstunden. Solche Gründe können auch in reformpädagogisch aufgeschlossenen Bundesländern dazu führen, dass Integrationswünsche der Eltern von der Schulbehörde abgelehnt werden. Die Ablehnung erfolgt dann nicht, weil etwa das Kind nicht »integrierbar« wäre, sondern weil die erforderlichen Rahmenbedingungen für eine pädagogisch sinnvolle Integration nicht hergestellt werden können. Grundsätzlich ist jedes Kind integrierbar (vgl. Sander 1992, S. 142f.).

Wird der Integrationsantrag der Eltern abgelehnt, so muss nach deutschem Schulrecht das Kind eine seiner Behinderung entsprechende Sonderschule oder aber Sonderklasse besuchen. Sonderklassen für Schulneulinge mit bestimmten Behinderungsarten gibt es in mehreren Bundesländern. Während Sonderschulen meistens nur über längere Anfahrtswege zu erreichen sind, befinden sich Sonderklassen (auch Förderklassen, Kleinklassen oder ähnlich genannt) öfter wohnortnah in Regelschulen. In manchen Bundesländern gehören sie zu einer Sonderschule, sind also eine in die Grundschule ausgelagerte Sonderschulklasse, in anderen Bundesländern können Sonderklassen auch zum System der Regelschule gehören. Sie haben eine geringere Schülerzahl als die Grundschulklassen und werden von einer Sonderschullehrkraft unterrichtet. Sonderklassen ermöglichen nur so genannte Teilintegration, denn die betreffenden Jungen und Mädchen gehen zwar in das Grundschulgebäude, aber dennoch in eine Klasse mit nur ähnlich behinderten Mitschülern und Mitschülerinnen. Manche Sonderklassen arbeiten jedoch eng mit einer parallelen Regelklasse zusammen und führen auch gemeinsam integrativen Unterricht durch.

Die Formen pädagogischer Förderung für beeinträchtigte Kinder ändern sich, wenn man die Bundesrepublik Deutschland insgesamt betrachtet, von Jahr zu Jahr und werden auch künftig von Bundesland zu Bundesland verschieden sein. Eltern sollten sich in jedem Fall vor Ort genau erkundigen, und zwar am besten nicht nur bei einer Person, sondern bei mehreren Fachleuten und auch bei anderen Eltern, die die Gegebenheiten aus unterschiedlichen Perspektiven kennen.

LESE-TIPPS

🏠 Burk, Karlheinz (Hrsg.): Jahrgangsübergreifendes Lernen in der Grundschule. (Beiträge zur Reform der Grundschule. Sonderband S. 57.) Frankfurt a. M. (Arbeitskreis Grundschule) 1996

🏠 Faust-Siehl, Gabriele/Ariane Garlichs/Jörg Ramseger u. a.: Die Zukunft beginnt in der Grundschule. Empfehlungen zur Neugestaltung der Primarstufe. Rowohlt, Reinbek 1996

🏠 Gemeinsam leben. Zeitschrift für integrative Erziehung. Luchterhand, Neuwied, 5. Jahrgang 1997

🏠 Heyer, Peter: Zum Stand der Integrationsentwicklung in Deutschland. In: Grundschule 1997, Heft 2, S. 12–14

🏠 KMK: Empfehlungen zur sonderpädagogischen Förderung in den Schulen in der Bundesrepublik Deutschland. Bonn (Sekretariat der Kultusministerkonferenz) 1994

🏠 Rosenberger, Manfred (Hrsg.): Ratgeber gegen Aussonderung. Heidelberg (Edition Schindele), 2. Auflage 1997

🏠 Sander, Alfred: Behinderte Kinder – Gesondert oder integriert fördern? In: Dieter Haarmann (Hrsg.): Handbuch Grundschule, Band 1. Beltz, Weinheim und Basel 1992, S. 139–51

🏠 Schöler, Jutta: Integrative Schule – Integrativer Unterricht. Ratgeber für Eltern und Lehrer. rororo Sachbuch 9546, Reinbek 1993

Alfred Sander

Wenn Vater und Mutter berufstätig sind

Im Kindergarten konnten Sie Ihr Kind abliefern, wenn Sie zur Arbeit mussten, und wieder holen, wenn Sie Feierabend hatten. In der Schule geht das nicht. Sie können sich nicht einmal darauf verlassen, dass Ihr Kind jeden Morgen während der gleichen Zeit betreut wird. Selbst eine Teilzeitbeschäftigung werden Sie schwerlich genau mit den Unterrichtsstunden Ihres Kindes in Einklang bringen. Denn Sie müssen damit rechnen, dass

- der Unterricht nicht an jedem Tag zur gleichen Zeit beginnt und endet,
- der Stundenplan sich plötzlich ändern kann,
- Ihr Kind in den ersten Schultagen mit verkürztem Unterricht beginnt,
- Sie Ihr Kind bei plötzlichem Unwohlsein oder kleineren Unfällen nach Hause holen sollen,
- durch fehlende Lehrkräfte, hitzefrei u. ä. unverhoffter Unterrichtsausfall entstehen kann,
- Ausflüge, Feste oder Sportveranstaltungen Ihren Zeitplan völlig durcheinander bringen können.

Darüber hinaus müssen Sie sich darauf einrichten, dass

- Ihr Kind am Nachmittag Hausaufgaben machen muss und die Schule hierbei stillschweigend Ihre Mithilfe voraussetzt,
- Ihr Kind auch einmal längerfristig erkranken kann und
- die Ferien Ihres Kindes länger als der Ihnen zustehende Jahresurlaub sind und die Ferientermine sich vielleicht nicht mit den Urlaubsvorstellungen Ihres Betriebes decken werden.

Kümmern Sie sich deshalb frühzeitig, d. h. am besten bereits vor der Einschulung, darum, wer Ihr Kind während Ihrer Abwesenheit zuverlässig mitbetreut: sein anderer Elternteil, Großeltern, Freunde, Nachbarn, ein Hort oder eine Tagesmutter. Ihr Kind – und die Schule –

müssen wissen, wen sie während Ihrer Abwesenheit erreichen können und wer Ihr Kind versorgt: Anderenfalls können schon geringfügige Abweichungen vom gewohnten Organisationsplan Panik auslösen und Ihrem Kind ein Gefühl von Verlassenheit geben, das sich bis zu Schulangst und Schulversagen steigern kann. Wenn es in Ihrem Bekanntenkreis niemanden gibt, inserieren Sie in der Tageszeitung und schauen Sie sich die Bewerber/innen gut an, ehe Sie sie engagieren.

Bei Fragen zum Thema »Tagesmütter« können Sie sich auch an die *Tagesmütter, Bundesverband für Kinderbetreuung in Tagespflege e. V.,* Breite Str. 2, 40670 Meerbusch, wenden.

Finden Sie möglichst eine Lösung, bei der Ihr Kind nicht morgens nach Ihnen das Haus verlassen und mittags in eine leere Wohnung zurückkommen muss. Auch wenn Ihr Kind für sein Alter sehr vernünftig und selbstständig ist und »das ja selbst so will«, ist es damit noch lange Zeit überfordert.

Vielleicht wohnen im Haus noch andere Kinder, mit denen es morgens zur Schule gehen kann?

Ideal ist es, wenn Sie bereits während der Kindergartenzeit Kontakte zu Familien knüpfen konnten, deren Kinder miteingeschult werden und bei denen ein Elternteil am Nachmittag zu Hause ist. Anderenfalls bemühen Sie sich gleich nach Schulanfang darum. Scheuen Sie sich nicht, Ihr Kind »bei fremden Leuten« zu Mittag essen – gegen Erstattung der Unkosten –, spielen und nach Möglichkeit auch die Aufgaben machen zu lassen. Als Gegenleistung können Sie das Kind der anderen Familie am Wochenende oder in den Ferien einmal mitbetreuen. Die gemeinsame Zeit, die Ihnen mit Ihrem Kind nach Feierabend bleibt, sollte nicht auch noch ausschließlich der Schule gehören. Zwar sollten Sie sich täglich die Schulerlebnisse erzählen und die Hausaufgaben zeigen und erklären lassen, aber den Rest der Zeit zum intensiven gemeinsamen Spiel, zum Miteinander-Reden oder zu etwas anderem, was Ihnen und Ihrem Kind Spaß macht, nutzen. Nicht die Berufstätigkeit von Mutter und/oder Vater schadet dem Kind, sondern mangelnde elterliche Zuwendung. Letztlich zählt nicht, wie lange Sie sich am Tag mit Ihrem Kind beschäftigen können, sondern wie liebevoll und intensiv Sie das tun.

Ist Ihr noch nicht acht Jahre altes Kind krank, steht Ihnen bezahlter Sonderurlaub bzw. Krankengeld zu, sofern Ihr Arbeitsentgelt nicht weitergezahlt wird und keine andere im Haushalt lebende Person die erforderliche Pflege übernehmen kann. In einigen Tarifverträgen gibt es auch darüber hinausgehende Regelungen. Erkundigen Sie sich in jedem Fall bei Ihrer Krankenkasse und Ihrem Arbeitgeber. In der Regel reichen diese Tage im Jahr nicht aus. Und was machen Sie, wenn Ihr Kind älter wird? Kümmern Sie sich deshalb bereits vor der ersten Krankheit Ihres Kindes um eine Pflegeperson, die Ihr Kind mag. Gerade wenn ein Kind sich nicht wohl fühlt, braucht es liebevolle Betreuung. Sprechen Sie mit Ihrem Arbeitgeber, auch wenn Ihnen gesetzlicher Urlaub nicht mehr zusteht: vielleicht können Sie Ihre Arbeit teilweise zu Hause erledigen oder Ihre Arbeitszeit für einen begrenzten Zeitraum verändern? Ihren Jahresurlaub sollten Sie wirklich nur angreifen, wenn es keine andere Lösung gibt: Sie brauchen ihn dringend für Ihre eigene Erholung!

Muss Ihr Kind ins Krankenhaus, können Sie Hinweise und Hilfen erhalten vom »*Aktionskomitee Kind im Krankenhaus e.V.*«, Kirchstr. 34, 61440 Oberursel.

Vieles wird leichter, wenn die Lehrerin Ihres Kindes weiß, dass Sie berufstätig sind. Also: Lernen Sie sie kennen. Im Allgemeinen haben Lehrerinnen einmal in der Woche Sprechstunde, allerdings am Vormittag. Wenn Sie zu dieser Zeit nicht freibekommen, bitten Sie um einen anderen Termin, eventuell auch um einen Hausbesuch. Vielleicht dürfen Sie die Lehrerin auch einmal privat anrufen – vorausgesetzt, es bleibt bei kurzen Gesprächen zu annehmbaren Tageszeiten. Auf alle Fälle geben Sie der Lehrerin Ihre Telefonnummer!

Besuchen Sie Elternabende, auch wenn Sie »eigentlich« zu müde sind. Nutzen Sie sie auch als Gelegenheiten, die anderen Eltern kennen zu lernen. Machen Sie mit bei außerschulischen Treffen: bei Grillfesten am Spätnachmittag, Ausflügen am Sonnabend, Eltern-Lehrer-Stammtischen am Abend. Je besser Sie die anderen Eltern und die Lehrerin kennen, desto besser werden Sie Ihrem Kind helfen, wenn das erforderlich sein sollte. Lassen Sie sich in den Elternbeirat oder die Elternpflegschaft wählen. Die Arbeit ist nicht so zeitintensiv, wie Sie vielleicht fürchten – und sie lohnt sich. Versuchen Sie, sich auf jeden Fall einmal Zeit für einen Unterrichtsbesuch zu nehmen, der fast überall möglich ist. Hierfür sollten Sie sogar, wenn es gar nicht anders geht, auch einen halben Urlaubstag opfern. Sie bekommen einen Einblick in das Unterrichtsgeschehen und vermitteln Ihrem Kind – und seiner Lehrerin –, wie wichtig sein Schulbesuch für Sie ist – auch wenn Sie berufstätig sind.

Informieren Sie sich auf jeden Fall über Ihre Elternrechte und

-pflichten – die Rechte und Pflichten Ihres Kindes und der Schule. Die entsprechenden Richtlinien und Verordnungen erhalten Sie beim Kultusministerium oder Schulsenator des Bundeslandes, in dem Sie leben.

Rosemarie Portmann

Schule mit festen Öffnungszeiten

Da in immer mehr Familien beide Eltern berufstätig sind und die Zahl der Ein-Eltern-Familien zunimmt, haben viele Länder damit begonnen, Grundschulen mit festen Öffnungszeiten einzurichten. Die Kinder werden täglich während eines festgelegten Zeitraums, z. B. von 7.45 bis 13.15 Uhr verlässlich betreut. Die pädagogischen Konzepte in den einzelnen Schulen und Ländern sind höchst unterschiedlich und die Nachfrage übersteigt noch bei weitem das Angebot. Interessierte Eltern sollten sich deshalb frühzeitig vor der Einschulung bei Schulamt oder Gemeindeverwaltung nach einer Schule mit festen Öffnungszeiten in der Nähe ihrer Wohnung oder ihres Arbeitsplatzes erkundigen bzw. die Einrichtung weiterer verlässlicher Halbtagsschulen aktiv unterstützen.

Beispiele und Argumentationshilfen finden sie z. B. bei:
- Burk, K./Route-Rasch, B./Thurn, B. u. a.: Grundschule mit festen Öffnungszeiten. Beltz, Weinheim und Basel 1998

Ganztagsgrundschulen

Langsam wächst auch die Zahl der Grundschulen mit ganztägiger Betreuung, wenn auch ebenfalls bei weitem nicht dem Bedarf entsprechend. Ganztagsschulen sind nicht nur ideal für berufstätige Eltern. Sie werden in zunehmendem Maße wichtiger für alle Kinder, um ihnen, die heute meist in Kleinfamilien und -wohnungen mit dem Fernsehgerät als Spielgefährten leben, soziale Kontakte mit anderen Kindern und erlebnisorientierte Freizeitangebote zu ermöglichen. Informationen über Ganztagsschulen erhalten Eltern ebenfalls bei der Gemeindeverwaltung oder beim Schulamt. Auch hier empfiehlt sich eine frühzeitige Anfrage und Anmeldung und gegebenenfalls die aktive Beteiligung an einer Elterninitiative zur Einrichtung einer Ganztagsschule am Wohnort.

Immer mehr alleinerziehende Mütter oder Väter

»Alleinerziehende müssen eine Fülle von Problemen bewältigen. Wie die Belastungen im Einzelnen aussehen, hängt dabei von der jeweiligen Situation ab, also davon, ob jemand getrennt lebt, geschieden oder verwitwet ist, ob man als Vater allein erzieht, freiwillig oder unfreiwillig in diese Lage geraten ist, und ob man für ein Kind oder mehrere Kinder zu sorgen hat. Den größten Anteil unter den Alleinerziehenden machen die geschiedenen oder getrennt lebenden Mütter aus.« So beginnt Beate Diele ihren Ratgeber »Allein erziehen. So schaffen Sie es optimal« (siehe Lese-Tipps). Im April 1997 waren laut Mikrozensus in Deutschland von 9.451.000 Familien mit Kindern unter 18 Jahren 1.835.000 allein erziehende Mütter und Väter. Gegenüber dem Jahr 1993, dessen Daten dem oben zitierten Buch zugrunde liegen, hat sich damit der Anteil der Alleinerziehenden von 16,6 % auf 19,4 % erhöht. Dabei liegt der Anteil der Mütter mit 83,3 % weiterhin deutlich über dem der Väter. Allerdings hat sich der Anteil der Väter gegenüber 1993 um über 40 % erhöht, was vor allem auf die Entwicklung in den alten Bundesländern zurückzuführen ist. Vergleicht man die Daten zwischen den alten und neuen Bundesländern (einschließlich Berlin-Ost), so ist seit 1993 in den neuen Bundesländern die Zahl der Einelternfamilien um 8,6 % auf 555.000, angestiegen. In den alten Bundesländern erhöhte sich hingegen die Zahl der Alleinerziehenden um 19,8 % auf 1.280.000, wobei hiervon 1.049.000 auf Mütter und 231.000 auf Väter entfallen. Diese Untersuchung zeigt auf, dass die Zahl der Alleinerziehenden mit Kindern unter 18 Jahren in Deutschland im Verhältnis zu den Zweielternteile-Familien, die sich seit 1993 nicht erhöht hat, zugenommen und somit ein unübersehbares Gewicht hat.

Alleinerziehende haben in den meisten Fällen, da kein Partner mitverdient, weniger Geld zur Verfügung und müssen fast immer ganztags berufstätig sein. Sie sind während der Arbeitszeit auf verlässliche Betreuung angewiesen, vor allem am Schulanfang, da es kaum Ganztags-Grundschulen, noch nicht überall Grundschulen mit »verlässlichen« Öffnungszeiten (siehe S. 21 und 238) und zu wenig – oder zu teure – Hortplätze gibt. Für Alleinerziehende ergeben sich deshalb Probleme sowohl organisatorischer als auch finanzieller Art. Selbst eine Teilzeitbeschäftigung wird kaum mit dem Stundenplan Ihres Kindes in Übereinstimmung zu bringen sein (vgl. Beitrag über Berufstätigkeit S. 235) Hinzu kommen in der Regel finanzielle Mehrbelastungen, vor allem durch die Organisation der täglichen Betreuung, im Krankheitsfall des Kindes oder von Ihnen. Immer mehr Firmen tendieren dazu, ihren Mitarbeiter/innen Betreuungsplätze für ihre Kinder bereitzustellen, zum Teil in eigener Regie, z. T. in Zusammenarbeit mit kommunalen Einrichtungen.

Doch es sind nicht nur die äußeren Belastungen. Häufig besteht die Vorstellung, nicht genug Zeit für das Kind zu haben: zum Spielen, für die Hausaufgaben, für die Nöte oder Freuden. Alle Entscheidungen im schulischen und häuslichen Bereich müssen allein verantwortet werden. Nach wie vor fühlen sich Alleinerziehende gegenüber der Umwelt öfter auf dem Prüfstand. Aufgrund der ansteigenden Zahlen können Betroffene jedoch davon ausgehen, dass sie in der Klasse ihres Kindes noch andere Alleinerziehende antreffen werden. So lassen sich sicherlich leichter Betreuungs- oder Hausaufgabenprojekte planen und durchsetzen und gemeinsam Erfahrungen untereinander austauschen. Dazu bieten sich u.a. die Regionalgruppen entsprechender Verbände an, deren Anschriften Sie im Anhang finden.

Neben all den Problemen gibt es aber auch positive Aspekte: So sind Alleinerziehende häufig aufgeschlossener gegenüber Erziehungsfragen und ihre Kinder meist früher selbstständig und verantwortungsbewusster.

Zum Schluss noch folgender Hinweis: Vergessen Sie nicht, Ihr Kind spätestens zum Schulanfang vorzubereiten auf Fragen »feinfühliger« Mitmenschen zur Familiensituation, z.B. »Warum lebt dein Vater/deine Mutter nicht bei euch?«

📖 Beate Diele: Allein erziehen. So schaffen Sie es optimal. Verlag für die Frau, Leipzig 1996

Die Autorin hat diese Buch primär für Mütter geschrieben und bietet vor allem Lösungen für die Probleme der Frauen in den neuen Bundesländern an, deren Situation sich nach der Wende in vielfältiger Weise besonders dramatisch verschlechtert hat.

📖 Helga Häsing/Gunhild Gutschmidt: Handbuch Allein erziehen. rororo Bd. 8896, Reinbek 1992

Die Autorinnen haben sich als Betroffene die Aufgabe gestellt, allein erziehenden Müttern oder Vätern Rat und Hilfe für ihre schwierige Situation in Beruf, Gesellschaft und Schule weiterzugeben.

📖 Gabriele Haug-Schnabel/Joachim Bensel/Evelin Kirkilionis: Mein Kind ist in guten Händen. Herder, Freiburg 1997

Der Untertitel »Wie Kinderbetreuung gelingen kann« deutet an, dass die Autor/innen Hilfestellung bieten wollen, wie Familien einen jeweils unterschiedlichen individuellen Familienweg finden können, der den kindlichen Betreuungsbedürfnissen Rechnung trägt und eine lebbare Kombination von Beruf und Familie ermöglicht.

Klaus R. Zimmermann

Kinder von Eltern ausländischer Herkunft

Beim Übergang vom Elternhaus in die Schule haben die Kinder, ob sie Deutsche sind oder Nichtdeutsche, die gleichen Probleme, jedoch kommen bei Kindern mit anderem kulturellen Hintergrund spezifische Schwierigkeiten hinzu.

Schulpflicht

Die Gesetze über die Schulpflicht gelten in allen Ländern der Bundesrepublik Deutschland auch für die Kinder von Eltern ausländischer Herkunft. Die Schulpflicht besteht auch dann, wenn diese Kinder nach dem Recht ihres Heimatlandes nicht mehr schulpflichtig sind. Die Kinder haben im Allgemeinen die gleichen Rechte und Pflichten wie die einheimischen (deutschen) Kinder (KMK-Beschluss von 1979).

Schulreife und Zurückstellung

Bei der Überprüfung der Schulfähigkeit treten bei Kindern von Eltern ausländischer Herkunft Probleme auf. Dies betrifft vor allem die diagnostischen Mittel und Kriterien, die hauptsächlich für die deutschen Kinder erstellt sind und die jetzt bei den ausländischen Kindern verwendet werden sollen. Statistiken aus der Praxis zeigen, dass z. B. in Berlin die Zurückstellungsquote bei den ausländischen Kindern um 50% größer ist als bei den deutschen Kindern. Erfahrungsgemäß sind die Kinder, die keinen Kindergarten besucht haben, von den Zurückstellungen mehr betroffen. Wenn das Kind zurückgestellt wird, hat es ein weiteres Jahr lang Zeit zum Spielen. Es ist für das Kind sicher besser, wenn es dieses Jahr in einer Kindergruppe verbringt.

Zweisprachigkeit

Die Beherrschung der deutschen Sprache ist eine der wichtigsten Voraussetzungen eines erfolgreichen Schulbesuchs. Kinder von Migrantenfamilien wachsen zumeist in einem zweisprachigen Umfeld auf. Der Grad der Sprachentwicklung reicht von keinen bzw. geringen bis hin zu guten Deutschkenntnissen. In der Muttersprache ist ebenfalls eine ähnliche Entwicklung zu sehen. Je nachdem, welche Sprache das Kind besser beherrscht, muss man sich erkundigen, welche schulischen Möglichkeiten es für die jeweilige Sprachgruppe gibt; z. B. zweisprachige Klassen, zweisprachige Alphabetisierung, Europaschulmodelle, Vorbereitungsklassen, Förderklassen, abgestufte Deutschkurse, Förderung in der Muttersprache usw.

Kinder mit Behinderungen und sonderpädagogischem Förderbedarf

Ob die Eltern ein Wahlrecht zwischen Sonderschule oder integrativer Beschulung haben, ist noch nicht allgemein geregelt. Einige Schulgesetze in Deutschland sehen ein eingeschränktes Wahlrecht der Eltern vor, z. B. in Berlin. Eltern wissen häufig nicht, was z. B. ein Integrationsstatus bedeutet (vgl. Sander: »Lernschwache Kinder« in diesem Kapitel). Mit der Einführung des Benachteiligungsverbots der Behinderten in das Grundgesetz (Art. 3, Abs. 3, Satz 2) im Jahr 1994 wurde ein Grundrecht für Behinderte auf Gleichbehandlung verfassungsrechtlich gesichert. Dieses Recht gilt auch für Behinderte mit ausländischer Herkunft gleichermaßen. Die integrative Beschulung bzw. der Besuch einer Sonderschule erfolgt aufgrund einer Kind-Umfeld-Diagnose. Die Instrumente und Kriterien, die für die Diagnose zur Sonderschulbedürftigkeit oder zum sonderpädagogischen Förderbedarf zugrunde gelegt werden, bringen wegen der Sprach- und Kulturproblematik einige Schwierigkeiten mit sich, weil diese Instrumente oder Kriterien in der Regel die Situation der deutschen Kinder berücksichtigen. Deshalb muss hier die Überprüfung der Kinder sorgfältig und vorsichtig durchgeführt werden.

Wechsel der Bezugsperson und Identitätsproblematik

Die Migrantenkinder sind häufig von Bezugspersonenwechsel betroffen. Sie pendeln zwischen Deutschland und dem Heimatland, zwischen der Migrantenfamilie in Deutschland und dem Rest der Familie im Heimatland wie z. B. zu den Großeltern, Tanten, Onkel und Geschwistern. Das heißt, diese Kinder wechseln häufig das Umfeld, die Beziehungspersonen, das Erziehungssystem etc. Bei Eintritt in die

Schule sind bei diesen Kindern oft Identitätsschwierigkeiten als Folge von Spaltungen in der Persönlichkeit erkennbar.

Schulweg zeigen, Verkehrsregeln beachten

Es ist bekannt, dass die Straßenunfallhäufigkeit bei den ausländischen Kindern größer ist als bei einheimischen Kindern. Deshalb haben viele ausländische Eltern Angst um ihre Kinder, wenn sie auf die Straße gehen. Es ist darum eine dringende Notwendigkeit, den Kindern den Schulweg zu zeigen und ihnen einige Grundverkehrsregeln beizubringen.

Taschengeld und Schulbrot

Viele ausländische Eltern haben Probleme mit dem für ihre Kinder angemessenen Taschengeld. Schon im Vorschulalter oder als Erstklässler bekommen die Kinder Geld in großen Summen, obwohl die Funktion und die Ziele des Taschengeldes vielen Eltern nicht klar sind. Hier besteht ein großer Bedarf an Aufklärung der ausländischen Eltern. Auch auf die Notwendigkeit eines gesunden Schulbrotes sollte hingewiesen werden.

Übermäßiger Konsum von TV und Video

Untersuchungen haben ergeben, dass ausländische, insbesondere türkische Kinder einen übertriebenen Fernseh- und Videokonsum entwickelt haben. Sie sitzen täglich drei bis vier Stunden vor dem Fernseher, ohne eine Auswahl zu treffen. Der Einfluss auf die Kinder ist sehr groß. Die Eltern müssen über die schädlichen Auswirkungen des Fernsehens auf das Verhalten der Kinder und über alternative Freizeitbeschäftigungen aufgeklärt werden.

Märchen werden kaum erzählt oder vorgelesen

Kinder brauchen Märchen. Erfahrungsgemäß werden aber Märchen in den Migrantenfamilien sehr selten vorgelesen oder erzählt. Die Bedeutung der Märchen für die kindliche Entwicklung ist vielen Eltern nicht klar. Der Beratungsbedarf der Eltern in diesem Bereich ist groß. Wenn die Eltern nicht in der Lage sind, ihren Kindern Märchen zu erzählen oder vorzulesen, kann man den Eltern klarmachen, dass es auf dem Markt auch Märchenkassetten gibt oder dass sie schöne Märchen von TV-Sendungen auf Videokassetten aufnehmen und für die Kinder einsetzen können.

Hausaufgaben

In der Praxis kommt es häufig vor, dass viele ausländische Eltern schon in der Vorschule oder in der ersten Klasse nach Hausaufgaben fragen. Sie beschweren sich, dass die Lehrer/innen in den Anfangsklassen keine oder wenig Hausaufgaben erteilen. Viele Eltern verstehen die Hausaufgaben als Strafe oder als Mittel zur Wahrung der Disziplin und sie setzen die Kinder damit unter Druck. Das ist pädagogisch nicht richtig.

Beratung und Elternarbeit

Elternarbeit zwischen Schule und Familien ist unverzichtbar. Es kommt häufig vor, dass weder die Schule das Elternhaus kennt, noch die Eltern die Schule. Hier muss insbesondere die Schule der Migrantenfamilie Informationen über das Schulsystem, über Erziehung usw. geben. Zu dieser Beratungsarbeit können der Schulpsychologische Dienst, die Erziehungsberatungsstellen und ähnliche soziale Dienste eingeschaltet werden. Die Eltern müssen mit der Schule zusammenarbeiten.

Weitere Tipps:

- Arbeitskreis Neue Erziehung e.V. Berlin: Orientierungshilfen für türkische Eltern. Berlin 1985
- Essinger, H./Ucar, A. (Hrsg.): Erziehung: Interkulturell – Politisch – Antirassistisch. Migro-Verlag, Felsberg 1993
- Preuss-Lausitz, U.: Wohnortnahe Integration. Weinheim und München 1990
- Nehr, M./Bimkott-Rixius, K./Kubat, L./Masuch, S.: In zwei Sprachen lesen lernen – geht denn das? Erfahrungsbericht über die türkisch-deutsche Alphabetisierung. Beltz, Weinheim und Basel 1988
- Ucar, A.: Benachteiligt: Ausländische Kinder in der deutschen Sonderschule. Schneider Verlag, Baltmannsweiler 1996
- Ucar, A.: Pädagogische Zusammenarbeit zwischen Eltern und Schule unter besonderer Berücksichtigung der Migrantenfamilien, Berlin 1996. Info der Schulpsychologischen Beratungsstelle Kreuzberg/Berlin, Nr. 47 vom Dezember 1996

Ali Ucar

Gesunde Geschäfte mit Lernproblemen – Der Esoterik-Bio-Boom

Mit störenden »Symptomen« von Kindern ließ sich verunsicherten Eltern schon immer leicht das Geld aus der Tasche ziehen. Der neueste Trend: Schulfitness-Angebote aus dem Esoterik-Repertoire. Die Verfahren sind alternativ, aber das Rezept ist klassisch: Säftchen, Pülverchen, ein paar Bewegungsübungen, Massage und Psycho-Kniffe (»Brain-Gym«) sollen den Kindern mühsames Lernen und den Eltern Zuwendung und Zeit ersparen.

Astrologische Unglückskonstellationen

Zur psychologischen Untersuchung kommt ein neurotisiertes, Nägel kauendes, stark belastet wirkendes Kind. In beiden Hosentaschen umklammert der Bub »heilende Steine«. Daraus sollen ihm angeblich »feinstoffliche« Energien kontinuierlich zuströmen. Im Gespräch fällt dann auf, wie er sich wiederholt unterhalb des Schlüsselbeins reibt und anschließend seine Schultermuskeln zusammenpresst und den Kopf nach hinten dreht. Dabei handelt es sich nicht, wie vermutet um einen Tick. – Er rubble seine »Gehirnknöpfe«, um sich besser konzentrieren zu können, mit der »Eule« versuche er, sich zu entspannen ...

Tröpfchen, Kügelchen, Säftchen, Körperübungen ...

Zunehmend sind Kinder besorgter Eltern dem Labyrinth eines unüberschaubaren Gemischtwarenangebots des aktuellen Biopsycho-Repertoires ausgesetzt: Da gibt es Tröpfchen, Kügelchen, Säftchen, Körperübungen, all das garniert mit einem Überangebot von Übungsmaterialien, diversen Programmen und Erfolg versprechenden Therapien jeder Art!

Es ist nicht zu übersehen, die Probleme der Kinder, ihre Lern- und Verhaltensstörungen sind zu einem Markt geworden, das Geschäft mit den Nöten der Kinder blüht. Unter Ausnutzung des hohen Erwartungsdrucks, unter dem Kinder heutzutage vermehrt stehen, sowie der Unsicherheit überforderter Eltern, manchmal auch ihres schlechten Gewissens, wird schamlos Werbung betrieben. Dabei dienen die Störungssymptome der Kinder als Lockmittel für höchst unseriöse Versprechungen: dem Legastheniker Bachblüten oder NLP, für den Zappelphilipp einfache Körperübungen aus der Edu-Kinesthetik, dem Schulversager homöopathische Globuli … Für nahezu jegliches Problem scheint es ein Mittelchen zu geben.

Bachblüten und Edu-Kinesthetik als Wundermittel?

Gegenwärtig werden zwei so genannte »alternative« Behandlungsformen Eltern aber auch Lehrerinnen besonders angepriesen. Es sind dies die von dem englischen Arzt Edward Bach entwickelten Blütenessenzen sowie die von Paul Dennison angepriesene Edu-Kinesthetik für Kinder. In zahllosen Werbeprospekten, Farbreportagen, in Radio und TV werden gigantische Heilsversprechungen gemacht und scheinbar erfolgreiche Einzelfälle reißerisch dargestellt. Sogar in Schulen wird mit Prospektmaterial Werbung gemacht. Adressaten sind vorwiegend Eltern lernschwacher Kinder. Dabei wird ihnen von – im Schnellverfahren ausgebildeten – »Therapeuten« vorgegaukelt, sowohl Ursache als auch Behandlung des Problems zu kennen. Ohne auf das einzelne Kind individuell einzugehen, lautet ihre Diagnose fast immer gleich: gestörtes Zusammenspiel der beiden Gehirnhälften sowie gestörter Energiekreislauf.

Aufbauend auf verstaubten Gehirnhälftentheorien aus den Fünfzigerjahren, ist dann naturgemäß auch die Behandlung jedes Kindes, egal welcher Problemlage bzw. welchen familiär-schulischen Hintergrundes, nahezu gleich: Mit Hilfe eines simplen Muskeltests werden vorhandene Problembereiche im Körper des Kindes »identifiziert« und ein entsprechendes Blütenextrakt verordnet. Dieses soll dann den positiven Ausgleich schaffen. Durch einige wenige »kinesiologische« Körperübungen, bekannt auch unter der Bezeichnung »Brain-Gym«, werden anschließend die Lernblockaden »aufgelöst«. – Völlig mühelos und ohne jegliche Anstrengung soll damit in kürzester Zeit aus einem schwachen Schüler ein glückliches, schulisch leistungsfähiges, höchst konzentriertes Kind werden!

Schnelle Mittelchen – Vorschule zur Sucht

Die Kinder sind ungeschützt dem gegenwärtigen Boom ausgeliefert. Blind werden ihnen, ohne die tatsächlichen Ursachen ihrer Probleme zu kennen, »Therapien« übergestülpt. Dabei wird vermittelt, dass die Ursachen für ihre Schwierigkeiten nur bei ihnen selbst liegen können. In einem negativen Lernmechanismus wird ihnen vorexerziert, dass man bei Problemen jeglicher Art scheinbar nur zu Pillen, Kügelchen, diversen Tröpfchen oder gar einfachen Körperübungen greifen muss. Nicht das zeitaufwendige Gespräch mit den Eltern, ruhige Zuwendung, Auseinandersetzung, ständiges Bemühen um gegenseitiges Verstehen, geduldige Suche nach den Ursachen und Anstrengungsbereitschaft wird gelernt. – Als Vorstufe von Sektengläubigkeit, von Drogensucht und Psychopharmakaabhängigkeit wird Kindern der Glaube an irrationalen Hokuspokus vermittelt und ihnen die Bereitschaft geradezu antrainiert, Probleme durch Einnahme von »Mitteln« zu lösen.

Verunsicherte Eltern und Lehrerinnen

Grundsätzlich ist all jenen Angeboten zu misstrauen, die den Eindruck erzeugen, Lern- und Verhaltensprobleme wären völlig mühelos, einfach und nur am Kind allein zu beheben. Und auch dieses: Nicht alles, was als »bio« oder als »alternative« Heilmethode angepriesen wird, ist auch tatsächlich gesund. – Gesund sind allzu oft lediglich die Geschäfte, die neuerdings vermehrt mit der kindlichen Seele und ihren Nöten gemacht werden.

Allen in Erziehung, Kindergarten und Schule praktisch Tätigen ist dringend zu einer gelasseneren (aber nicht blind gewähren lassenden) Grundhaltung im Umgang mit Kinderproblemen zu raten. Dies setzt allerdings – entgegen dem gängigen Zeitgeist – das Bewusstsein und Eingeständnis dessen voraus, dass man Kindern nur helfen kann, wenn man bereit ist, sich viel Zeit zu nehmen. Dann fällt es auch leichter, vieles von dem, was uns am Bio-Psycho-Markt angeboten wird, als das zu erkennen, was es ist: eine Modeerscheinung, produziert für die Leichtgläubigen des herrschenden pädagogischen Zeitgeistes der angeblich schnellen Problemlösungen.

Kindertherapie-Angebote:
Zehn Ratschläge für Lehrer/innen und Eltern

1 Die »schnelle Therapie« gibt es (fast) nie! Überversprechungen, was Wirksamkeit, Tempo, Intensität und Universalität der »Therapie« betrifft, muss meist sehr skeptisch begegnet werden.

2 Misstrauen gegenüber Therapeuten oder Methoden, die sofort und vorrangig am Kind und seinen Symptomen ansetzen, und zwar auch dann, wenn sie das Kind gleich einer Testbatterie aussetzen oder ihm im Schnellverfahren eine Therapie überstülpen.

3 Nicht jedes kindliche Störverhalten bzw. Symptom ist behandlungsbedürftig. Therapeutische Intervention ist nur dann angezeigt, wenn das kindliche (Stör-)Verhalten tatsächlich folgende Kriterien aufweist:
– deutliche Abweichung,
– Dauer, Intensität, Häufigkeit,
– problematische Folgen: Entstehung von Leidensdruck,
   Einschränkung des Freiheitsspielraums.

4 Ohne gründliche Anamnese, also ohne Klärung der Vorgeschichte der kindlichen Problematik sowie vermutlicher Zusammenhänge, ist jede Intervention am Kind höchst problematisch.

5 Besondere Vorsicht bei »Experten«, die Programme, Materialien, Geräte, aber auch teure Kurse und Ähnliches anpreisen und suggerieren, Verhaltensänderungen würden sich immer rasch, lustvoll und spielerisch einstellen.

6 Der schnelle Griff zu verschiedenen Kügelchen, Säftchen, Extrakten – auch dann, wenn diese als absolut »bio« gelten – kann für das Kind eine Vorstufe zu Sucht und Abhängigkeit sein.

7 Vorsicht gegenüber Helfern, die gleich mit einer Weltanschauung, Lebensdeutung oder Religion kommen und missionarisch auftreten.

8 Sparsamer Umgang mit »Untersuchungen« des Kindes bei Psychologen, Therapeuten, Psychiatern oder Beratungsstellen, da das Kind dadurch stigmatisiert und in seinem Selbstwertgefühl verletzt werden kann.

9 Voraussetzung für das Gelingen einer Therapie ist das Gefühl, verstanden zu werden, den Therapeuten sympathisch zu finden und bei ihm den Eindruck von Qualifikation zu haben.

10 Jede therapeutische Beziehung ist eine Arbeitsbeziehung. Ein guter Psychotherapeut verschleiert das nicht und lässt den »Klienten« nicht darüber im Unklaren, dass die Wege zum Erfolg meist mühsam und mitunter beschwerlich sind und Rückschläge nicht auszuschließen sind.

Heinz Zangerle

Notizen:

Kleines ABC
pädagogischer Begriffe

A   B   C

D   E

F

In Diskussionen um pädagogische Fragen tauchen immer wieder Begriffe auf, die mehrdeutig sind und daher zu Verwirrungen, Unsicherheiten und unnötigen Streitereien führen können. Hier besser unterscheiden zu können, dürfte zur Versachlichung der Gespräche beitragen. Dazu einige Beispiele.

Autorität: Man kann unterscheiden 1. die »natürliche« Autorität einer beeindruckenden Persönlichkeit (↗ Charisma), 2. die sachverständige Autorität eines Fachmannes oder Experten, 3. die Amtsautorität aufgrund einer Vormachtstellung. Letztere sollte bei Lehrer/innen die geringste Rolle spielen.

Begabung: Produkt aus ererbter Veranlagung (statischer Begabungsbegriff) und erworbenen Befähigungen (dynamischer Begabungsbegriff). So lange die pädagogische Förderung der Letzteren nicht ausgeschöpft ist, können die Grenzen ererbter »Veranlagung« nicht erkannt werden.

Charisma: Gefühlsmäßige Wirkung, »Ausstrahlung« einer faszinierenden, mitreißenden Persönlichkeit, verwandt mit dem Wort »Charme«. Gute Lehrer/innen können diese Eigenschaft haben, aber auch Scharlatane und Blender.

Differenzierung: a) in äußerer Differenzierung werden Kinder unterschiedlicher ↗ »Begabung« in Gruppen oder Schularten möglichst gleicher Leistungsstärke und/oder Interessenrichtung zusammengefasst, b) bei innerer oder Binnendifferenzierung erhalten Kinder verschiedener Lern- und Leistungsfähigkeit im Klassenverband unterschiedliche Aufgaben und Lernangebote, die sie mit unterschiedlichen Methoden bearbeiten können – wichtig im Anfangsunterricht.

Eingangsstufe: siehe Kapitel 1 »Kleines Schul-ABC«

Elternrecht: Nach Art. 6 des Grundgesetzes ist die Erziehung ihrer Kinder Recht und Pflicht der Eltern. Einerseits haben sie daher Mitbestimmungsrechte in der Schule (↗ Kap. 5), andererseits die Pflicht, bei ihrem Kind für regelmäßigen Schulbesuch, ordnungsgemäßes Verhalten und regelmäßige Erledigung der Hausaufgaben zu sorgen.

Freie Arbeit, Freinet-Pädagogik: siehe Kapitel 1

Fremdsprachen: Sie gewinnen mit der Einigung Europas in der Grundschule immer größere Bedeutung. Man unterscheidet a) unsystematische, meist nur mündliche Fremdsprachenbegegnung in Gespräch, Spiel und Umgang (vielfach ab 2. Schuljahr, ohne Noten), sowie b) systematischen, auch schriftlichen Fremdsprachenunterricht (ab 5. Schuljahr mit Benotung).

Ganzheitliches Lernen: Lernen mit »Kopf, Herz und Hand«, wie es Pestalozzi sagte. Das erfordert einen Unterricht, der neben Verstand und Gedächtnis auch das Gefühl anspricht, praktisches Handeln ermöglicht und aus praktischer Erfahrung schöpft. Nicht zu verwechseln mit der »Ganzwortmethode« oder dem ganzheitlichen »Gesamtunterricht« früherer Zeit.

Grundschule mit festen Öffnungszeiten: siehe Kapitel 1

Handlungsorientierter Unterricht: siehe Kapitel 1

Hausaufgaben: Maßnahme zur Festigung des in der Schule Gelernten. Man unterscheidet a) vorbereitende Hausaufgaben (Sammeln von Informationen, Material, z. B. Blätter oder Steine, Buchstaben, Wörtern), b) übende, wiederholende Hausaufgaben (Wörter schreiben, Aufgaben rechnen). Hausaufgaben sollten nicht die Hilfe der Eltern und im ersten Schuljahr nicht mehr als 30 Minuten Zeitaufwand erfordern.

Integrativer Unterricht: a) ein Unterricht, der z. B. ausländische oder behinderte Kinder in den normalen Regelunterricht eingliedert (↗ innere Differenzierung) und nicht aussondert (↗ äußere Differenzierung), b) im Deutschunterricht die Zusammenfassung früher getrennter Lehrgänge (für Lesen, Schreiben, Rechtschreiben, Grammatik, Literatur etc.) unter lebensnahe Themen.

Jahrgangsklassen: Klassen mit etwa gleichaltrigen Kindern, die als »Jahrgang« eingeschult worden sind. Durch Früheinschulung, Zurückstellung, Sitzenbleiben schwankt aber das Alter in einer Klasse um drei bis vier Jahre. Deshalb erscheinen auch »jahrgangsübergreifende« Klassen sinnvoll, in die von Anfang an Kinder z. B. der Vorklasse, des ersten und zweiten Schuljahres gemeinsam gehen.

Jahrgangsübergreifende Klassen: siehe Kapitel 1

Kreativität: Der Begriff bezieht sich a) auf künstlerische, gestalterische Fähigkeiten – man sprach früher von den »schöpferischen Kräften des Kindes«, b) auf Einfallsreichtum und Fantasie auch in anderen Bereichen und zuletzt c) auf die mehr intellektuelle Fähigkeit, selbstständig Probleme zu lösen, Aufgaben zu bearbeiten und aus Fehlern zu lernen (»Versuch und Irrtum«).

Leistung: Sie wird in der Schule gemessen und beurteilt a) im Vergleich zu den Leistungen anderer Schüler/innen (produkt- oder konkurrenzorientierter Leistungsbegriff), b) individuell als Fortschritt gegenüber früheren Leistungen eines Schulkindes (prozessbezogener oder pädagogisch orientierter Leistungsbegriff); a) dient vor allem der Auslese, b) der Förderung von Kindern.

Lesenlernen durch Schreiben: Siehe Kapitel 1

Methode: von griechisch »methodos«, das bedeutet »Weg«, in der Pädagogik der Weg des Lernens. Er kann systematisch von Lehrer und vom Schulfach vorgegeben sein (Dozier-, Demonstrations-, Instruktions-, Frage-Antwort-Methode) oder von der Schülerin/dem Schüler selbst gefunden und eingeübt werden (Erarbeitungs-, Erkundungs-, Entdeckungs-, Übungsmethode).

Montessori-Schulen: siehe Kapitel 1

Nachhilfe: privat erteilter und von den Eltern bezahlter Unterricht außerhalb der Schule zur Leistungssteigerung allgemein oder in bestimmten Fächern; findet meist ohne Kontakt zur Schule statt und sollte während der Grundschulzeit nur in Ausnahmefällen zeitlich begrenzt in Anspruch genommen werden, z. B. nach längerer Krankheit oder bei Verständnisproblemen. Es besteht die Gefahr, dass ein Kind dem Unterricht nicht mehr folgt, weil es sich auf die Nachhilfe verlässt.

Objektivität: wird immer wieder bei der Leistungsbeurteilung und Notengebung gefordert, ist aber nicht zu erreichen. Sogar so genannte standardisierte Tests und Prüfungsaufgaben leiden unter zahlreichen Fehlermöglichkeiten und Fehldeutungen, sodass sich zunehmend Zweifel an ihrer Zuverlässigkeit melden. Zwischen Lebewesen ist »Subjektivität« nie auszuschließen.

Offener Unterricht: siehe Kapitel 1

Pygmalion-Effekt: von amerikanischen Psychologen entdeckte »sich selbst erfüllende Prophezeiung«, d. h. die Erfahrung, dass sich Schüler/innen im guten wie im schlechten Sinne so entwickeln und verhalten, wie es Lehrer/innen – auch aufgrund von Vorurteilen und Fehleinschätzungen – von ihnen erwarten. Wissenschaftlich umstritten, aber pädagogisch nachdenkenswert.

Projekt-Unterricht: siehe Kapitel 1

Qualifikation: durch Bildung und Ausbildung erworbene Fähigkeit, bestimmte Aufgaben und Anforderungen in Schule, Beruf und Alltagsleben zu bewältigen. Heute viel diskutiert so genannte »Schlüsselqualifikationen«, die als Grundlage zum Erwerb spezieller Qualifikationen dienen und zur Lösung dringender aktueller Probleme behilflich sind.

Rahmenplan: löst den alten Begriff »Lehrplan« ab. Ein R. schreibt nicht mehr den im Unterricht zu behandelnden Stoff detailliert in zeitlich festgelegter Abfolge vor, sondern gibt für die Schuljahre wie für einzelne Fächer bestimmte Lehr- und Lernziele, ggf. auch wichtige Themen und Themenbereiche an, die z. T. in freier Wahl auch der Schüler mit Inhalt füllt.

Sponsoren: »Spender« oder »Mäzene«, die wegen des öffentlichen Geldmangels zunehmend zur Finanzierung des Schul- und Bildungswesens herangezogen werden. Sie können den Bau von Schulen, die Anstellung von Lehrern, Materialanschaffungen oder schulische Projekte bezuschussen. Berühmtester Sponsor war der Zigarettenfabrikant Waldorf, der 1919 die nach ihm benannte anthroposophische Schule gegründet hatte, die erste »Gesamtschule« übrigens.

Team: aus dem Englischen stammender Begriff, der in der Pädagogik mehrfach verwendet wird. »Teamarbeit« kann als gemeinsames Zusammenleben (»Kooperation«) mehrerer Schüler/innen im Unterricht oder auch von Lehrer/innen in der Schul- und Unterrichtsorganisation verstanden werden. »Team-Teaching« dagegen bedeutet die gemeinsame Erteilung von Unterricht durch mehrere Lehrer/innen in einer Klasse.

Unterstufe: a) die ersten bis vierten Schuljahre der früheren Volksschule; sie wurden in der Bundesrepublik Deutschland mit dem Hamburger Abkommen von 1964 zur selbstständigen Schulform: der »Grundschule«; die frühere Volksschul-Oberstufe heißt nun »Hauptschule«, b) seit 1949 wurden in der ehemaligen DDR die erste bis vierte Klasse einer achtjährigen »Grundschule« als »Unterstufe« bezeichnet, ab 1959 die erste bis vierte Klasse, seit den 80er-Jahren nur noch die ersten drei Jahrgänge der zehnjährigen »Polytechnischen Oberschule«.

Verhaltensstörung: oft leichtfertig verwendete Bezeichnung für ein Verhalten, das nicht dem erwarteten entspricht. Nicht jedes »ungezogene«, d.h. noch nicht erzogene Kind ist verhaltensgestört, man spricht hier eher von »Verhaltensauffälligkeit«. Sie kann in einer pädagogisch negativen Situation eine durchaus »normale« Reaktion sein. Wenn aber das Verhalten in geordnetem Umfeld deutlich krankhafte Züge annimmt, muss eine Erziehungsberatung herangezogen werden.

Waldorf-Schule: siehe Kapitel 1

Workshop, Werkstattarbeit: kann bezeichnen a) eine Stätte für handwerkliche Arbeit, als »Werkstatt« im herkömmlichen Sinne, aber auch neuerdings b) einen Raum, eine Veranstaltung zur gemeinsamen, praktischen wie theoretischen Lösung oder Bewältigung eines Problems bzw. einer Aufgabe durch mehrere Teilnehmer/innen, also eine Art Arbeitsgemeinschaft oder AG.

Zieldifferenter Unterricht: unterrichtliche ↗ Differenzierung, die Schüler/innen unterschiedlicher Leistungsstärke und Lernfähigkeit nicht auf einen gleichen (»homogenen«) Stand bringen will, sondern im Gegenteil die Lernziele auf die Fähigkeiten und Möglichkeiten einer jeden Schülerin und eines jeden Schülers abstimmt – unverzichtbar für die ↗ Integration behinderter und auch ausländischer Kinder. Motto: »Vielfalt statt Einfalt«!

 **Empfehlenswerte Lexika:**

📖 Heckt, Dietlinde H./Sandfuchs, Uwe (Hrsg.): Grundschule von A bis Z. Verlag Westermann, Braunschweig 1997

📖 Keck, Rudolf W./Sandfuchs, Uwe (Hrsg.): Wörterbuch Sozialpädagogik. Verlag Klinkhardt, Bad Heilbrunn 1994

📖 Schaub, Horst/Zenke, Karl G.: Wörterbuch zur Pädagogik. Deutscher Taschenbuch-Verlag, München 1995 (mit zahlreichen Anschriften von Ministerien und Einrichtungen)

Dieter Haarmann

Anhang

Buchempfehlungen für Eltern und Lehrer/innen zum Schulanfang:

📖 Christian Büttner und Marianne Dittmann (Hrsg.): Elternhandbuch Kindergarten. Beltz, Weinheim 1995
Praxis und Theorie der Kindergartenerziehung sowie des Übergangs zur Schule werden in diesem Band von Expert/innen für Eltern und Erzieher/innen vorgestellt.

📖 Renate Ferrari und Monika Neubacher-Fesser: Bald komm ich in die Schule. Ein Eltern-Kind-Begleiter zur Vorbereitung auf die Schule. Christophorus, Freiburg 1997
Ein buntes Mitmachbuch mit sehr knappen Informationen und Tipps, dafür aber vielen praktischen Bastel-, Spiel- und Aktionsideen, Geschichten, Reimen, Rätseln.

📖 Iris von Finckenstein: Eingeschult und ausgespielt. Kinder, Eltern, Lehrer und die Grundschule. Knaur Tb. 77222, München 1996
Eine Mutter und Journalistin will Eltern Mut machen, sich für eine kindgerechte Grundschule einzusetzen im Interesse der Kinder. Sie prangert Missstände unseres Schulsystems an und will Eltern zeigen, wie sie sich gegen schlechten Unterricht wehren können, hält aber auch Eltern und Lehrer/innen einen Spiegel vor, wie sie durch ihr Verhalten Kinder unter Stress setzen können.

📖 Hans-Georg Häring und Walter Kowalczyk: »Das fängt ja gut an!« Das kleine Buch zum Schulanfang. AOL, Lichtenau 1995
Beim Schreiben der kurzen, gut lesbaren Beiträge zu Fragen um den Schulanfang herum haben die Autoren primär Lehrer/innen und Er-

zieher/innen im Blick, aber auch Eltern erhalten viele wichtige Informationen, einige davon sind auch in Türkisch abgefasst.

📖 Kinder und Eltern kommen in die Schule. Wissenswertes für Eltern zum Schulanfang. Friedrich Verlag, Seelze, 1997
28-seitiges DIN A 4-Heft mit Beiträgen aus Zeitschriften und Fachbüchern für Eltern zum Schulanfang ihres Kindes. Dazu gibt es für Lehrer/innen einen Sammelband der Zeitschrift »Die Grundschulzeitschrift« im gleichen Verlag.

📖 Cornelia Nitsch und Cornelia von Schelling: Schule ohne Bauchweh. Mosaik Verlag, München 1997
Ein Ratgeberbuch, das mit dem Schuleintritt beginnt und zu vielen Fragen und Problemen des Schulalltags erste Hilfestellung und Orientierung bietet, ob es um den schulischen Allag geht oder Fragen des Lernens, der Hausaufgaben, über Noten, Lernprobleme oder Alternativschulen.

Ingrid M. Naegele

✉ **Nützliche Anschriften**

✉ ABC-Netzwerk, Internationale Liga gegen Lehrversagen,
Franz-Rücker-Allee 58; 60487 Frankfurt/Main

✉ Aktion Humane Schule e.V., Bundesgeschäftsstelle, Werfelweg 2,
70437 Stuttgart

✉ Aktionskomitee Kind im Krankenhaus e.V., Kirchstr. 34,
61440 Oberursel/Ts.

✉ Arbeitskreis Grundschule – Der Grundschulverband – e.V.,
Bundesvorstand, Schloßstr. 29, 60486 Frankfurt

✉ Beratungs- und Informationsstelle für Linkshänder und
umgeschulte Linkshänder – ONRS –, Sendlinger Str. 17,
80331 München

✉ Berufsverband Deutscher Diplompädagoginnen BDDP e.V.,
Richard-Wagner-Str. 11/13, 28209 Bremen

✉ Bundesarbeitsgemeinschaft der Kinderschutz-Zentren e.V.,
Spichernstr. 55, 50672 Köln

✉ Bundesarbeitsgemeinschaft Elterninitiativen e.V. (BAGE),
Einsteinstr. 111, 81675 München

✉ Bundesarbeitsgemeinschaft Kinder- und Jugendtelefone e.V.,
Buchenstr. 6, 42283 Wuppertal

✉ Bundeselternrat, Hamburger Str. 31, 22083 Hamburg

✉ Bundeskonferenz für Erziehungsberatung e.V., Amalienstr. 6,
90763 Fürth

✉ Bundesverband Alleinerziehender Mütter und Väter e.V.
(VAMV), Beethovenallee 7, 53173 Bonn

✉ Bundesverband Alleinstehender Mütter und Väter e.V.,
Von-Groote-Platz 20, 53173 Bonn

✉ Bundesverband zur Förderung Lernbehinderter e.V.
»Lernen fördern«, Rolandstr. 61, 50677 Köln

✉ Bundesvereinigung der Eltern blinder und sehbehinderter
Kinder e.V., Große Gasse 29, 61200 Wölfersheim

- ✉ Bundesvereinigung Stotterer-Selbsthilfe e.V., Gereonswall 112, 50670 Köln
- ✉ Bundeszentrale für gesundheitliche Aufklärung, Postfach 910152, 51071 Köln
- ✉ Deutscher Kinderschutzbund e.V. Bundesgeschäftsstelle, Schiffgraben 29, 30159 Hannover
- ✉ Deutsches Kinderhilfswerk e.V. Bundesgeschäftsstelle, Rungestr. 20, 10179 Berlin
- ✉ Fachverband für integrative Lerntherapie e.V., Geschäftsstelle Obere Str, 45, 72119 Ammerbuch
- ✉ Kindernetzwerk für kranke, behinderte und entwicklungsverzögerte Kinder und Jugendliche e.V., Hanauerstr. 15, 63739 Aschaffenburg
- ✉ Notmütterdienst, Familien- und Altenhilfe e.V., Sophienstr. 28, 60487 Frankfurt
- ✉ »Tagesmütter« – Bundesverband für Eltern, Pflegeeltern und Tagesmütter e.V., Breite Str. 2, 40670 Meerbusch

Kultusministerien

Überregional

- ✉ Ständige Konferenz der Kultusminister der Länder in der Bundesrepublik Deutschland, Nassestr. 8, 53113 Bonn

Baden-Württemberg

- ✉ Ministerium für Kultus, Jugend und Sport Baden-Württemberg, Schloßplatz, 70173 Stuttgart

Bayern

- ✉ Bayrisches Staatsministerium für Unterricht, Kultus, Wissenschaft und Kunst, Salvatorplatz 2, 80333 München

Berlin

- ✉ Senatsverwaltung für Schule, Jugend und Sport Berlin, Storkower Str. 133, 10407 Berlin oder Am Karlsbad 8/10, 10785 Berlin

Brandenburg

✉ Ministerium für Bildung, Jugend und Sport des Landes Brandenburg, Steinstr. 104-06, 14480 Potsdam

Bremen

✉ Senator für Bildung, Wissenschaft, Kunst und Sport, Rembertiring 8–12, 28195 Bremen

Hamburg

✉ Behörde für Schule, Jugend und Berufsbildung, Hamburger Str. 31, 22083 Hamburg

Hessen

✉ Hessisches Kultusministerium, Luisenplatz 10, 65185 Wiesbaden

Mecklenburg-Vorpommern

✉ Kultusministerium des Landes Mecklenburg-Vorpommern, Werderstr. 124, 19055 Schwerin

Niedersachsen

✉ Niedersächsisches Kultusministerium, Schiffgraben 12, 30159 Hannover

Nordrhein-Westfalen

✉ Kultusministerium des Landes Nordrhein-Westfalen, Völklinger Str. 49, 40221 Düsseldorf

Rheinland-Pfalz

✉ Ministerium für Bildung, Wissenschaft und Weiterbildung Rheinland-Pfalz, Mittlere Bleiche 61, 55116 Mainz

Saarland

✉ Ministerium für Bildung, Kultur und Wissenschaft, Hohenzollernstr. 60, 66117 Saarbrücken

Sachsen

✉ Sächsisches Staatsministerium für Kultus, Carolaplatz 1, 01097 Dresden

Sachsen-Anhalt

✉ Kultusministerium des Landes Sachsen-Anhalt, Breiter Weg 31, 39104 Magdeburg

Schleswig-Holstein

✉ Ministerium für Bildung, Wissenschaft, Forschung und Kultur, Gartenstr. 6, 24103 Kiel

Thüringen

✉ Thüringisches Kultusministerium, Werner-Seelenbinder-Str. 1, 99096 Erfurt

Landesjugendämter

Überregional

✉ Bundesarbeitsgemeinschaft der Landesjugendämter, Kennedyufer 2, 50679 Köln

Baden-Württemberg

✉ Landeswohlfahrtsverband Württemberg-Hohenzollern Landesjugendamt, Johannisstr. 47b, 70176 Stuttgart
✉ Landeswohlfahrtsverband Baden Landesjugendamt, Ernst-Frey-Str. 9, 76135 Karlsruhe

Bayern

✉ Bayrisches Landesjugendamt, Richelstr. 11, 80634 München

Berlin

✉ Senatsverwaltung für Jugend und Familie IV, Abt. L, Am Karlsbad 8–10, 10785 Berlin

Brandenburg

✉ Landesjugendamt des Landes Brandenburg, Kremmener Str. 43, 16515 Oranienburg

Bremen

✉ Senator für Gesundheit, Jugend und Soziales Bremen Landesjugendamt, Bahnhofsplatz 29, 28195 Bremen

Hamburg

✉ Freie und Hansestadt Hamburg, Behörde für Schule, Jugend und Berufsbildung – Amt für Jugend – , Hamburger Str. 37, 22803 Hamburg

Hessen

✉ Landesjugendamt Hessen, Kleiststr. 25, 65187 Wiesbaden

✉ Landeswohlfahrtsverband Hessen Hauptverwaltung Abt. Erziehungshilfe, Ständeplatz 6–10, 34117 Kassel

Mecklenburg-Vorpommern

✉ Landesjugendamt Mecklenburg-Vorpommern, Neustrelitzer Str. 120, 17033 Neubrandenburg

Niedersachsen

✉ Niedersächsisches Landesjugendamt, Podbielskistr. 160, 30177 Hannover

Nordrhein-Westfalen

✉ Landschaftsverband Rheinland Landesjugendverband, Kennedyufer 2, 50679 Köln

✉ Landschaftsverband Westfalen-Lippe Landesjugendamt, Warendorfer Str. 25, 48145 Münster

Rheinland-Pfalz

✉ Landesamt für Jugend und Soziales Rheinland-Pfalz Landesjugendamt, Rheinsallee 97-101, 55118 Mainz

Saarland

✉ Landesjugendamt des Saarlandes, Malstatter Markt 11, 66115 Saarbrücken

Sachsen

✉ Landesamt für Familie und Soziales Abt. 5, Landesjugendamt Sachsen, Altchemnitzer Str. 40, 09120 Chemnitz

Sachsen-Anhalt

✉ Landesamt für Versorgung und Soziales Abt. 4, Landesjugendamt Sachsen-Anhalt, Neustädter Passage 9, 06122 Halle/Saale

⊠ Landesjugendamt Schleswig-Holstein, Gartenstr. 6, 24103 Kiel

⊠ Landesamt für Soziales und Familie, Landesjugendamt Thüringen, Neu-Ulmer Str. 28, 98617 Meiningen

⊠ Landesamt für Soziales und Familie, Landesjugendamt Außenstelle Erfurt, Schmidtstedter Str. 2/3, 99084 Erfurt

Unsere Autorinnen und Autoren

- Dipl. Päd. Horst Bartnitzky, Leitender Regierungsschuldirektor bei der Bezirksregierung Düsseldorf/Nordrhein-Westfalen
- Dr. Karin Becher, wissenschaftliche Mitarbeiterin, Universität Potsdam, Potsdam/Brandenburg
- Prof. Dr. Marion Bergk, Hochschullehrerin Humboldt-Universität, Berlin
- Brigitte Beldermann, Rektorin, Rödermark/Hessen
- Dipl. Päd. Claus Claussen, Lehrerfortbildner, Hofheim/Hessen
- Dorothea Czarnetzki, Schulleiterin, Berlin/Weißensee
- Dr. Isabell Diehm, wissenschaftliche Mitarbeiterin, Johann-Wolfgang-Goethe-Universität Frankfurt/Hessen
- Dipl. Päd. Anja Durdel, wissenschaftliche Mitarbeiterin in einem Modellversuch der RAA Brandenburg e.V. und Universität Potsdam/Brandenburg
- Dr. Anneliese Felger-Pärsch, wissenschaftliche Mitarbeiterin, Universität Potsdam, Potsdam/Brandenburg
- Prof. Dr. Jürgen Floer, Hochschullehrer, Universität Dortmund/Nordrhein-Westfalen
- Prof. Dr. Dieter Haarmann, Hochschullehrer, Johann-Wolfgang-Goethe-Universität, Frankfurt/Hessen
- Prof. Dr. W. Haase, Leiter der Pleoptik und Orthoptik, Universitäts-Augenklinik Hamburg
- Prof. Dr. Hans Arno Horn, Hochschullehrer, Johann-Wolfgang-Goethe-Universität, Frankfurt/Hessen
- Gerhild Kirschner, Rektorin, Braunfels-Bonbaden/Hessen

- Dipl. Psych. Gertraud Krötz, Fachbereichsleiterin im Kulturreferat der Stadt München/Bayern
- Dr. Torsten Kunz, Abteilung Prävention der Eigenunfall-versicherung der Stadt Frankfurt/Hessen
- Dr. med. Marianne Laurig, Schulärztin, Hofheim/Hessen
- Dipl.-Psych. Brigitte Maier-Becker, Psychotherapeutin, Bremen
- Dipl. Päd. Ingrid M. Naegele, Leiterin des Instituts für Lernförderung, einer pädagogisch-psychologischen Therapie- und Beratungseinrichtung, Frankfurt/Hessen
- Dipl. Psych. Rosemarie Portmann, Schulpsychologin, Wiesbaden/Hessen
- Dr. Helmar Priesemuth, wissenschaftlicher Mitarbeiter, Universität Potsdam, Potsdam/Brandenburg
- Prof. Dr. Alfred Sander, Hochschullehrer, Universität des Saarlandes, Saarbrücken/Saarland
- Martin Steinbrede, Schulleiter, Münster/Nordrhein-Westfalen
- Annika Tiesler, Lehrerin, Frankfurt/Hessen
- Dr. rer.pol.habil. Ali Ucar, Privatdozent, TU-Berlin
- Dr. habil. Fritz Vahle, Liedermacher, Autor, Privatdozent, Lollar-Salzböden/Hessen
- Prof. Dr. Renate Valtin, Hochschullehrerin, Humboldt-Universität, Berlin
- Dr. Barbara Wegner, wissenschaftliche Mitarbeiterin, Universität Potsdam, Potsdam/Brandenburg
- Hildegard Weigert, Rektorin, Hannover/Niedersachsen
- Edgar Weigert, Regierungsschuldirektor, Hannover/Niedersachsen
- Dipl. Psych. Dr. Heinz Zangerle, Kinderpsychologe und Psychotherapeut, Innsbruck/Österreich
- Dipl. Math. Klaus R. Zimmermann, Spezialist für Rechenstörungen, Wiesbaden/Hessen

Abbildungen:
Ingrid M. Naegele   S. 3, 12
Deutsche Verkehrswacht   S. 111
Klaus R. Zimmermann   S. 135, 136, 140, 178, 180
Michael Seifert   S. 223

Notizen:

Notizen:

Notizen:

Notizen: